대한민국 TEPS 대표강사 Joseph Kim의
THE TOP in TEPS

950 실전편

어 VOCABULARY 휘

By Joseph Kim

THE TOP in TEPS 950 어휘 실전편

초판 인쇄 First Printing	2010년 6월 5일
초판 2쇄 발행 Second Published	2010년 8월 30일
지은이 Author	죠셉 킴
발행인 Publisher	엄태상
영어 편집장 Editor in Chief	이성
기획 및 진행 Project Manager	이정화
편집 및 교정 Editor	유미조
표지 디자인 Cover Design	신영미
본문 디자인 Text Design	이건화
표지 삽화 Cover Illustrate	이성헌
등록일자 Registration Day	2000년 8월 17일
등록번호 Registration Number	제 1-2718호
주소 Address	서울시 종로구 종로2가 71-6 보원빌딩 7층
TEL Call to Editorial Dept.	편집부 02-744-0509
Call to Marketing Dept.	도서주문 문의 02-3671-0582, FAX 02-3671-0500
E-mail	tltk@chol.com
Homepage	www.langpl.com

Copyright ⓒ 2010 English LanguagePLUS

All rights reserved. No part of this publication may be reproduced, stored in a retrieval system, or transmitted in any form or by any means, electronics, mechanical, photocopying, recording, or otherwise, without the prior written permission of the Publisher.

＊이 책의 내용을 사전 허가 없이 전재하거나 복제할 경우 법적인 제재를 받게 됨을 알려 드립니다.
＊잘못된 책은 구입하신 서점이나 본사에서 바꿔드립니다.

ISBN 978-89-5518-889-9 13740
ISBN 978-89-5518-886-8 SET

PREFACE

대한민국 대표 공인 영어시험 TEPS를 준비하는 수험자들을 위해 국내 어학교육의 핵심 역할을 하고있는 랭귀지 플러스와 대한민국 대표 TEPS 강사 죠셉킴이 오랜시간의 노력과 연구를 통해 단기간 안에 최대 점수를 올려놓을수 있는 텝스 학습교재 시리즈 - The TOP in TEPS 시리즈 12권을 출간하게 되었습니다.

The TOP in TEPS 시리즈 12권은 단순한 참고서들이 아니라 처음으로 텝스를 시작하는 학생들을 위한 입문 시리즈 4권, 800점 이상을 목표로 하는 중급레벨 학생들을 위한 기본 시리즈 4권, 그리고 실제 시험장과 같은 환경에서 본인의 실력을 최종 점검할 수 있는 실전 시리즈 4권으로 구성된 시리즈입니다.

본 교재의 출간 목표는 역대 기출문제를 99% 활용하여 실전 테스트를 통해 실질적인 전략을 키워서 가장 빠른 시간 안에 점수를 획득할 수 있게 하는 것이고, 서울대 언어교육원의 출제 경향의 토대 위에서 실전 레벨의 수준으로 가장 양질의 문제들만을 엄선했다고 자부하는 바입니다. 본 시리즈를 통해 '이것이 바로 TEPS다!'라는 것을 느끼실 수 있으실 것이며, 본 시리즈의 구성에 따라 지속적인 학습을 하면서 990점 만점의 꿈을 키워가시기 바랍니다.

최근 TEPS가 많이 어려워졌고, 이런 상황에서 고득점을 위해서는 모의고사를 스스로 많이 풀어서 문제 푸는 능력과 시간 활용 능력을 키우는 것이 상당히 중요합니다. 특히 TEPS는 다른 시험들과 다른 점들이 많기 때문에 모의고사를 보지 않고 곧바로 시험장으로 향할 경우 예상치 못한 상황들 때문에 많이 당황할 수 있으므로 각별히 유의해야 합니다.

본 시리즈는 실제로 TEPS를 수험생들과 함께 보며 문제 유형을 100% 정확히 파악하고 있는 현직 TEPS 전문강사가 집필했다는 점에서 양질의 TEPS 문제집에 갈급한 수험자들에게 좋은 학습 길잡이가 될 수 있으리라고 믿습니다. 아무쪼록 이 문제집들을 통해서 좋은 결과 얻으시길 바랍니다.

이 책이 나오기까지 정말 많은 기도와 격려로 가장 큰 힘이 되어준 아내, 그리고 나의 모든 것 되신 좋으신 하나님께 이 책을 바칩니다.

2010년 6월
서초동에서
Joseph Kim

CONTENTS

The TOP in TEPS 950 어휘편 구성과 특징	8
Joseph's Tip for TEPS Vocabulary	10
The TOP in TEPS 시리즈 특징	11
TEPS는 어떤 시험인가?	12
TEPS 수험생을 위한 TIP을 공개하다!	15
TEPS의 구성을 알아보다!	16
TEPS 등급표	23
TEPS 관련 시험	24
TEPS! 이렇게 변하고 있습니다!	26
Joseph Kim이 전하는 각 영역별 TEPS 노하우	30
시험 당일 명심해야 할 Joseph Kim의 TEPS 핵심계명	40

문제지

Half TEST 01	42
Half TEST 02	48
Half TEST 03	54
Half TEST 04	60
Half TEST 05	66
Half TEST 06	72
Half TEST 07	78
Half TEST 08	84
Actual TEST 01	90
Actual TEST 02	98

Actual TEST 03	· · · · · · · · · · · · · · · · · ·	106
Actual TEST 04	· · · · · · · · · · · · · · · · · ·	114
역대 기출 주요표현 정리	· · · · · · · · · · · ·	122
기출예상 Collocation 정리	· · · · · · · · · ·	124
기출예상 주제별 어휘	· · · · · · · · · · · · ·	129
기출예상 이디엄	· · · · · · · · · · · · · · · ·	133
혼동하기 쉬운 어휘	· · · · · · · · · · · · · ·	137
한국인이 극복해야 할 콩글리쉬	· · · · · · · ·	141
그 밖에 알아야 할 주요어휘	· · · · · · · · · ·	143

해설지

Half TEST 01 정답 & 해설	· · · · · · · · ·	4
Half TEST 02 정답 & 해설	· · · · · · · · ·	8
Half TEST 03 정답 & 해설	· · · · · · · · ·	12
Half TEST 04 정답 & 해설	· · · · · · · · ·	16
Half TEST 05 정답 & 해설	· · · · · · · · ·	20
Half TEST 06 정답 & 해설	· · · · · · · · ·	24
Half TEST 07 정답 & 해설	· · · · · · · · ·	28
Half TEST 08 정답 & 해설	· · · · · · · · ·	32
Actual TEST 01 정답 & 해설	· · · · · · ·	36
Actual TEST 02 정답 & 해설	· · · · · · ·	45
Actual TEST 03 정답 & 해설	· · · · · · ·	54
Actual TEST 04 정답 & 해설	· · · · · · ·	63

The TOP in TEPS 950 어휘편 구성과 특징

01 실제 시험과 동일한 구성

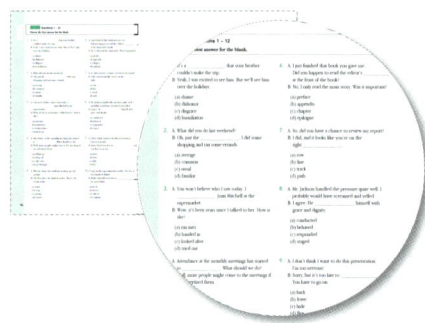

실제 TEPS와 동일한 구성으로 실전 감각을 높여드립니다.
시간의 부족함을 호소하는 학습자들을 위하여 영역별 모의고사로 구성하였습니다.
8회분의 **Half test**를 통해서 시간을 안배하는 연습을 한 후에, 4회분의 **Actual test**를 통해서 최종 점검을 할 수 있도록 하였습니다.

02 출제 원리에 근거한 모의고사

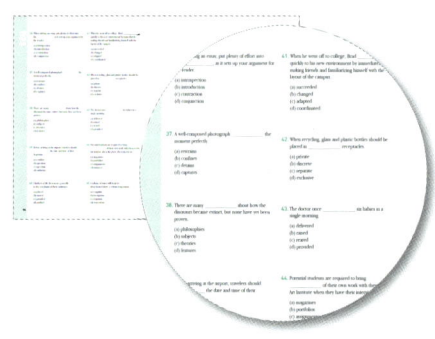

다년간 TEPS 강의만을 고집해온 **Joseph Kim** 강사의 TEPS 노하우를 모의고사 문제에 최대한 반영하였습니다. 난이도가 변화하고 있는 TEPS에서, 최신 경향의 문제들로 고득점에 도전할 수 있게 해드립니다.

03 Joseph Kim의 TEPS 어휘 정복을 위한 Tip!

Joseph Kim 강사가 TEPS 어휘영역을 접근하는데 필요한 Tip 5가지를 제공합니다.
단순히 단어를 암기하는 것 이상으로 어휘의 정확한 표현과 쓰임에 주목해야 하는 TEPS 어휘는 효과적인 학습방법과 전략이 뒷받침 되어야 합니다. 학습자들이 어려워하는 부분만을 선별하여 어휘 학습의 방향을 제시해 드립니다.

04 상세하고 친절한 해설 제시

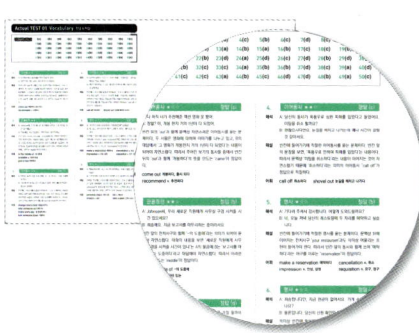

각 문제마다 출제 원리에 근거한 상세한 해설을 제시하였습니다. TEPS 전문 강사의 다년간의 현장 경험이 그대로 해설에 들어가 있기 때문에 TEPS 어휘 영역으로 어려움을 겪어온 수험자들에게 큰 힘이 될 것이라 확신합니다.

05 역대 기출 표현과 기출 예상 어휘 수록

TEPS 어휘영역에서 주로 **출제되는 표현과 기출 예상 collocation, idiom, 그리고 혼동하기 쉬운 어휘** 등 TEPS 시험 전에 꼭 외워야 할 핵심 어휘 목록들을 수록하였습니다. 이 핵심 어휘 목록들은 어휘영역 뿐만 아니라, 청해 영역에까지 도움이 될 것입니다. 시험장으로 가기 전에 완벽하게 숙지하여 TEPS 고득점에 도전합시다!

Joseph's Tip for TEPS Vocabulary

1. 사전적 의미보다는 정확한 어휘의 쓰임에 중점을 두고 학습해야 한다.

TEPS 어휘영역 에서는 50문제를 20분 안에 풀어야 하기 때문에 다른 영역보다 더 시간이 빠듯하게 느껴진다.
분당 3문제는 풀어야 하기 때문에 일일이 우리말로 번역해 가면서 문제를 풀 시간이 없다. 어휘영역에서는 단순하게 단어들의 뜻만 안다고 문장 안에 들어가는 정답을 고르기가 쉽지 않다. 사전식 의미인 "A=B"라는 식보다는 정확한 의미를 구별할 수 있어야 하고, 유의어 간의 차이점도 분명히 알아야 한다. 즉, 'glad / happy, desire / hope, convince / persuade, forbid / ban / prohibit' 등과 같이 비슷한 말이라도 정확하게 구별할 수 있는 어휘 학습을 요구한다.

2. 연어, 숙어와 같은 관용적 표현의 비중이 높다.

TEPS 어휘영역의 특징 가운데 하나는 연어(collocation), 특히 [동사+목적어], [형용사+명사]의 관용적 표현들을 많이 다루고 있다는 점이다. 연어는 숙어(idiom)와는 달리 그 표현의 예측이 비교적 쉽다. 그러나 실제로 그러한 표현을 말하거나 쓰려면 언뜻 떠올리기 힘든 경우가 많다. 따라서 영어공부를 할 때, 특정 동사와 결합하는 목적어 표현이나 특정 형용사와 결합하는 명사 표현에 능동적인 관심을 가질 필요가 있다.

3. 단순히 단어 하나만을 익히는 것보다 단어와 같이 연결되는 표현을 통째로 익히도록 해야 한다.

가령 'bring'이라는 단어를 배울 때는 '가져오다'라는 뜻 하나만을 익히는 것 보다 'bring'과 연결되는 표현들을 위주로 학습에 임해야 한다. 예를 들면 'bring about, bring back, bring down, bring in, bring off, bring out, bring up' 등의 의미를 한꺼번에 익혀야 한다는 것이다. 이런 구동사(phrasal verbs) 외에도 숙어적 표현들은 함께 익혀두는 것이 좋다. 이 외에도 'make a fortune, take one's time, keep an eye on' 등의 표현들을 묻는 문제들이 출제 되었고 특히 perjury(위증)와 같이 국내의 시사적인 상황을 반영하는 어휘도 출제되고 있다는 점을 주시해야 한다.

4. 구어체 표현에 주목해야 한다.

구어체 어휘를 주로 다루는 Part I 에서는 평소에 쉽게 접할 수 있는 표현들을 자주 묻기 때문에 구어체나 회화 학습을 많이 한 응시자라면 쉽게 맞출 수 있지만, Part II 25문제는 생각보다 쉽지 않다. SAT 학습서나 TIME지에서 나올 만한 어려운 단어들도 자주 등장하기 때문이다.

5. TEPS 어휘영역에서는 쉬운 단어에 특히 주목할 필요가 있다.

우리가 익숙하다고 주의를 기울이지 않지만, 실상은 정확한 쓰임을 몰라서 실수할 수 있는 단어들이 TEPS 어휘영역의 주요 출제대상이 된다. 그리고 철자가 비슷한 단어들이나 모양이 비슷한 단어들을 구별하는 문제들도 거의 매회 빠지지 않고 출제되고 있다. 보통 동의어라고 생각되지만 쓰임이 각각 다른 단어들이 많이 있으므로, 양적인 면에 너무 집착하지 말고 개별 단어의 정확한 쓰임을 의미 있는 문장을 통해 착실히 익혀두는 습관이 필요하다. 이 때 가급적이면 예문이 풍부한 영영사전을 이용하는 것을 권한다. 이러한 실용영어 능력에 추가하여 TOEFL 수준의 어휘력으로 보강한다면 TEPS 어휘영역에서 큰 어려움은 없을 것이다. TEPS에서는 실제 영어에서 활용빈도가 낮은 표현이나 구문은 출제를 꺼리는 경향이 있다는 점을 명심해야 한다. 지금까지 TEPS 어휘영역에서 출제된 단어의 수준은 기존의 다른 영어시험들과 비교할 때 결코 어렵다고 할 수는 없지만 기본적으로 속도감각이 뒷받침되어야 좋은 점수를 얻을 수 있다. 신속한 문제 해결 능력을 위해서는 정확한 표현이 내재화되어 있어야 하므로, 쉬운 의미라고 하더라도 반복적으로 활용하는 습관이 중요하다.

The TOP in TEPS 시리즈 특징

◆ **대한민국 TEPS 최고 강사가 학원 커리큘럼에 맞게 구성한 12권의 LEVEL**

대한민국 대표 텝스 강사 죠셉킴 선생님이 TEPS 관리위원회에서 출제한 11년간 정기시험을 철저히 분석, 최신 경향에 꼭 맞춘 문제만으로 교재를 만들고 커리큘럼을 구성했습니다.
모든 문제는 단순한 기출문제 변형이 아닌, 완전히 새로운 문제들로 구성하였습니다.
따라서 시중학원에서도 강사분들이 본 교재를 통해 무난히 고품격 TEPS 강의를 하실 수 있게 만들었습니다.

◆ **실전 감각을 키울 수 있습니다.**

시중에 많은 문제집과 기출문제집이 있지만 본 교재는 현재 시행되고 있는 TEPS를 완벽하게 대비할 수 있게 정기시험 난이도에 맞췄습니다.
모든 문제는 기본에 충실하면서도 각 파트의 특성을 정확히 분석하여 TEPS 수험생들의 학습에 실질적인 보탬이 될 수 있도록 하였습니다. 실전과 똑같은 환경에서 모의 테스트를 치른다면 TEPS에 충분히 대비할 수 있습니다.

◆ **패턴이 아닌 핵심을 짚어주는 색다른 해설**

많은 문제를 풀어서 유형에 익숙해지기보다는 문제 핵심에 대한 설명을 통해서 이것도 저것도 답이 될 수 있는 상황에서의 대처 능력을 키워야 합니다. 본 시리즈는 해당문제의 해법뿐만 아니라 그 문제와 관련된 다른 문제까지의 연계성을 통해 영문법 전체의 핵심을 파악할 수 있게 자세한 설명을 수록하였습니다.

TEPS는 어떤 시험인가?

● ● TEPS를 알아보다!

TEPS는 Test of English Proficiency developed by Seoul National University의 약자로 서울대학교 언어교육원이 오랜 시간에 걸쳐 집중적인 연구를 통해 개발한 한국인의 실용 영어능력 평가시험이다. Proficiency는 '숙달도'라는 뜻으로서 그 사람의 영어 실력이 얼마나 몸에 배어 있고 익숙한가를 측정한다. 따라서 단순한 암기와 요령만으로 고득점을 얻을 수 있는 시험이 아니라 꾸준하게 폭넓은 학습을 통하여 영어에 대한 전체적인 이해력이 바탕이 되어야 하는 시험이다. 또한 TEPS는 한국인들의 살아 있는 영어 실력을 가장 효과적이고 정확하게 측정해주며, 변별력에 있어서 수험자의 정확한 실력 파악에 실제적인 도움이 된다. TEPS 성적표는 수험생의 영어 능력을 파트별로 세분화하여 평가, 첨삭하여 주기 때문에 수험자에게 있어 어느 부분이 강하고 약한지를 쉽게 파악할 수 있게 해줄 뿐만 아니라 효과적인 영어공부 방향을 제시해주기도 한다. TEPS는 다양하고 일반적인 영어능력을 평가하는 시험으로 서울대 진학뿐만 아니라 최근에는 신대원, 사관학교, 유학시험, 공무원시험, 인사고과 등 다양한 목적으로 사용되고 있다.

● ● TEPS의 특징을 살펴보다!

➕ 편법과 눈속임이 통하지 않는 시험

개인의 어학능력은 결코 단기간에 급속도로 향상되지 않는다. 그럼에도 불구하고 실력배양은 아랑곳하지 않고 영어성적만을 올리기 위해 요령과 편법을 가르치는 교육기관이 현재 난무하고 있는 현실이다. TEPS는 수험자의 영어능력을 있는 그대로 정확하게 판단하기 위해 다양한 테스트 방법을 적용했다. 듣기시험에서 인쇄된 질문지를 주지 않고 방송으로 직접 들려주기 때문에 미리 문제를 보고 감을 잡는 편법과 요령이 통하지 않는다. 독해시험에서도 1지문 1문항 원칙을 지켜 한 문제의 답을 알면 그 뒤에 연결된 문제들의 답을 유추할 수 있는 가능성을 원천적으로 배제하였다.

➕ 속도화 시험

TEPS는 기존의 다른 시험에 비해 많은 지문을 주고 이를 짧은 시간 내에 이해하여 풀어낼 수 있는지를 측정하는 형태이다. 이는 실제 생활에서 활용할 수 없는 단순암기 위주의 영어가 아니라 완벽히 습득하여 자유롭게 구사할 수 있는 "살아있는" 영어실력을 평가하기 위한 것이다.

➕ 첨단 테스팅 기법 도입

TEPS는 첨단 어학능력 검증기법인 문항반응 이론 『IRT: Item Response Theory』를 도입했다. 문항반응 이론은 문항을 개발할 때 각 문항별로 1차 난이도를 정의하고 다시 시험 시행 후 전체 수험자들이 각각의 문항에 대해 맞고 틀린 것을 종합해 그 문항의 난이도를 2차로 재조정해 이를 근거로 다시 한 번 채점하여 성적을 산출하는 방식이다. 이 과정에서 최고점은 990점, 최하점은 10점으로 조정된다. 특히 문항반응 이론은 맞은 개수의 합을 총점으로 하는 고전적인 평가방식과는 달리, 각 문항의 난이도와 변별력에 대한 수험자의 반응 패턴을 근거로 영어 능력을 추정하는 확률이론이다. 결국 같은 개수의 정답을 맞추더라도 난이도가 높은 문제를 많이 맞춘 수험자가 좋은 점수를 취득하게 되어 있다. 문항반응 이론을 적용할 경우, 낮은 난이도의 문제를 많이 틀린 수험자가 높은 난이도의 문제를 맞출 경우 실력에 관계없이 추측(Guessing)이나 우연히 맞출 가능성이 높다고 판단하여 감점처리를 한다. 이러한 문항반응 이론은 가장 선진적인 검정방식으로서 TEPS는 이 이론에 기초한 국내 최초의 영어능력 평가시험이다.

●● TEPS 시험 진행에 관한 사항 「서울대학교 TEPS 관리위원회 홈페이지 기준」

TEPS 정기시험은 주로 일요일에 시행되지만 매년 1월, 5월, 7월, 10월에는 토요일(오후 3시)에 시행된다. 매년 11월 중에 다음 해 응시 일정이 발표되는데 시험은 일요일의 경우, 오전 9시30분에 치르게 되며, 대개 9시까지 고사실에 입실하여야 한다. 오전 9시30분부터 치르는 일요일 시험이 진행되는 과정을 정리하면 다음과 같다.

AM 09:20	입실 완료
AM 09:30~09:50	답안지 오리엔테이션 「각종 기재사항 기재」
AM 09:50~10:00	10분간 휴식 「시험 중간에 휴식시간 없음」
AM 10:00~10:05	문제지 배포
AM 10:05	시험 시작
AM 12:25	시험 종료

※ 시험 당일 사정에 따라 분 단위로 조금씩 변동이 있을 수 있다.

✚ 시험 시간

영역	파트	내용	문항 수	시간	배점
청해 Listening Comprehension	Part I	질의 응답	15	55분	400점
	Part II	짧은 대화	15		
	Part III	긴 대화	15		
	Part IV	담화문	15		
문법 Grammar	Part I	구어체	20	55분	100점
	Part II	문어체	20		
	Part III	대화문	5		
	Part IV	담화문	5		
어휘 Vocabulary	Part I	구어체	25	15분	100점
	Part II	문어체	25		
독해 Reading Comprehension	Part I	빈칸 채우기	16	45분	400점
	Part II	내용 이해	21		
	Part III	흐름 찾기	3		
			200문항	140분	990점

✚ TEPS 원서 접수

인터넷 접수	www.teps.or.kr 접속 후 '온라인 접수'메뉴 이용 (사진파일, 응시료를 결제 할 신용카드 및 인터넷 뱅킹 계좌)
방문 접수	가까운 접수처 이용 (3×4cm 사진 한 장, 응시료) *일반 접수 응시료: 일반 33,000원 / 군인 17,000원 (대상: 현역 간부, 군무원, 　　　　　　　　　　　　　　　　　　　　　육사 / 해사 / 간호사관 생도) *추가접수 응시료: 일반 36,000원
정기 시험	연 12회

✚ 환불규정

접수 후 개인적인 사정으로 시험에 응시할 수 없는 경우, 접수를 취소할 수 있다.
(차기 회차로 연기는 불가능함.)

✚ 취소신청 방법

- 인터넷 취소신청: 회원만 가능하며 비회원은 회원가입 후 취소신청이 가능하다.
- 접수처 취소신청: 수험표와 신분증을 소지하고 가까운 접수처를 방문하여 취소신청을 할 수 있다.
　　　　　　　　(접수처 취소는 TEPS 접수 취소만 가능)
- 시험별 취소 환불금

『정기접수자』
- 정기접수기간 내: 33,000원 환불
- 익일 ~ 1주: 23,000원 환불
- 익일 ~ 시험 전일 15시 (토요일 시험: 전일 24시): 11,000원 환불

『추가접수자』
- 추가접수기간 내: 36,000원 환불
- 익일 ~ 시험 전일 15시(토요일 시험: 전일 24시): 11,000원 환불

✚ 성적 확인

정기시험의 성적은 시험일로부터 15일 이후 텝스 홈페이지(www.teps.or.kr)에서 확인이 가능하다. 정기시험 성적표는 시험일로부터 대략 20일 안에 우편으로 발송되고, 특별시험 성적표는 시험일로부터 7일 이내에 해당 기관이나 단체로 통보된다. 정기시험 응시자 중 텝스 성적표가 급히 필요한 사람은 텝스 사업본부(02- 886-3330)를 방문하여 성적표를 직접 수령해 갈 수 있다. 방문하여 성적표를 수령해 가고자 하는 경우 응시일로부터 12~13일이 지난 후 추가 수수료 2,000원과 신분증을 준비하여 방문하면 된다. 경우에 따라 성적 처리가 늦어지는 경우도 있으므로 방문 전에 성적표 수령 가능 여부를 전화로 확인하고 방문해야 한다.

TEPS 수험생을 위한 TIP을 공개하다!

➕ 시험 전날 점검 사항

TEPS는 보안이 철저히 유지되고 기출된 문제가 공개되지 않는다. TEPS시험을 여러 번 보다 보면 대략적으로 그 방향과 성격을 어느 정도 파악할 수 있을 것이다. 실제로 시험을 본 사람만이 정확히 어떤 문제가 나오는지 체감할 수 있다. 그러므로 실제 시험에 응시하여 어느 정도의 유형과 경향, 분위기 등을 체험해보는 것이 도움이 된다. 하지만 여러 가지 사정으로 상황이 여의치 않을 경우 실제 출제경향에 맞춘 적중률 높은 실전문제를 가능한 한 많이 풀어는 것도 시간을 절약하고, 심리적인 부담감을 줄일 수 있는 한 방법이다. 실전문제를 풀 때는 실제 시험을 볼 때와 똑같은 긴장감과 똑같은 시간으로 집중하여 문제를 풀어야 한다. 오히려 실제 시험의 120% 정도의 긴장감과 120% 정도의 집중력으로 문제를 풀라고 권하고 싶다. 실제 시험에서는 더욱 더 긴장되고 예기치 않은 여러 변수가 작용할 수 있기 때문이다. 또한 청해 시험을 보는 동안은 "내가 어떤 방법으로 청취를 해야겠다"는 생각조차 잡념이 된다는 사실을 명심해야 한다. TEPS 청해는 어떠한 내용도 주어지지 않는다. 자칫하여 한 마디를 놓치게 되면 결국 그 문제뿐만 아니라 전반적인 시험에 영향을 끼치게 된다. 마음을 완전히 비우고 한 문제 한 문제에 대해 순간순간 정확한 판단을 하면서 최선을 다해 풀어야 할 것이다.

➕ 시험 당일

TEPS는 청해, 문법, 어휘, 독해 네 가지 영역으로 구성되어 있다. 시험은 청해 55분, 문법 25분, 어휘 15분, 독해 45분으로 진행된다. TEPS는 다른 영어시험과 달리 각 영역별로 주어진 시간에 그 영역의 문제만 풀도록 규정되어 있다. 정해진 시간 안에 정확하게 문제를 풀어내는 능력을 테스트하는 속도 시험이기 때문이다. 이 때문에 한 영역의 문제를 모두 끝냈다 하더라도 다른 영역의 문제를 풀 수 없다. 각 영역별 시간이 바뀔 때마다 방송이 나오고, 또 감독관이 칠판에 시간을 써놓기 때문에 수험생 본인이 시간 안배를 잘 해야 한다. 감독관 몰래 다른 영역의 시험을 풀어볼 수 있겠지만, 이 행위는 TEPS 규정에 따르면 명백한 부정행위이다. 참고할 것은 TEPS 시험 시 수정 테이프 사용이 가능하므로, 답안지를 바꾸지 않고 감독관에게 요청해 수정 테이프로 수정해도 아무런 문제가 없다.

시험에 들어가기 전 영문 이름, 주민등록번호, 주소 등 개인 신상에 관한 정보를 OCR 답안지에 입력할 때 실수하지 않도록 침착하고 정확하게 표기해야 한다. 만약 실수를 했을 경우에는 감독관에게 답안지를 바꾸어 달라고 요청하여 모든 정보를 새로 입력하면 된다. 실제 시험 전에는 모든 것이 불필요하게 긴장을 유발하는 요인이 될 수 있으므로 시험장에 여유 있게 도착하여 최상의 컨디션을 유지할 수 있도록 철저한 자기관리가 필요하다.

➕ 시간 안배

LC의 경우에는 TOEIC처럼 사진이나 문제가 미리 주어지지 않고 문자 그대로 들려주기만 하기 때문에 듣는 그 순간순간 내용포착을 잘 하는 것이 중요하다. 어휘의 경우 50문제를 15분에 풀어내야 하므로 한 문제당 15초 정도 이상을 할애하면 안 된다. 문법과 독해의 경우 뒤에 있는 문제부터 풀어나가는 것이 중요하다. 문법의 경우 50문제를 15분에 풀어내야 하므로 한 문제당 25초를 넘기면 안 된다. 특히 독해의 경우 38, 39, 40번 문제(파트 3)가 배점이 가장 높기 때문에 먼저 풀고, 그 다음 빈칸 채우기 형식의 파트 1(1-16번)을 푼 다음 파트 2(17-37)를 마지막으로 푸는 순서로 하는 것이 고득점을 얻을 수 있는 한 방법이다.

TEPS의 구성을 알아보다!

TEPS는 청해, 문법, 어휘, 독해 4개 영역에 걸쳐 총 200문항으로 구성되어 있으며 시험시간은 140분이다. 문항반응이론(IRT)에 따라 채점하기 때문에 전부 맞추어도 만점은 990점이고 모두 틀려도 10점은 나온다.

✚ 청해 (Listening Comprehension) 60문항

정확한 청해 능력을 측정하기 위하여 문제와 보기문항을 문제지에 인쇄하지 않고 들려줌으로써 자연스러운 의사소통의 인지과정을 최대한 반영하였다. 다양한 의사소통 기능(Communicative Functions)의 대화와 다양한 상황(공고, 방송, 일상 업무 상황, 대학 교양수준의 강의 등)을 이해하는 데 필요한 전반적인 청해력을 측정하기 위해 대화문(Dialogue)과 담화문(Monologue)의 소재를 균형 있게 다루었다.

PART 1 (15문항)

Choose the most appropriate response to the statement. (1-15)

M: Do you think you could turn down the volume on the television?
W: _____

(a) I certainly didn't mean anything by it.
(b) I can't believe that you turned down the offer.
(c) I didn't realize it was disturbing you.
(d) No, I don't think he'll mind at all.

해석
남: TV의 볼륨을 좀 내려주실 수 있으세요?
여: _____

(a) 전 분명히 아무런 뜻도 없었어요.
(b) 당신이 제 제안을 거절 했다니 믿을 수 없어요.
(c) 당신을 방해하고 있는지 몰랐어요.
(d) 아니요, 그는 개의치 않아 할 것 같아요.

Part 1은 질의응답 문제를 다루며 한 번만 들려준다. 내용 자체는 단순하고 기본적인 수준의 생활 영어 표현으로 구성되어 있지만 교과서적인 지식보다는 재빠른 상황 판단 능력을 요구한다. 따라서 이 파트에서는 속도 적응 능력뿐만 아니라 순발력 있는 상황판단 능력이 요구된다.

PART 2 (15문항)

Choose the most appropriate response to complete the conversation. (16-30)

W: Hello, I have an appointment with Dr. Summers.
M: OK. You must be Kate. I need you to fill out this form on your medical history.
W: All right. Here you go.
M: _____

(a) Have you ever had these symptoms before?
(b) I keep sneezing and my nose is runny all day.
(c) Stay warm and drink plenty of water.
(d) Please have a seat and the nurse will call your name soon.

해석
여: 안녕하세요, Summers선생님과 진료 예약을 했는데요.
남: 네, Kate 맞으시죠? 병력에 대해 이 양식을 작성해 주시겠어요?
여: 알겠어요. 여기 있어요.
남: _____

(a) 이런 증세가 이전에도 있었나요?
(b) 계속 재채기가 나고 하루 종일 콧물이 흘러요.
(c) 몸을 따뜻하게 하시고 물을 충분히 마시세요.
(d) 자리에 앉아 계시면 간호사가 곧 호명할 거예요.

Part 2는 짧은 대화 문세로서 누 사람이 A-B-A-B 순으로 보통 속도로 대화하는 형식이며, 소요 시간은 약 12초 전후로 짧게 구성되어 있다. Part 1과 마찬가지로 한 번만 들려주는 부분이다.

PART 3 (15문항)

Choose the option that best answers the question. (31-45)

W: Have you decided what you're going to buy for your mother's birthday?
M: Not yet. She's very picky, so it's very hard to shop for her.
W: Well, you'd better decide soon. You only have a week.
M: I'm thinking about getting her this vase she saw in the mall the other day.
W: That's a good idea. Since she already saw it, you know she will like it.
M: The only problem is, they're out of stock in the store and will have to special order it.
W: Oh. Will it get here in time?
M: They said it shouldn't take any longer than three days, but maybe I'll find something else.

Q: Which is correct according to the dialogue?
 (a) The man wants the gift to be a surprise.
 (b) The man isn't sure what he's going to buy.
 (c) The woman wants to buy the man a gift.
 (d) The vase will take a week to arrive.

해석
여: 엄마 생일 선물로 뭘 살지 결정했니?
남: 아직. 우리 엄마는 아주 까다롭거든 그래서 엄마 선물을 사는 건 아주 어려워.
여: 빨리 결정을 해야 할 거야. 일주일 밖에 안 남았잖아.
남: 지난 번에 엄마가 쇼핑 몰에서 본 꽃병을 살까 생각 중이야.
여: 그거 좋은 생각이네. 엄마가 보셨으니까 좋아하실 거라는 걸 알잖아.
남: 문제는 가게에 재고가 없어서 특별 주문을 해야 한다는 거야.
여: 그러면 제 시간에 도착할까?
남: 3일 이상은 안 걸릴 거라고 했는데, 아마도 다른 걸 찾아야겠지.

문제: 대화의 내용과 일치하는 것은?
(a) 남자는 선물이 깜짝 선물이 되길 바란다.
(b) 남자는 무엇을 살 지 잘 모른다.
(c) 여자는 남자에게 선물을 사 주고 싶어한다.
(d) 꽃병은 도착하는데 일주일이 걸릴 것이다.

Part 3는 앞의 두 파트에 비해 다소 긴 대화를 들려준다. 대화 부분과 질문을 들려준 뒤 다시 한 번 대화 부분을 들려주기 때문에 대화의 길이가 길어진 것에 비하여 많이 어렵다고 할 수 없다.

PART 4 (15문항)

Choose the option that best answers the question. (46-60)

Thanks for your interest in Happy Times Foods, a leading manufacturer of custom-made food products. Our main goal is to make sure you're always satisfied with our service and the selection we provide. We understand that the restaurant industry is highly competitive and that's why our premium breads, sauces, desserts, and other specialty items are prepared with you in mind. We even tailor our recipes and ingredients to your company's needs. So

해석
일류 주문 생산 식품 제조업체인 Happy Times Foods에 관심을 가져 주셔서 감사합니다. 저희의 주요 목표는 귀하께서 저희가 제공하는 서비스와 선택에 확실히 만족하도록 하는 것입니다. 저희는 식당 업계가 매우 경쟁이 심하다는 것을 알고 있기 때문에 저희의 고급 빵, 소스, 후식과 다른 별미 제품들은 귀하를 염두에 두어 준비되고 있습니다. 저희는 귀사의 필요에 맞도록 저희 조리법과 재료들을 맞춤 제공하기도 합니다. 귀사의 식당이 성공을 이루도록 Happy Times Foods에 한 번 기회를 주시면 어떨까요?

why not give Happy Times Foods a chance to make your eatery a success?

Q: What is the announcement about?
(a) an inquiry about an order
(b) a complaint about a product
(c) a follow-up to a potential customer
(d) a proposal for an advertisement

문제: 공지 사항은 무엇에 관한 내용인가?
(a) 주문에 대한 문의
(b) 제품에 대한 항의
(c) 잠재적 고객에 대한 권유
(d) 광고에 대한 제안

Part 4는 담화문을 다룬다. 영어권 나라에서 영어로 뉴스를 듣거나 강의를 들을 때와 비슷한 상황을 설정하여 얼마나 잘 이해하는지를 측정하는 부분이다. 이야기의 주제, 목적, 화제, 세부 사항 및 이를 근거로 한 추론의 문제들이 출제된다. 직청 직해 실력, 즉 들으면서 곧바로 내용을 이해할 수 있는지를 평가하는 부분이다.

✚ 문법 (Grammar) 50문항

밑줄 친 부분 중 오류를 식별하는 유형 등의 단편적이며 기계적인 문법지식 학습을 조장할 우려가 있는 분리식 시험 유형을 배제하고, 의미 있는 문맥을 근거로 오류를 식별하는 유형을 통하여 진정한 의사소통 능력의 바탕이 되는 살아 있는 문법, 어법능력을 문어체와 구어체를 통하여 측정한다.

PART 1 (20문항)

Choose the best answer for the blank. (1-20)

A: How was Felicia when you went to visit her yesterday?
B: I could tell she _____ although she tried to pretend that everything was OK.

(a) have cried
(b) had been crying
(c) was crying
(d) would be crying

해석
A: 네가 어제 방문했을 때 Felicia는 어땠어?
B: 그녀는 모든 게 괜찮은 척 하려고 노력했지만 울고 있었다는 걸 알 수 있었어.

Part 1은 A, B 두 사람의 짧은 대화를 통해 전치사 표현력, 구문 이해력, 품사 이해도, 시제, 접속사 등 문법에 대한 이해력을 묻는 형태로 되어 있다. 주로 후자(B)의 대화에 빈칸이 있으며, 이에 적절한 표현을 고르는 형식의 문제이다.

PART 2 (20문항)

Choose the best answer for the blank. (21-40)

_____ performed some of the most popular songs in the history of music, the Beatles are

해석
음악 역사상 가장 인기 있는 노래들을 연주했기 때문에 비틀즈는 여전히 세계에서 가장 유명한 밴드들 중의 하나이다.

still one of the most celebrated bands in the world.

(a) As
(b) Have
(c) Had
(d) Having

Part 2는 문어체 질문을 다룬다. 서술문 속의 빈칸을 채우는 문제로 총 20문항으로 구성된다. 이 파트에서는 문법 자체에 대한 이해도는 물론 구문에 대한 이해력이 중요하다.

PART 3 (5문항)

Identify the option that contains an awkward expression or an error in grammar. (41-45)

(a) A: I'm really bored. How about going out and seeing a movie or something?
(b) B: I don't know about that. Why do we always have to go out lately at night?
(c) A: Oh, come on. It's only 10:30 and the night is still young.
(d) B: Well, I guess it is Saturday and I feel kind of restless myself.

해석
(a) A: 정말 지루해. 나가서 영화를 보든지 하는 게 어때?
(b) B: 좋은 생각이 아닌 것 같아. 왜 꼭 밤 늦게 외출을 해야 하는데?
(c) A: 그러지 말고 가자. 이제 겨우 10시 30분이고 아직 이른 시간이잖아.
(d) B: 하긴, 토요일이고 나도 잠이 안 오니까 괜찮겠지.

Answer
(b) lately → late

Part 3는 대화문에서 어법상 틀리거나 어색한 부분이 있는 문장을 고르는 문제로 구성된다. 이 영역 역시 문법뿐만 아니라 정확한 구문 파악, 회화 내용의 식별능력이 대단히 중요하다.

PART 4 (5문항)

Identify the option that contains an awkward expression or an error in grammar. (46-50)

(a) There is a widespread misconception that it is necessary to exercise for long periods of time every day in order to stay fit. **(b) Some people would be surprising to find that this is not necessarily the case.** (c) Many studies have shown that exercising for just thirty minutes a day, three times a week has significant health benefits. (d) The most important thing is to be faithful to a routine, rather than only hitting the gym sporadically.

해석
건강을 유지하기 위해서 매일 오랜 시간 동안 운동을 하는 것이 필요하다는 보편적인 오해가 있다. (b) 어떤 사람들은 이것이 사실이 아니라는 것을 알고 놀랄 것이다. (c) 많은 연구들에 의하면 하루에 30분 동안, 일주일에 세 번 운동을 하는 것이 상당한 건강상의 혜택이 있다는 것을 보여준다. (d) 가장 중요한 것은 어쩌다 한 번씩 체육관에 가는 것 보다는 꾸준한 일상을 유지하는 것이다.

Answer
(b) surprising → surprised

Part 4는 한 문단을 주고 그 가운데 문법적으로 틀리거나 어색한 문장을 고르는 다섯 문항으로 구성된다. 틀린 부분을 신속하게 골라야 하므로 속독 능력이 굉장히 중요하다.

✚ 어휘 (Vocabulary) 50문항

문맥 없이 단순한 동의어 및 반의어를 선택하는 시험 유형을 배제하고 의미 있는 문맥을 근거로 가장 적절한 어휘를 선택하는 유형을 문어체와 구어체로 나누어 측정한다.

PART 1 (25문항)

Choose the best answer for the blank. (1-25)

A: So I hear the tightrope walker is performing here tonight.
B: Yeah, his name is "Amazing Sam" and he's going to walk between two ten-_____ buildings.

(a) story
(b) degree
(c) level
(d) layer

해석
A: 줄타기 꾼이 오늘 여기서 공연을 한다고 들었어.
B: 맞아. 그 사람의 이름은 "놀라운 Sam"인데 두 개의 10**층** 건물 사이를 걸을 거야.

Part 1은 구어체로 되어 있는 A, B의 대화 중 빈칸에 가장 적절한 단어를 고르는 25문항으로 구성된다. 단어의 단편적인 의미보다는 문맥에서 쓰인 상대적인 의미를 더 중요시 한다.

PART 2 (25문항)

Choose the best answer for the blank. (26-50)

After stealing money from the company over the past five years, the accountant was arrested on a charge of _____ , and if convicted, he could face serious jail time.

(a) deception
(b) embezzlement
(c) entrapment
(d) transmission

해석
지난 5년 동안 회사로부터 돈을 훔치고 나서 회계사는 **횡령** 혐의로 구속되었고 만일 유죄 판결을 받을 경우에 심각한 실형을 받게 될 수도 있다.

Part 2는 하나 또는 두 개의 문장으로 구성된 글 속의 빈칸에 들어갈 가장 적당한 단어를 선택하는 문제로 구성되어 있다. 어휘를 학습할 때 한 개씩 단편적으로 암기하는 것보다는 하나의 표현으로, 즉 의미구로 알아 놓는 것이 15분이라는 제한된 시간 내에 어휘 시험을 정확히 푸는 데 많은 도움이 될 것이다.

✚ 독해 (Reading Comprehension) 50문항

교양 있는 수준의 글(신문, 잡지, 대학 교양과목 개론 등)과 실용적인 글(서신, 광고, 홍보, 지시문, 설명문, 도표, 양식 등)을 이해하는 데 요구되는 총체적인 독해력을 측정하기 위해서 실용문 및 비전문적 학술문과 같은 독해 지문의 소재를 균형 있게 다루었다.

PART 1 (16문항)

Read the passage. Then choose the option that best completes the passage. (1-16)

It's common knowledge that smoking, eating the wrong foods, and failing to get enough exercise are all contributors to poor health. But not many people truly understand that one of the most serious threats to well-being is stress. Medical professionals have known for years that stress can lead to serious physical and mental disorders. Research has shown that individuals who experience high levels of stress have high blood pressure, which affects cardiovascular health. In addition, stress not only worsens preexisting medical conditions, such as diabetes, but it may also suppress the body's ability to fight off illness. _____ , it is important to understand the risks associated with life's pressures.

(a) Likewise
(b) In contrast
(c) Therefore
(d) However

해석
흡연과 나쁜 음식을 먹는 것, 그리고 충분한 운동을 하지 않는 것은 모두 건강을 해치는데 기여하는 요인들이라는 것은 상식이다. 그러나 건강에 가장 심각한 위협중의 하나스트레스라는 것을 진정으로 이해하는 사람들은 많지 않다. 의학 전문가들은 수 년 동안 스트레스가 심각한 신체적 정신적 장애를 일으킬 수 있다는 것을 알고 있었다. 연구에 의하면 높은 스트레스를 경험하는 사람들은 혈압이 높은 것으로 나타났는데 높은 혈압은 심장혈관 질환에 영향을 끼친다. 게다가 스트레스는 당뇨병과 같은 기존의 질병을 악화시킬 뿐만 아니라 질병을 물리치는 신체의 능력을 억제시킬 수도 있다. <u>그러므로</u> 삶의 압박감과 연관된 위험들을 이해하는 것이 중요하다.

(a) 이와 같이
(b) 대조적으로
(c) 그러므로
(d) 하지만

Part 1은 빈칸 넣기 유형이다. 한 단락의 글을 주고 그 안에 빈칸을 넣어 알맞은 표현을 고르는 16문항으로 구성된다. 글 전체의 흐름을 파악하여 문맥상 빈칸에 들어갈 내용을 찾는 문제이다.

PART 2 (21문항)

Read the passage. Then choose the option that best answers the question. (17-37)

Even if the rest of your body is lean and mean, researchers now say that extra fat around the middle often referred to as "love handles" increases the risk of early death. Just two inches of excess flesh around the waist increased the chance of dying sooner by thirteen to seventeen percent. While the link between fat around the middle and health problems is not a

해석
당신 몸이 군살 없고 말랐어도, 현재 연구자들은 흔히 "러브 핸들"이라고 불리는 허리 부분의 군살이 조기 사망의 위험을 증가시킨다고 주장한다. 허리 둘레가 평균보다 2인치 초과하는 것만으로도 일찍 사망할 가능성이 13에서 17퍼센트까지 증가한다. 허리 둘레의 지방과 건강 문제간의 관련성이 새로운 것은 아니지만 가장 최근의 연구는 의사들에게 단순히 일반적인 체질량 지수를 사용하는 것이 심장질환과 같은 건강상의 위험을 평가하는데 있어 꼭 최고의 방법은 아니

new one, the newest study gives doctors much more evidence that simply using the standard body mass index (BMI) is not necessarily the best way to assess health risks such as cardiovascular disease. In fact, the study showed that adults with a healthy BMI but larger than average waists were still candidates for early deaths.

Q: Which of the following can be inferred from the passage?

(a) The group involved in the study was composed of male adults.
(b) Cardiovascular disease does not just affect the overweight.
(c) Doctors still need to study how body mass affects longevity.
(d) Losing excess fat around your waist can add years to your life.

라는 많은 증거를 제공한다. 실제로 연구에 의하면 건강한 체질량 지수를 가졌지만 평균 이상의 허리 둘레를 가진 성인들이 여전히 조기 사망을 할 수 있는 후보자들이라는 것을 보여주었다.

문제: 지문의 내용에서 유추할 수 있는 것은?

(a) 연구에 참가한 집단은 남자 성인들로 구성되어 있었다.
(b) 심장 질환은 반드시 과체중인 사람에게만 발생하지 않는다.
(c) 의사들은 어떻게 체질량 지수가 수명에 영향을 끼치는지 연구할 필요가 있다.
(d) 허리 둘레의 과 지방을 없애는 것이 수명을 연장시킬 수 있다.

Part 2는 글의 내용 이해를 측정하는 문제로 21문항으로 구성되어 있다. 주제나 대의 혹은 전반적 논조 파악, 세부내용 파악, 논리적 추론 등이 있다.

PART 3 (3문항)

Read the passage. Then identify the option that does NOT belong. (38-40)

A breakthrough scientific discovery made in Germany may one day offer hope to millions of people affected by HIV. (a) Doctors say that a man who received a bone marrow transplant from a donor who had a genetic resistance to the virus appears to have been cured. **(b) HIV first came to the public's attention in the 1980s after French and American scientists discovered the infection.** (c) Although the patient's response to the transplant was highly unusual, doctors believe it may increase interest in gene therapy for the disease. (d) However, experts still maintain that to suggest that this case will lead to a cure would be a dangerous stretch.

해석
독일에서의 획기적인 과학적 발견은 HIV에 감염된 수백만명의 사람들에게 희망을 제공해 줄지도 모른다. (a) 의사들은 이 바이러스에 유전적인 항체를 지니고 있는 기부자로부터 골수 이식을 받은 한 남자가 완치된 것으로 보인다고 말한다. **(b) HIV는 1980년대 프랑스와 미국 과학자들이 감염을 발견한 후 대중의 이목을 받게 되었다.** (c) 이식에 대한 환자의 반응이 매우 특이하긴 했지만 의사들은 이것이 에이즈에 대한 유전자 치료법에 대한 관심을 증가시킬 것이라고 믿는다. (d) 그러나 전문가들은 여전히 이 경우가 치료법에 이르게 될 것이라고 주장하는 것은 위험하다는 입장을 고수한다.

Part 3는 한 문단의 글에서 내용의 흐름상 어색한 곳을 고르는 문제로 3문항으로 구성되어 있다. 전체 흐름을 파악하여 흐름상 필요 없는 내용을 고르는 문제이다. 이런 유형의 문제는 응집력 있는 영작문 실력을 간접적으로 측정한다.

TEPS의 등급표

등급	점수	영역	능력검정기준
1+급	901-990 361-400 91-100	전반 청해 독해 문법 어휘	교양있는 원어민에 버금가는 정도로 의사소통이 가능하고 전문분야 업무에 대처할 수 있음. 교양있는 원어민에 버금가는 수준의 청해력 교양있는 원어민에 버금가는 수준의 독해력 교양있는 원어민에 버금가는 수준으로 내재화된 문법능력 교양있는 원어민에 버금가는 수준으로 내재화된 어휘력
1급	801-900 321-360 81-90	전반 청해 독해 문법 어휘	단기간 집중 교육을 받으면 대부분의 의사소통이 가능하고 전문분야 업무에 별 무리 없이 대처할 수 있음. 다양한 상황의 수준 높은 내용을 별 무리 없이 이해할 수 있는 정도의 청해, 독해력 다양한 구문을 별 무리 없이 신속하게 이해할 수 있을 정도로 내재화된 문법, 어휘 능력
2+급	701-800 281-320 71-80	전반 청해 독해 문법 어휘	단기간 집중 교육을 받으면 일반 분야업무를 큰 어려움 없이 수행할 수 있음. 일반적 소재에 보통수준의 내용을 별 무리 없이 이해하는 정도의 청해력과 독해력 일반적인 구문을 별 무리 없이 이해하는 정도의 문법능력, 어휘력
2급	601-700 241-280 61-70	전반 청해 독해 문법 어휘	중장기간 집중 교육을 받으면 일반분야 업무를 큰 어려움 없이 수행할 수 있음. 일반적 상황에 보통수준의 내용을 대체로 이해하는 정도의 청해력과 독해력 일반적인 구문을 대체로 이해하는 정도의 문법 능력 일반적인 표현을 대체로 이해하는 정도의 어휘력
3+급	501-600 201-240 51-60	전반 청해 독해 문법 어휘	중장기간 집중 교육을 받으면 한정된 분야의 업무를 큰 어려움 없이 수행할 수 있음. 일반적 상황에 보통 수준의 내용을 다소 이해하는 정도의 청해력 일반적 소재에 보통 수준의 내용을 다소 이해하는 정도의 독해력 일반적인 구문에 대한 의미파악이 어느 정도 가능한 문법 능력 일반적인 표현에 대한 의미파악이 어느 정도 가능한 어휘력
3급	401-500 161-200 41-50	전반 청해 독해 문법 어휘	중장기간 집중 교육을 받으면 한정된 분야의 업무를 다소 미흡하지만 큰 지장없이 수행할 수 있음. 일반적인 상황에 보통수준의 내용을 이해하기 다소 어려운 정도의 청해력과 독해력 일반적인 구문에 대한 신속한 의미파악이 다소 어려운 정도의 문법능력 일반적인 표현에 대한 신속한 의미파악이 다소 어려운 정도의 어휘력
4+급	301-400 201-300	전반	장기간의 집중 교육을 받으면 한정된 분야의 업무를 대체로 어렵게 수행 할 수 있음.
5+급	101-200 10-100	전반	단편적인 지식만을 갖추고 있어 의사소통이 거의 불가능함.

TEPS 관련시험

●●● TEPS 관련시험 소개

1. i-TEPS (Integrated Test of English Proficiency developed by Seoul national University)

i-TEPS는 서울대학교 언어교육원에서 출제하고 서울대학교 TEPS관리위원회에서 주관, 시행하는 통합 영어능력평가 시험이다. i-TEPS는 별도로 시행되며 기존 TEPS와 TEPS-Speaking & Writing 시험은 현행과 같이 유지된다. 듣기, 읽기, 말하기, 쓰기 능력은 서로 밀접한 관계를 가진 요소로 듣기, 읽기 능력 혹은 말하기, 쓰기 능력의 측정만으로는 정확한 영어능력을 평가하기 어려우므로 i-TEPS는 유기적인 연관성을 지닌 이 네 가지 의사소통능력을 통합적으로 측정하여 수험자의 영어능력에 대한 정확한 평가를 하는 것을 목적으로 한다. i-TEPS는 국내 최고 권위의 영어능력평가로 듣기, 읽기 분야에서 탁월한 변별력을 인정받은 TEPS와 국내 최초 CBT방식의 영어 말하기, 쓰기 시험인 TEPS-Speaking & Writing의 성공 노하우를 바탕으로 개발되었다. 실전 영어능력을 보다 정밀하게 측정할 수 있도록 세분화된 채점 요소를 적용하고 있으며, 출제자와 채점자를 어학분야의 최고 전문가들로 선정하여 높은 신뢰도와 탁월한 변별력을 지니고 있다. 한번의 시험으로 듣기, 말하기, 읽기, 쓰기 능력을 종합적으로 평가함으로써 각각의 영역을 별도로 평가해야 하는 여타 시험과 비교하여도 응시료 부담이 적다. i-TEPS는 최소의 시간과 비용으로 수험자의 영어능력을 정확히 측정하는 효율성이 높은 시험이다.

i-TEPS는 Listening, Grammar & Vocabulary, Reading, Speaking, Writing의 5개 영역에 걸쳐 총 143문항으로 구성되어 있으며 시험시간은 약 2시간 45분이다. 총점은 각 영역의 점수를 합산하여 400점 만점으로 채점된다.

* i-TEPS 에 관한 더 자세한 정보는 TEPS 관리위원회 홈페이지 (www.teps.or.kr)에서 얻을 수 있다.

2. TEPS Speaking & Writing

TEPS-Speaking & Writing 은 서울대학교 언어교육원에서 출제하고 서울대학교 TEPS관리위원회가 주관, 시행하는 영어 말하기, 쓰기 시험이다. 대규모로 치러지는 영어능력검정에서 평가하기 어려운 말하기, 쓰기 능력을 보다 정밀하게 측정하기 위해 세분화된 채점 요소를 적용하고 있으며, 출제자와 채점자 모두 어학분야의 최고 전문가로 구성되어 탁월한 변별력을 지니고 있다. 보다 객관적인 채점을 위해 분석적 채점과 종합적 채점이 포함된 5단계 채점체계와 문항별 채점방식을 채택하였다. TEPS-Speaking & Writing 은 컴퓨터 모니터를 통해 지문과 그림이 제시되면 수험자가 이에 대해 답변을 하는 CBT 방식으로 시행된다. 편리한 인터페이스와 화면구성을 개선하고 테스트의 전 과정을 자동화하여 수험자의 편의를 증대시켰다. 한국수출입은행, 외교통상부 등의 기관에서 신입사원 모집 및 해외파견직원 선발시험에 TEPS-Speaking & Writing을 채택하고 있다.

3. SNULT

SNULT는 Seoul National University Language Test의 약자로, 서울대학교 언어교육원에서 개발하여 TEPS 관리위원회에서 시행하는 시험이다. SNULT 정기시험은 7개 언어(영어, 일본어, 중국어, 프랑스어, 독일어, 스페인어, 러시아어)로 구성되어 있다. 완벽한 보안 속에서 해당 언어의 박사 학위를 소지한 연구원, 원어민, 교수 등 최고의 전문가들이 출제와 검토 후 녹음과 인쇄를 거쳐 시행하고 있으며, 지난 30여 년

간의 시험 데이터와 성과를 바탕으로 한 신뢰도와 타당도가 매우 높은 시험이다.
근래에는 신입사원 선발과 각급 기관 단체의 직원 인사 고과를 위한 교육훈련, 성적평가 등의 용도로 어학능력 평가에 대한 요구가 증가하여 연간 200,000명 정도가 외국어 능력을 검정 받고 있다.

＊ i-TEPS 및 SNULT 에 관한 더 자세한 정보는 TEPS 관리위원회 홈페이지 (www.teps.or.kr)에서 얻을 수 있다.

TEPS! 이렇게 변하고 있습니다!

전문강사가 알려드리는 변화하는 TEPS 시험의 올바른 이해

TEPS는 수험자의 영어능력을 있는 그대로 정확하게 판단하기 위해 다양한 테스트 방법을 적용했습니다. 예를 들어 듣기시험에서 인쇄된 질문지를 주지 않고 방송으로 직접 들려주기 때문에 미리 문제를 보고 감을 잡는 요령이 통하지 않으며 독해 시험도 1 지문 1 문항 원칙을 지켜 한 문제의 답을 알면 그 뒤에 연결된 문제들의 답을 유추할 수 있는 가능성을 원천적으로 배제했습니다.

TEPS의 채점기준은 상대평가이며 해당 시험의 난이도, 응시인원에 따라 채점기준이 달라질 수 있습니다. 작년 10월 부터 새로운 텝스시험인 i-TEPS가 시작되었는데, 기존 텝스시험과는 별도로 시행됩니다. 이 시험은 Intergrated Test of English Proficiency developed by Seoul National University의 약자로 듣기, 읽기, 말하기, 쓰기 능력을 종합적으로 측정하는 통합영어능력평가 시험입니다. i-TEPS는 영어능력평가로 듣기, 읽기 분야에서 탁월한 변별력을 인정받은 TEPS와 국내 최초 CBT방식의 영어 말하기, 쓰기 시험인 TEPS-Speaking & Writing을 기본으로 구성이 되어있으며 기존의 TEPS와 TEPS - Speaking & Writing을 통합하여 한번에 보는 것이라고 생각하면 됩니다.

최근 들어 중고생들 사이에서 특히 TEPS에 대한 관심이 높아지면서 TEPS 인지도가 예전보다 크게 높아졌음을 느낄 수 있습니다. 하지만, 정작 TEPS가 어떤 의미를 가진 시험인지는 TEPS 학습자들 상당수가 올바로 이해하고 있지 못한 것이 현실입니다. 따라서 TEPS 공부를 TOEFL-TOEIC 공부할 때처럼 그냥 단어장 암기하고, 시중 참고서 한번 훑어보고, 실전모의고사 문제집 한 두권 풀어서 틀린 문제 정리하는 식으로 학습하면서, 거의 대부분의 학습자들이 몇 개월 동안 성적 향상이 되지 않아서 매우 스트레스를 받습니다. "지피지기(知彼知己)면 백전백승(百戰百勝)"이라고 했습니다. TEPS를 올바로 이해하는 것이 TEPS 고득점을 위한 첩경이 아닐 수 없습니다.

TEPS의 P는 proficiency이며, 이것이 "숙달"이라는 뜻입니다. proficiency와 상대적인 개념이 knowledge(지식)입니다. TOEFL-TOEIC처럼 지식을 측정하는 시험의 특징은 문제의 양은 적고 제한시간이 넉넉해서 충분히 사고(思考)할 시간을 주는 것입니다. 이에 비해, TEPS처럼 '숙달'을 측정하는 시험은 문제의 양은 많고 제한시간이 적어서 사고(思考)할 시간을 주지 않습니다. 따라서 TEPS는 제한시간 내에 모두 풀어야 하는 개념이 아니라, 제한시간 내에 얼마만큼 풀 수 있는가를 측정하는 시험인 것입니다. 이런 개념에 익숙지 않은 수험자들은 자신의 능력 범위를 넘어 TEPS의 모든 문제를 풀려고 무작정 서두르다가 문제를 다 풀지도 못하고 푼 문제마저도 틀리는 최악의 경우를 경험하게 됩니다. TEPS처럼 '숙달'을 측정하는 시험에서 과욕은 금물입니다. 풀 수 있는 만큼만 여유 있게 풀겠다는 마음가짐이 더 좋은 결과를 가져옵니다.

정형화된 문제와 반복 출제되는 문제들이 많아서 모의고사 문제풀이를 많이 할수록 유리한 TOEFL, TOEIC 시험들과는 달리 생활영어 및 시사영어 시험인 TEPS는 청해 속도가 TOEFL,TOEIC보다 2배 이상 빠르고, 시사영어를 다루는 시험답게 TEPS RC에서 다루는 주제는 '정치, 경제, 사회, 문화, 건강, 예술, 종교, 환경' 등 상당히 다양하고 포괄적입니다.

이러한 특징의 TEPS를 준비하는 데 있어서 가장 중요한 학습법은 다독입니다. 평소에 다양한 주제의 영어를 접한 사람들은 시험문제의 RC 지문 내용을 모두 읽지 않고도 첫 문장만 가지고 정답을 찾을 수 있는 문제들이 의외로 많기 때문에 시간이 전혀 모자라지 않습니다. 적어도 글을 빨리 읽을 수 있는 능력이 생기게 됩니다. 예를 들어, 지구 온난화와 이상 기온 문제, 국제 분쟁 상황이나 세계의 고대, 근대 역사등에 대해 평소에 영자신문의 시사적인 내용을 관심 있게 읽은 사람들은 그에 관한 독해 혹은 청해 문제를 아주 수월하게 풀 수 있습니다.

파트3,4의 경우 대화나 지문은 그리 어렵지 않은데 선택지에 등장하는 어휘가 난이도가 있어서 힘들게 푸는 문제도 등장했고 또 앞으로도 등장할것이기 때문에 평소에 어휘 공부를 틈틈이 해두는 것이 도움이 될 것입니다. 그리고 기존의 TOEIC이나 TOEFL시험에서 편법에 의존하지 않고 착실히 청해능력을 쌓아 온 응시자라면 크게 걱정할 수준은 아닐 것입니다.

내용면에 있어서 Listening을 공부할 때 지나치게 TEPS라는 시험에 얽매이지 말고, 꾸준히 관심을 갖고 착실하게 준비하면 충분히 고득점이 가능한 영역이 청해입니다. TOEIC이 실무 영어에 편중되어 있고, TOEFL이 학술 영어에 치중하고 있다는 한계를 극복하기 위해 TEPS가 개발되었다는 점을 상기하면서 학습에 임하면 좋은 효과를 거둘 수 있을 것입니다.

청해영역에 대해서 살펴보면 Part I 에서 Part III 까지는 까다로운 관용표현들을 제외하면 큰 무리가 없다고 하겠으나 Part IV에 자주 등장하는 기사체의 문장에 까다로움을 느끼는 응시자들이 의외로 많은 것으로 보입니다. 이 Part는 특별한 준비 방법보다는 평소에 영자신문을 자주 접하고 빠른 속도로 의미를 생각하면서 읽는 훈련을 꾸준히 하면 좋은 성과를 얻을 수 있을 것입니다.

청해의 비법이란 다름이 아니라 모국어 화자가 말하는 속도에 버금가는 독해 속도를 연마하는 것입니다. 최소한 1분에 160자 정도를 읽고 이해할 수 있으면 여러분의 영어청취 정복은 시간문제라고 해도 과언이 아닙니다. 독해력이 뒷받침이 되지 않은 상태에서 한두 달, 또는 서너 달 만에 청해를 정복할 수 있다는 순진한 생각은 빨리 버리는 것이 좋을 것입니다.

문법영역의 경우 50문제에 25분이 주어지므로 계산상으로는 문제당 25초를 쓸 수 있지만, 답을 기입하는 시간 등을 감안하면 한 문제를 약 20초 이내에 해결할 수 있어야 합니다.
따라서 문장의 구조를 분석하려 하기 보다는 직감적으로 표현의 옳고 그름을 파악할 수 있는 수준에 이르도록 노력해야 합니다. 또한 TEPS의 문법영역은 기존의 TOEIC이나 TOEFL과는 크게 다른 형식을 취하고 있습니다. 밑줄 친 부분의 오류 파악과 같은 문제는 출제되지 않는다는 점에 유의해야 합니다. 그렇다고 지금까지의 문법지식이 전혀 필요 없다는 것은 아니며, 상당부분 일치하기 때문에 단편적으로 알고 있었던 문법적 내용을 체계화 할 필요가 있습니다. 반드시 활용할 수 있는 문장과 연결해서 학습하도록 해야 합니다.

그리고 TEPS 문법영역에서는 반드시 실용문법에 숙달되어 있어야 좋은 점수를 기대할 수 있습니다. 여기서 실용문법이라고 하는 것은 독해는 물론 의사소통 능력에 직결되는 문법을 말합니다.

분야별로 보면 TEPS 문법영역에서 중요하게 다루어지는 내용 중 한 가지가 화법에 대한 이해문제입니다. 지금까지 치러진 TEPS시험에서 화법 문제가 빠진 적이 거의 없었습니다. 화법문제는 관용표현과 겹쳐서 출제가 되므로 평소에 청해나 어휘표현을 암기할 때 각 상황과 표현에 대한 명확한 이해가 필요합니다.

그리고 수동분사구문과 능동분사구문을 직감적으로 파악할 수 있는 수준에 도달하도록 많은 예문을 접하고, 능동적으로 활용해 보아야 합니다. 수동 구문에 대한 이해는 관계사와 더불어 영어를 공부하는 데 있어 가장 기본적인 사항이므로, 반드시 숙지하고 넘어가야 합니다.
다음으로 부정사, 동명사의 쓰임에도 눈여겨 볼 필요가 있습니다. 이 부분도 TEPS 문법영역에서 자주 출제되는데, 단편적으로 to부정사를 목적어로 취하는 동사 내지는 동명사를 목적어로 취하는 동사를 암기하기 보다는 다양한 표현을 접하면서 to부정사나 동명사가 나올 때마다 관심을 갖고 하나씩 익혀 나가는 것이 효과적입니다.

지금까지 치러진 일반 시험의 내용을 토대로 TEPS 문법영역의 문제의 성격을 분석해본 결과, 수동표현과 능동표현의 이해를 묻는 문제도 여러 형식으로 출제된 것으로 파악됩니다. 이 부분은 능동태와 수동태에 대한 이해를 철저히 한 다음, 준동사 구문에서도 이를 자유롭게 활용할 수 있느냐 하는 것이 관건이 됩니다.

어휘영역에서는 쉬운 단어에 특히 주목할 필요가 있습니다. 우리가 익숙하다고 주의를 기울이지 않지만, 실상은 정확한 쓰임을 몰라서 실수할 수 있는 단어들이 TEPS 어휘영역의 주요 출제 대상이 됩니다. 그리고 철자가 비슷한 단어들이나 모양이 비슷한 단어들을 구별하는 문제들도 매회 거의 빠지지 않고 출제되고 있습니다. 흔히 동의어라고 생각되지만, 쓰임이 각각 다른 단어들이 많이 있으므로, 양적인 면에서 너무 집착하지 말고 개별단어의 정확한 쓰임을 의미 있는 문장을 통해 착실히 익혀두는 습관이 필요합니다.

중고생들의 경우 가급적이면 예문이 풍부한 영영사전을 이용하는 것이 좋고, 이러한 실용영어능력에 추가하여 SAT나 TOEFL 수준의 어휘력으로 보강한다면 TEPS 어휘영역에서 큰 어려움은 없을 것입니다.

개인적인 목적이 있다면 모르겠지만, 몇 년이 가도 한 번 볼까 말까한 난해한 어휘를 공부하는데 더 이상 시간을 낭비하지 않는 것이 좋습니다. TEPS에서는 실제 영어에서 활용 빈도가 낮은 표현이나 구문은 출제를 꺼리는 경향이 있다는 점을 명심해 두기를 바랍니다.

지금까지 TEPS 어휘영역에서 출제된 단어의 수준은 기존의 다른 영어 시험들과 비교할 때 결코 어렵다고 할 수는 없으나, 한 문제당 주어지는 시간이 총 15초 밖에 안되므로 기본적으로 속도 감각이 뒷받침 되어야 좋은 점수를 얻을 수 있습니다. 신속한 문제 해결 능력을 위해서는 정확한 표현이 내재화 되어 있어야 하므로, 쉬운 의미라고 하더라도 반복적으로 활용하는 습관이 중요합니다.

그리고 informal한 영어 표현들에도 익숙해져야 합니다. 여기서 informal이라는 말은 경의 없이 일반 구어체에서 빈번하게 사용되는 표현으로, 저속한 표현과는 다른 개념입니다.
문어체 표현과 관련해서는 기존의 다른 시험과 큰 차이를 나타내지 않고 있습니다.
TEPS 어휘영역에서는 문제를 빠른 속도로 해석하지 못하면 정답을 맞출 수 없습니다. 개별적인 단어의 뜻을 아는 것만으로는 부족합니다. 따라서 이 영역은 독해와 청해의 기초를 쌓는다는 마음으로 접근하기를 바랍니다.

독해영역에서는 한 문제의 길이는 평균적으로 6~7줄 정도이고, 단어 수도 100단어를 넘지 않는 것이 보통입니다. 그렇지만 여기에 질문을 읽는 시간과 문제를 푸는 시간을 더한다면 기본적으로 1분에 200단어 이상을 소화해낼 수 있어야 합니다. 내용면에서 볼 때, 전문적인 학술문은 출제되지 않고 있는데, 앞으로도 이러한 경향은 지속되리라고 판단됩니다.

실무적인 내용의 문제로 상품판매, 예약편지, 광고 등을 소재로 한 것들이 있고, 시사적인 내용과 관련해서 유럽의 금융 관련 기사, UN의 위상 약화에 대해 언급한 글 등이 있습니다. 글의 수준은 영자신문을 무리 없이 읽을 수 있는 정도면 된다고 봅니다. 영자신문은 꼭 시사적인 내용에 익숙해진다는 차원보다는 일반적인 교양을 위해서도 가까이할 만합니다.

최근 독해영역에서는 정보를 전달하는 목적의 글이 자주 등장하는 편입니다. 하지만 명심하실 것은 회를 거듭하면서 한 분야에 치중된 내용의 출제는 가급적 피할 것으로 예상되기 때문에, 특정 분야의 글이나 문체에 편중된 독서를 하지 말고 가급적 다양한 내용의 글을 접하는 것이 좋습니다.

여전히 과학 및 의학 분야의 글도 꾸준히 등장하고 있으므로, 지구 이상기후나 인간 복제 등과 같은 시사성이 있는 내용들에도 관심을 가지고 읽어두면 도움이 되며, 상업적인 글의 한 부분도 3-4문제 정도 출제가 되고 있는데, 서식 자체에 대한 이해뿐만 아니라, 편지의 내용에 대한 것도 이해하고 있어야 원활하게 문제를 풀어 나갈 수 있습니다.

독해영역에서 좋은 점수를 얻으려면 글의 대의 파악 능력이 절대적으로 요구됩니다. 이를 위해서는, 영어로 된 책이나 신문 등을 읽을 때, Paragraph별로 요지를 파악해보는 연습을 하는 것이 좋습니다. 글을 읽고 내용을 요약할 수 없다면, 사실상 글을 제대로 읽었다고 할 수 없습니다. 대의 파악 능력 자체가 바로 독해능력이고, 실질적인 자신의 영어 실력인 것입니다.

아무쪼록 대한민국 제1의 출판사 랭귀지 플러스와 TEPS 1등 강사 저 죠셉 킴과 함께 최선을 다해서 최고의 결과를 얻으시길 바랍니다.

Joseph Kim

Joseph Kim이 전하는 각 영역별 TEPS 노하우

▶청해 Listening

청해시험의 경우 두 가지 정도 기존의 시험과 비교되는 다른 점이 있는데 첫째는, 화자들의 말하는 속도가 좀 빨라진 느낌이고, 둘째는 Part Ⅲ와 Part Ⅳ가 분량 면에서 좀 짧아졌다는 점이다. 따라서 문제의 유형이 반드시 동일하지 않을 수도 있으므로 어떤 내용이든 소화해 낼 수 있는 능력을 갖추는 것이 중요하다. 내용면에서는 길 묻기, 전화 통화, 공항의 안내방송 등 이전 시험에서 다루었던 내용과 큰 차이는 없다.

청해영역의 학습은 다른 영역에 비해 많은 시간과 노력이 요구되기 때문에 일단 조급한 마음을 갖지 말고 확실히 대비하는 것이 가장 중요하다. 청해를 처음 시작하는 사람들은 자연히 의미보다는 개별적인 소리에 정신을 집중하게 되는데, 이러한 단계에서 벗어나서 의미에 주의를 기울이는 수준에 이르면 청해가 재미있어질 것이다.

청해영역을 공부할 때 가장 나쁜 방법은 일방적으로 듣기만 하는 것인데, 반드시 큰 소리로 직접, 그리고 감정을 실어서 발음하는 연습을 꾸준히 하다보면 이것이 아주 효과적인 방법임을 스스로 깨닫게 될 것이다. 그리고 청해 실력을 기르기 위해서는 CD 나 MP3를 자주 듣고 따라하는 것도 중요하지만, 표현 자체를 모르면 소리가 들린다 하더라도 의미를 이해할 수 없으므로 유용한 표현과 구문을 평소에 많이 학습해 두어야 한다. 이러한 방법이 결과적으로 문법영역이나 어휘영역에도 많은 도움이 된다는 사실을 여러분 스스로 느낄 것이다.

●● 세부적인 청해분석과 공부법

1. Listening

청해 영역은 55분 동안 들려주는 문제를 들으면서 60문제를 공략해야하며, 정답표시에 주어지는 시간은 문제당 2~3초에 불과하다.

즉 Native Speaker의 음성은 1분당 150~200단어의 속도로 방송되며, 수험자는 그 내용을 들으면서 곧바로 해석하는 능력이 요구된다.

또한 청해영역은 문제지에 인쇄된 문구가 전혀 없으므로 청각에만 의존해야하며, 60문제 전체가 상황이 다르고 서로 아무런 관련도 없는 만큼 피로감도 대단히 크게 느끼게 될 것이다.

속도 적응력과 재빠른 판단을 요구하는 것은 회화문제와 설명문 문제에 모두 공통된다. 설명문 문제에 대비하는 가장 좋은 방법은 서로 관련이 없는 단문, 대화문, 설명문 등을 반복해서 듣는 부단한 연습이다.

회화 문제도 마찬가지이지만 또 하나 중요한 점은 영어의 음을 식별하는 능력이다.

예를 들면 'club/glove, coffee/copy, seat/sit' 등을 구분할 수 있는 능력을 길러야 하며, 이것은 발음과 청취 모두 해당되는 것이므로 훈련을 게을리하지 말아야 한다.

회화문제와 설명문 문제 모두 영화, 뉴스해설, AFKN, 특집 프로그램을 적극적으로 활용하도록 하고, 특히 날짜나 숫자가 나오면 문제지 여백에 빠르게 메모해 두는 습관을 기르는 것이 좋다.

출제자의 의도를 미리 파악해서 예측해보는 것도 좋은 방법이다. 또한 중간에 모르는 단어나 표현이 나와도 당황하지말고, 계속해서 성우의 음성을 따라가면서 문맥 속에서 뜻을 유추해 전체의 뜻을 파악하도록 해야한다.

또한 지문에 나온 단어와 발음이 비슷한 단어가 있을 때는 무턱대고 반가운 마음에 답으로 고르지 말고, 다시 한번 생각해 보아야한다. 이러한 단어들은 혼동을 유발하기 위한 함정일 가능성이 크기 때문이다. 주의할 것은 단어들을 단독으로 익히는 것으로 끝내서는 안되고 이에 대한 기본 지식을 습득한 후에 문맥 속에서 그 의미를 파악하는일이 무엇보다 중요하다.

TEPS LC는 영어를 수동적으로만 학습하는 사람에게는 어렵게 느껴질 수 있다. 지금까지 우리는 생각하는 영어보다 받아들이는 영어에 익숙해왔기 때문이다. 모두가 적혀 있거나 흘러나오는 영어만 수동적으로 접하였고 영어를 사용할 일이 없었을뿐더러 적극적으로 활용하려 하지도 않았다. 사실 실생활에서 주고받는 대화에 정답이 있을까? 답이 한 두가지로 결판날 수 없는 상황이 많다는 것이 TEPS 청해시험의 요점이다. 그렇다면 어떻게 대비해야 할까? 여기에 대응하려면 문장을 대화 단위로 암기하는 것 외에는 다른 방법이 없다는 것이다. 이제부터는 한문장을 암기했다고 만족하지 말고 대화 가능한 대답을 모두 알아두어야 한다.

Part 1
1. 기본 정답 숙어, 표현들을 익힌다.
2. 절대로 답이 될 수 없는 것을 꼭 체크한다.
3. 제일 정답률이 낮은 파트로 문제 내용보다는 문제 의도를 파악하는 훈련이 필요하다.
4. 항상 나오는 상황과 표현들을 미리 숙지해야 한다.
5. 문제와 답을 항상 같이 외운다.

Part 2
1. 첫 문장에서 전체 흐름을 파악하고 듣는다.
2. 두 번째 화자의 어투로 답을 짐작한다. (긍정적 또는 부정적)
3. 세 번째 문장이 답의 80%를 좌우한다. (첫 문장을 이해해야 되는 문제들이 많다.)
4. 항상 나오는 상황표현들을 익혀 둔다.

Part 3
1. 상당수가 답을 결정하므로, 처음에 나오는 첫 두 문장을 놓치지 않는다.
2. 평소에 항상 듣고 난 후 대화의 Main Idea를 찾는 훈련을 한다.
3. 처음 들을 때는 하나하나 들으려고 하지 말고 전체내용의 핵심을 파악한다. 대화의 주인공이 누구인지 파악하고 그 화자의 말에 초점을 맞춘다.
4. 두 번째 들을 때는 중요한 내용은 메모를 한다.
5. 질문 유형은 Main idea 고르기, 사실부분 찾기, 의문사로 시작되는 질문, 화자의 어투, 유추하는 문제 등이 있다.

Part 4
1. 첫 한, 두 문장이 제일 중요하다.
2. 전체 내용을 파악하는 훈련을 평소에 한다.

3. 주제별 어휘를 습득한다.
4. 질문의 대부분은 핵심을 묻는다.
5. 자주 등장하는 내용에 익숙해 있어야 한다.

▶문법 Grammar

TEPS 의 문법영역은 전체 50문항으로 구성되어 있으며, 25분 내에 풀어야한다.

TEPS 문법공부는 기존의 정형화된 규범 문법이 아니라 어법을 공부하는 방향으로 접근해야 할 것이다. 배점은 100점으로 상대적으로 적은 점수이다. 그러나 고득점을 노리는 사람에게 있어서는 "승부처"라고 할 수 있을만큼 중요한 영역이다.

적절한 표현 고르기와 틀린 어법(문법)으로 된 구절 찾기로 구성되며, 난이도 1부터 난이도 5까지 있다.

난이도 2~3에 해당되는 문제가 가장많고, 난이도 1이나 5에 해당하는 문제는 상대적으로 적게 출제되지만 난이도가 높을수록 문제 배점이 높다는 것을 명심해야한다.
문법 문제에서는 역시 영어 문법에서 가장 중요하다고 할 수 있는 동사 중심의 문법 (부정사, 분사, 태, 어순, 수일치) 과 시제 문제가 중점을 이루고 있다.

그리고 선택지들은 우리나라 사람들이 특히 취약한 부분을 이용해 함정을 만들어 놓고 있다. 어떤 면에서 보면 기존의 외국에서 개발된 영어검정시험보다 더 익숙한 문법 문제들이라고 볼 수 있다. 그러나 시간이 아주 짧게 주어지기 때문에 충분히 생각을 하고 나서 푸는 기존 시험과 다르다는 점을 염두에 두어야한다. 따라서 문제를 읽어 나가면서 즉각적으로 답이 나올 수 있도록 많은 구문에 익숙해지는 훈련이 필요하다.

그리고 평소 글이나 표현등을 접할 때 그냥 눈으로 읽어 넘어가지 말고 몇 번씩 소리내어 읽어 입이나 귀에서 낯선 표현이 나왔을때 쉽게 찾을수 있도록 충분히 연습하면 좋다.

Part 1 구어체 (20문제)

Part 1은 전치사의 표현력, 구문이해, 품사의 이해도, 접속사 등에 대한 이해력을 묻는 형태로 구성되어 있다. 가장 적절한 표현을 넣는다는 것에 주의해야 한다. 답이 두 개가 될 수 있다고 생각이 될 때에는 가장 보편적이고 상식에 어긋나지 않는 것을 골라야 한다.

Part 2 구어체 (20문제)

1. 구문을 익히자!
Part 2는 하나의 문어체 문장 내의 빈칸을 채우는 문제로 구성되어 있다.
Part 2에서는 문법 자체에 대한 이해도는 물론 구문에 대한 이해력이 중요하다.

2. 다양한 표현을 익히자!

평소 신문이나, 뉴스 등 다양한 구문에 익숙해지는 것이 중요하다.
관용표현을 많이 알아두는 것도 큰 도움이 된다.

Part 3 긴 대화문에서 잘못된 어법 찾기 (5문제)

1. 동사에 유의하자!

A-B-A-B 로 이어지는 대화문 중 어법상 틀리거나 어색한 부분이 있는 문장을 고르는 문제이다.
잘못된 표현을 고르는 문제는 동사에 관한 것이 많이 나온다.
동사부터 주의 깊게 살피는 것이 답을 찾는데 포인트가 될 수 있다.

2. 문법 문제임을 잊지 말자!

어법이 틀린 부분을 찾다가 내용이 어색하다고 답으로 오인하지 말자.
그런 경우에는 특히 이 영역이 문법에 대해 묻고 있다는 점을 잊지말자.

Part 4 설명문에서 잘못된 문법찾기 (5문제)

1. 직독직해를 하자!

Part 3와 마찬가지로 5문제가 출제되는데 part 4는 한 문단을 주고 그 가운데 문법적으로 틀리거나 어색한 문장을 고르는 문제이다.
내용의 흐름을 전체적으로 정확히 이해하고 출제자의 의도를 파악하며 전체적으로 이해하면서 부분적인 정확성을 따져 보아야 한다.

●● 세부적인 학습법

1. 시제, 조동사, 수동태, 준동사(특히 분사), 명사, 전치사 부분을 중점적으로 공부한다.

문법 영역에서 주로 출제되는 내용은 '시제, 분사구문, 수동태, 문장의 형식(특히 5형식에서 목적보어 넣기), 조동사, 명사와 관사, 어순, 일치, 대명사'이다. 요즘은 '접속사, 관계사' 부분이 자주 출제된다.

2. Part 4는 수 일치, 시제 일치, 태를 중점적으로 살펴본다.

Part 4의 경우 그냥 지문을 해석하면서 읽어내려가지 말고 각각 선택지의 주어, 동사를 파악해서 수의 일치(주어와 동사의 단·복수 일치), 시제 일치(각 선택지들 간의 시제 흐름 일치), 태(능동태, 수동태) 가 맞는지 살펴봐도 상당수 문제를 쉽게 해결할 수 있다.

3. Part 3, 4부터 푼다.

문법 Part 3, 4는 배점이 상당히 높다. 그러므로 문법영역을 풀 때 후반부 문제부터 푸는 것이 바람직하다. 참고로, 독해도 이와 같은 방법으로 문제를 풀어야 한다. 독해 Part 2, 3 또한 배점이 상당히 높은 파트임에도 불구하고, 많은 수험자들이 시간 부족으로 이 파트를 놓치고 있기 때문이다.

▶어휘 Vocabulary

어휘영역은 15분 내에 50문항을 풀도록 되어 있으며, 대화문에서 구문의 빈칸에 들어갈 단어를 선택하는 문제 25개와 1~2개의 문장으로 이루어진 짧은 글 속의 빈칸에 들어갈 단어를 선택하는 문제 25개로 구성되어 있다.

TEPS에서 어휘라 하면 다들 굉장히 어렵다고 생각하는 경우가 많다. 그래서 다른 어떤 시험보다 수준이 높을 거라고 생각하지만 절대 그렇지 않다. 단, 다른 시험과 공부하는 방법을 조금 다르게 접근해야 효과를 볼 수 있다.

우선, TEPS에는 어휘영역이 따로 있기는 하지만 다른 시험 준비를 하듯이 단어를 단순한 의미파악 위주로 공부해서는 별로 효과를 보지 못한다. 따로 공부하기보다는 우선 듣기에 나오는 표현에 익숙해져야 한다. 청해에서 출제되었던 표현들이 100% 어휘에 나온다고 생각하면 되는데, 단어 하나하나의 의미만을 보지말고 문장 전체를 외우면서 의미를 파악하는 게 효과적이다. 그러면 듣기표현에 익숙해지게 되어 단어의 쓰임새를 정확하게 파악할 수 있기 때문이다. 이미 알고 있는 단어임에도 불구하고 정확한 쓰임을 몰라서 실수할 수 있는 단어들이 TEPS 어휘영역의 주요 출제 대상이 되며 TEPS에서는 실제 영어에서 활용 빈도가 낮은 표현이나 구문은 출제되지 않는다는 것을 기억한다면, 듣기표현에 시간을 투자 하는 것이 언어영역에도 막대한 영향을 끼친다는 것을 알 수 있다.

또한 어휘의 양적인 면에 너무 연연하지 말고 개별 단어의 활용도에 초점을 두고, 문장을 통해 꼼꼼히 이해하는 습관이 필요하다. 예문이 풍부한 영영 사전을 이용하면 더 효과적일 수 있다. 문어체의 경우 어느 한 분야에 국한되지 않고, 시사, 문화, 과학 등 다양한 분야의 어휘가 나오므로, 각 주제별 어휘를 골고루 학습할 필요가 있다. 특히, 건강, 법과 관련된 어휘는 항상 출제되므로 외운 만큼 효과를 볼 수 있다. 실용영어 실력에 TOEFL 수준의 어휘력으로 공부해 간다면 큰 어려움이 없을 것이며, 거의 사용하지 않는 단어나 표현에 연연하지 않도록 하자. 독해를 통해서 어휘를 습득해 가는 것이 가장 기본이 되기 때문이다. 그리고 어휘공부를 위해 한두 권의 책에 너무 의존하거나 단기간에 끝내야 한다는 생각은 금물이다.

TEPS 어휘영역에서 가장 중요한 것은 빠른 속도로 문제를 정확히 푸는 것이다. 다른 시험과 비교할 때 TEPS 단어 수준은 결코 어렵지는 않지만 기본적으로 속도 감각이 뒷받침 되어야 좋은 점수를 얻을 수 있다. 그러기 위해서는 단어 하나하나의 의미파악보다는 독해와 청해의 기본을 쌓는다는 자세로 공부해야 한다. TEPS 어휘는 항상 아는 만큼 들리고, 아는 만큼 이해가 된다는 것을 명심해야 한다.

TEPS의 어휘영역은 단편적 의미보다는 문맥에 쓰인 상대적인 의미를 중요하게 여긴다. 따라서 평소 영문을 읽을때 단어의 사전적인 의미뿐만 아니라 뉘앙스, 구어 표현의 의미에도 주의를 기울이는 습관을 길러야한다.

또한 표현력 측정에도 역점을 두는 문제가 많이 나오므로 뉴스나 방송 스크립트를 많이 접하는 것도 좋다. 꾸준히 회화연습을 하면서 구문 속의 어휘 선택 감각을 기르는 것이 무엇보다 중요하다고 볼 수 있다.

▶독해 Reading

독해영역은 세 개 Part로 나누어지며, 청해영역과 마찬가지로 400점 만점이다.
Part I에서 16문항, Part II에서 21문항, Part III에서 3문항이 출제되며, 전체 40문항에 45분의 시간이 주어진다. 총점 400점을 차지하기 때문에 전체 TEPS시험에서 40%를 차지하고 있고 문법지식과 어휘 그리고 논리력을 요구하는 독해시험은 실제로 수험자들이 가장 어렵게 느끼는 영역 가운데 하나이다.

지문의 내용은 신문기사, 광고문, 도표와 같은 실용문을 비롯하여 다소 까다로운 학술문에 이르기까지 다양한 영역에서 출제된다. 일반적으로 자주 접할 수 있는 실용문에 가까울수록 저난이도의 문제이고, 전문적인 학술과 관련된 내용일수록 고난이도의 문제이다. 내용에 관계없이 구성되는 어휘나 문장구조에 따라 난이도가 구별되는 경우도 있다. 문장의 길이는 단문으로 분류될 수 있는 것은 많지 않고, 중문에 가까운 비교적 긴 내용도 많이 출제된다.

여타 영어시험이 비즈니스 상황이나 학교생활을 중심으로 출제되고 있는 것과 비교해 다양한 생활영어를 묻는 TEPS는 그만큼 시험에 출제되는 이슈가 다양하다고 할 수 있다. 신문, 잡지, 대학 교양과목 개론 등 시사적인 내용과 서신, 광고, 홍보, 지시문, 설명문, 도표, 양식 등 실용적인 글을 이해하는 데 요구되는 총체적인 독해력을 측정하기 위해서 실용문 및 비전문적 학술문과 같은 독해 지문의 소재를 균형있게 다루고 있다. 따라서 평소에 영문으로 쓰여진 다양한 읽을 거리를 접하는 것은 상당히 중요하다.

학교에서 배운 영어지식과 한국식 영어에서 많이 쓰이는 표현과 단어만으로는 해결되기 힘든 TEPS의 지문을 빨리 읽어 나가기 위해서는 영어 뉴스뿐 아니라 광고문, 설명문, 제품의 매뉴얼 등에 이르는 다양한 종류의 글에 관심을 갖고 눈여겨 볼 필요가 있다.

독해영역에서 최대의 관건은 지문 전체를 얼마나 빨리 읽고 이해할 수 있는 가이다. 1지문 1문항 원칙을 고수하고 있고, 중문 이상의 긴 지문이 주어지기 때문에 속독속해가 절실히 요구되는 부분이다. 문제 하나하나를 훑어본다면 결코 단어가 난해하거나 문장구조가 어려운 것은 아니지만, 짧은 시간에 많은 문장을 이해해야 한다는 것이 부담이 된다.

독해 초보들에게는 기초 부터 차근차근 읽어 내려가는 정독정해를 당연히 권하지만 실상 TEPS시험에서 고득점을 얻기 위해서는 독해문제를 정독한다는 것은 시간낭비가 될 수 있다. 700점대 이상의 고득점을 원하는 수험자는 전체의 내용과 문제의 유형에 따라 지문을 한 눈에 훑어 내려갈 수 있는 내공이 요구된다. 최소한 독해 시험 시간에 주어진 문제 40개를 다 풀기 위해서는 그것이 필수적이다.

이를 위해
1. 질문이 원하는 바를 파악하고
2. 질문에 대한 해답이 될 수 있는 지문의 부분을 찾아서 읽고
3. 질문과 상관 없는 지문의 군더더기는 과감히 skip 하고
4. 답변이 될 수 있는 선택지 한 두개 가운데서 정답을 찾아야 한다는 것

그러나 TEPS 초보가 시험 시간내에 40개의 문제를 완전히 커버한다는 것은 불가능하므로 500점대 이하의 입문

자들은 못 푸는 문제를 포기하더라도 의미를 제대로 이해하며 읽어 나가야 한다는 것을 잊지 말자.

독해영역은 비전문적인 학술문, 도표, 신문기사, 광고문 등 다양한 실용문을 읽고 내용을 올바로 파악했는지를 묻는 문제로 구성되어 있다.

TEPS의 독해영역이 기존시험과 차별되는 가장 중요한 점은 한 지문에 대하여 한 문제만을 묻는다는 것이다. 이것은 한 지문을 잘못 이해해도 한 문제만 틀리면 된다는 뜻이기도 하지만, 또 그만큼 많은 시간이 필요하다는 의미가 된다. 따라서 오래 읽고 생각하며 풀기보다는 읽어 내려가며 이해하고 바로 답을 고를 수 있어야한다. 각각의 지문은 비전문적인 학술문에서부터 도표, 신문기사, 광고문 등의 실용문까지 다양한 영역을 포함한다. 그리고 실제 생활에서 많이 쓰이는 내용일수록 저난이도에 속하고 학술적이거나 전문적인 내용일 경우에는 고난이도로 볼 수 있다.

또한 지문을 구성하는 어휘나 문장구조에 따라 난이도를 구별할 수 있다.

●● 파트별 고득점 전략 Part I

Part I은 [지문을 읽고 지문의 빈칸에 들어갈 내용 고르기] 형식으로 1번에서 16번까지가 이 유형에 속한다. 이 유형은 일반적인 독해시험에서 가장 흔히 볼 수 있는 형태로 수능, 고시, 대학원, 편-입학시험등에서도 자주 등장하는 형식이다. 빈칸에 들어갈 내용은 단어뿐만 아니라 구, 절, 연결어구(접속사나 부사)등 다양한 내용이 포함된다.

출제경향

16문항이 출제되며, 지문을 읽고 질문의 빈칸에 들어갈 적절한 어구를 선택하는 유형이다. Part I은 글의 흐름에 맞추어 단락을 완성할 수 있는 표현을 찾는 유형으로, 글의 전체적인 맥락에 대한 이해도를 측정한다. 이런 관점에서, 밑줄의 위치는 후반부에 있는 경우가 많다. 출제 유형별로 분류하면, 전체 문맥을 파악하는 유형이 주류를 이루고(1-14번 문항), 바로 앞뒤 문장과의 흐름이나 핵심적 어구와의 일관성 여부를 묻는 경우도 있다. (15, 16번 문항)

해결포인트

이 Part의 요점은 전체 내용의 대의파악 능력, 응집력, 이해능력의 측정에 있다. 단어들의 정확한 의미와 그 용례를 이해하는 것도 중요하지만 무엇보다 문장 전체를 이해하는 능력이 최우선의 관건이 된다. 문장에서 빈칸을 완성하는 문제를 해결하는데 있어서 가장 중요한 것은 먼저 글의 대의를 파악하면서 빈칸이 있는 부분까지 빨리 읽고, 빈칸이 들어 있는 문장과 앞뒤 문장을 정확히 읽어 전체의 의미 안에서 부분적인 내용을 이해하는 방법으로 접근해야 한다는 것이다.

고득점 비법

1. 보기를 먼저 읽고 지문을 읽어라!
2. 지문을 읽을 때는 먼저 글의 대의를 파악하면서 빈칸이 있는 부분까지 빨리 읽고, 빈칸이 들어있는 문장과 앞뒤 문장을 정확히 읽어, 전체 대의 속에서 부분적 논리를 완성하는 방법으로 접근한다.
3. 선택지가 짧을 경우 선택지 먼저 읽고 지문 읽는다. 만약에 선택지가 길다면 지문 먼저 읽는다.

4. 첫 문장 읽고, 빈칸 읽고 답을 선택한다. 그래도 아리송하면 마지막 문장 한번 더 읽고 답을 선택한다. 그리고 지문 중간에 But, Whereas, Although, However, Yet S+V가 있는 지 확인한다.

5. 괄호 대원칙 - 괄호가 있으면 괄호를 포함한 문장이 중요하다 .(괄호 안에서 더 설명해주기 때문에) 그 문장에 답의 힌트가 있을 가능성이 높다.

6. 소거법을 이용하여, 답이 아닌 것부터 제외시켜 가면서 정답으로 좁혀가는 방법으로 문제를 푸는 것도 한 방법이다.

7. dash(-)가 한번 나오면 답일 확률이 높고 dash(-)가 두 번 나오면 별로 중요하지 않다.

8. surely, quite a ___ , promptly, new, likewise, like(~와 마찬가지로)를 잘 살펴본다.

9. 관계사는 엄청 중요하다. 다시 설명해주기 때문에 답의 힌트가 될 가능성이 높다.

10. 지문에 의문문 있으면 그 의문문에 답이 될 수 있는 내용이 선택지에서 답이 될 수 있다.

● ● 파트별 고득점 전략 Part II

Part II는 [지문을 읽고 질문에 가장 적절한 내용 고르기] 형식으로, 17번에서 37번까지 21문항이 출제된다. 독해 전체 40문항 중에서 절반이 넘는 비중을 차지하고 있으므로 독해영역에서는 이 Part의 문제 유형에 특히 많은 관심을 가져야 한다. 주어진 지문의 내용을 완전히 이해해야만 문제의 내용에 답할 수 있기 때문에 문제를 먼저 읽어보고 지문을 보는 것도 문제 풀이의 한 방법이 된다.

출제경향

지문을 읽고 질문에 대한 가장 적절한 답변의 선택지를 고르는 유형으로, 21문항이 출제된다. 질문의 종류에 따른 출제 유형을 살펴보면, 세부 내용 파악 문제가 가장 많고, 그 다음 대의 파악 문제가 5~8문제, 그리고 추론 문제가 3~5문제 정도 출제되고 있다. 최근에는 지문의 길이가 점점 짧아지고 난이도가 상대적으로 쉬워지는 경향이 있다.

해결포인트

이 Part에서 다루고 있는 글의 내용은 세부내용 파악(진위 파악), 내용과 관련한 추론 문제, 글의 대의 파악, 적당한 제목 고르기 등이 주를 이루며 도표, 상업서한, 광고문 등의 형식도 종종 출제되고 있다. 이 Part를 접근할 때는 글의 첫 부분에 오는 주제문에서 핵심어구와 대의를 추론해 보고 연차적으로 문장을 읽어 나가면서 글을 요약하고 추가되는 정보를 입수하는 방식이 좋다. 동시에 획득한 각각의 정보를 서로 연관시켜 글 속에 내포된 의미를 파악해 낸다면 좋은 점수를 기대할 수 있을 것이다.

고득점 비법

1. 먼저 문제를 읽고 문제가 요구하는 관점에서 지문을 읽어 답을 구하는 방법으로 시간을 단축하는 능력을 키우자.

2. 지문을 읽을 때 첫 문장에 주목하라.

3. 평소 다독과 속독 훈련을 꾸준히 한다.

4. which, what를 제외한 who, where, why, how를 포함한 Question은 지문에서 주제로 언급되기 때문에 절대로 틀리면 안 된다.

5. 광고는 미괄식이므로 뒤쪽을 자세히 보고 특히 광고 끝에 괄호가 있으면 그 괄호 안이 답이 될 확률이 높다.

6. 지문에 all, every, only, never가 나오면 답일 확률이 높고, 단 선택지에 나오면 오답일 확률이 높다.
7. 세부내용 문제에 연도가 언급되었으면 자세하게 읽어야 한다.
8. 추론 문제에서 지문에 결론이 없으면 선택지에서 결론을 찾아주면 되고, 지문에 결론이 나와 있으면 선택지에서 결론보다 좀 upgrade된 문장을 찾는다.
9. 추론 문제에서는 제 2 또는 제 3의 인물을 잘 파악해야 한다.
10. 'A then B, A soon B, A into B'와 같은 표현은 변화를 암시한다.

●● 파트별 고득점 전략 Part III

독해영역의 마지막 부분인 Part III는 [지문을 읽고 문맥상 어색한 내용 고르기] 형식으로 38번에서 40번까지 총 3문제가 출제된다. 문제의 형태는 문법영역의 Part IV와 비슷하다고 보면 된다. 이어지는 문장 중에서 전체적인 대의에서 내용상 벗어나는 것을 고르는 문제이다.

출제경향

지문을 읽고 문맥상 어색한 내용을 고르는 유형으로, 3문항이 출제된다. 글의 일관성을 파악하는 논리적 추론 능력이 주된 측정 포인트이다. Part I이나 II에서 적절한 시간 안배를 해두지 않아서, Part III에서 그냥 찍고 말아야 하는 안타까운 경우가 종종 있다. 이 Part는 오랜 시간동안 긴장 상태로 문제를 풀다가, 집중력이 흐트러지는 마지막 부분에 등장한다는 점에서, 평소에 글의 흐름이나 문맥을 따라잡는 독해 훈련을 게을리 했을 경우, 매우 힘들게 느껴질 수 있는 부분이다.

해결포인트

이 Part는 전체 독해영역에서 차지하는 문항수 자체는 적지만, 독해문제 하나에 대한 배점이 높다는 점을 생각하면 결코 간과해서는 안 될 부분이다. 이 Part에서는 글의 응집, 즉 일관성(coherence)을 파악하는 논리적 추론 능력이 주된 측정 point라고 할 수 있다. 따라서 주어진 글에 대해 집중력을 가지고 문맥 사이의 연결 고리를 생각하면서 접근하는 것이 좋다. 조심할 것은 전체 지문의 내용과 반대되는 문장을 찾는 단순한 문제만 출제되는 것이 아니라는 점이다. 전체적으로 세부사항을 이야기하고 있는 지문일 경우에는 같은 내용이라도 포괄적인 내용을 이야기하다가 세부적인 내용이 나오면 흐름이 어색해지기 때문이다.

고득점 비법

1. 두괄식이므로 첫 문장을 정독한다.
2. 문제가 점점 쉬워지고 있다.
3. 글의 전체적인 어조를 파악하라.
4. 주어, 시제, 어감이 갑자기 바뀌는 부분에 유의하라.
5. 끝까지 읽고 답을 고르자.
6. 평소 독해 공부를 할 때 구문 분석이나 문법적 이해보다는, 글의 논리전개와 대의 파악 쪽으로 많은 연습을 해두자.

마지막으로 TEPS 독해를 준비하는 수험생을 위해 반드시 숙지해야할 시험당일 유의사항으로 글을 마무리 하고

자 한다.

1. 어려운 문제는 과감하게 포기하자.

독해영역의 문제를 앞에서부터 순서대로 풀다보면 시간이 모자라 Part III는 제대로 읽어보지도 못하고 놓치는 경우가 종종있다. 좋은 점수를 얻기 위해서는 각 Part별로 문제를 골고루 푸는 것이 중요하지만 어차피 시간이 부족하다면 쉬운 문제와, 쉽게 풀 수 있지만 배점이 높은 문제는 놓치지 말고 풀어야 하므로 가능하다면 Part III → Part I → Part II의 순서대로 문제를 풀어나가도록 하고, 스스로 생각해도 너무 어려운 문제는 과감하게 포기하는 것도 전략이다.

2. 당황해서 실수하는 일이 없도록 하자.

전체 40문제를 45분 안에 풀어야 한다. 답안지에 표시하는 시간을 빼고 계산해보면 1문항에 60초라는 시간이 주어진다. 따라서 시험 종료 10분전이라는 안내방송이 나오더라도 10문제를 풀 수 있다는 계산이 나온다. 마지막 10분을 잘 이용해서 당황하지 말고 침착하게 대응하여 실수하는 일이 없도록 하자.

3. 답안지를 바꾸지 말자.

답안지를 바꾸어 다시 표기하는 데 5분에서 10분 정도의 시간이 소요된다. 그 시간이면 5~10문제를 풀 수 있다. 답안지 자체를 바꾸어야 할 만큼 큰 실수나 표시가 난 경우가 아니라면 미리 수정테잎을 준비해 수정하는 것이 좋고, 처음부터 답안지 작성을 잘 하는 것이 더 좋다는 것은 말할 필요도 없을 것이다.

시험당일 명심해야 할 Joseph Kim의 TEPS 핵심계명

[본 계명들은 The TOP in TEPS 독자들을 위해 최근 TEPS 를 보실 때 필요한 시험계명을 8개로 요약 분석 한 것입니다. 시험보시는 당일날 꼭! 읽고 들어가시기 바랍니다.]

1. 시험당일 한 시간정도 일찍 도착하세요. 도착해서 마음을 진정시킨 후 평소 공부했던 교재와 정리노트로 그동안 공부해온 내용들을 차분하게 정리하세요.
   청해 Part 1,2는 한번만 들려주고 발음 혼동문제나 단어 하나를 가지고 오류를 묻는 문제가 많기 때문에 당일 컨디션이 의외로 시험에 큰 영향을 줍니다. 그리고 화장실은 꼭 휴식시간에 갔다 오세요.^^

2. 청해의 경우 청해 Part 1,2를 들을 때 절대로 받아 적지 마세요. 들려주는 시간이 평균 5초 정도이기 때문에 그저 적다가 다음 문제를 놓칠 수 있습니다.
   청해 Part 1의 경우 '처음 나오는 의문사'와 '시제', '인칭'을 빠르게 포착해서 상황 판단을 해야 합니다. 그러면서 상황에 맞는 가능한 답을 머리 속에서 그려내야 합니다. 이것이 가능하기 위해서는 평소에 다양한 표현들을 딕테이션하는 훈련이 필요합니다.

3. Part 3의 경우 아직까지 수험생들이 청해 파트에서 가장 쉽게 생각하는 파트입니다. 두 번 들려주고 대화 내용이 일상회화라서 쉬운 생활 영어책들로 준비하면 대부분 쉽게 맞출 수 있습니다. Part 3의 경우 처음 들을 때 중요한 정보(숫자, 사람이름, 약속시간, 전개되는 사실)를 시험지에 적어야 합니다.
   만일, 대화의 토픽을 묻거나, 두 사람의 관계를 묻는 문제가 나온다면 두 번째 들을 때 도입 부분만 제대로 들으셔도 답을 고르기가 편합니다.

4. Part 4는 주제문 파악, 진위문제, 추론 문제 등이 등장하며, 보도문이 상당수를 차지합니다. 이 파트를 제대로 준비하려면 기초 CNN교재로 중요 토픽을 파악하는 훈련이 중요합니다. 이 파트는 처음 들을 때 지문이 보도문인지, 논문발표인지, 일기문인지, 편지인지 등을 파악하면서, 숫자 등 중요 정보가 나오면 시험지에 받아 적다가, 두 번째 들려줄 때 해당 질문에 맞춰서 들으면서 답에 접근해야 합니다. 평소에 한국 신문이나 영자 신문을 읽고 배경 지식에 대한 사전 지식을 알고 있어야 합니다. 혹시라도 영어 소설은 공부하지 마세요. 소설은 TEPS에 안 나옵니다.

5. Part 3,4 문제에서 선택지를 들을 때에는 확신이 서지 않더라도 시간을 끌지 말고 결정하세요. 긴 대화나 지문은 두 번 들려주지만 선택지는 오로지 남자 음성으로 한번만 들려주고 문제를 듣고 답을 표시하는 시간이 2,3초밖에 없으므로, 지체하지 말고 답을 결정해야 합니다. 우물쭈물하는 사이에 다음 문제는 이미 시작합니다. 초보자들은 미련이 많고 고수들은 과감합니다.

6. 어휘파트의 경우 청해에 나왔던 단어나 표현이 다시 나오는 경우가 많습니다. TEPS 어휘 파트를 다른 시험 준비하듯이 단순한 단어 의미파악 위주로 준비하면 큰 코 다칩니다. 한 문장안에서 그 어휘가 어떤 의미로 쓰였는가를 묻는 문제들이 주류를 이루기 때문에 평소에 공부할 때에도 단어 하나하나 보다는 문장 단위로 암기해야 합니다. 시험을 볼 때도 그냥 빈칸과 선택지 단어들만 보고 섣부르게 답을 유

추하지 말고 문장 전체의 의미파악을 한 다음 선택지를 보기 바랍니다. TEPS 어휘 파트에서는 쉬운 단어에 특히 주목할 필요가 있습니다. 우리가 익숙하다고 주의를 기울이지 않지만, 실상은 정확한 쓰임을 몰라서 실수할 수 있는 단어들이 TEPS 어휘영역의 주요 출제대상이 됩니다. 그리고 철자가 비슷한 단어들이나 모양이 비슷한 단어들을 구별하는 문제들도 매회 거의 빠지지 않고 출제되고 있습니다. 흔히 동의어라고 생각되지만, 쓰임이 각각 다른 단어들이 많이 있으므로, 양적인 면에 너무 집착하지 말고 개별 단어의 정확한 쓰임을 의미 있는 문장을 통해 착실히 익혀 두는 습관이 필요합니다. 이때 가급적이면 예문이 풍부한 영영사전을 이용하는 것이 좋습니다.

7. 문법의 경우 항상 나오는 문법을 중점적으로 다루면 그것이 시험에 많이 나옵니다. 주로 출제되는 내용은 시제, 분사구문, 수동태, 문장의 형식(특히 5형식에서 목적보어 집어넣기), 조동사, 명사와 관사, 어순, 일치, 대명사입니다. 요즘은 접속사, 관계사 부분이 자주 출제됩니다. 항상 출제되는 시제, 조동사, 수동태, 준동사(특히 분사), 명사, 전치사 부분은 중점적으로 공부하세요. Part 4의 경우 그냥 독해하지 말고 각각 선택지의 주어, 동사를 파악해서 수의 일치(주어와 동사의 단수 복수 일치), 시제 일치(각 선택자들 간의 시제 흐름 일치), 태의 일치(능동태, 수동태)가 맞는지만 확인해도 상당수 문제를 풀 수 있습니다. 문법의 경우 시험 당일 오답노트를 갖고 와서 훑어보시면 많은 도움이 됩니다.

8. TEPS 독해 파트에서 고득점을 받으려면 많은 글을 읽고 각 문단의 주제를 파악하면서 문단의 흐름을 정확하게 이해하려는 노력이 필요합니다. 비즈니스를 다루는 TOEIC과는 수준이 다른, 다소 어려운 부분이 TEPS의 독해 파트입니다. 다독만큼 좋은 독해 학습은 없습니다. 주제문은 보통 문단 앞부분에 있습니다. 항상 명심할 것이 TEPS 독해 문제를 풀 때 가장 먼저 선택지를 읽어서 이 문제가 무엇을 물어보는지를 파악한 다음 지문을 두 번 읽습니다. 처음 읽을 때에는 이 지문이 무엇인지 빠르게 파악하고 (공고인지, 편지인지, 비전문 설명문인지) 동시에 지문 중 역접의 접속어(But, However, Nevertheless)가 있는지 파악해야 합니다. 만일 있다면, 그 역접의 접속어 주변에 항상 답이 있기 때문입니다. 두 번째 읽을 때는 선택지와 처음 읽었을 때 얻은 정보를 근거로 답이 아닌 것을 머릿 속에서 소거해가며 읽어나가서 답에 접근합니다.

The TOP in TEPS

Vocabulary

Half TEST 01

DIRECTIONS

This part of the exam tests your vocabulary skills. You will have 7 minutes to complete the 25 questions. Be sure to follow the directions given by the proctor.

Part I Questions 1 ~ 13

Choose the best answer for the blank.

1. A: What was it like being a member of the jury?
   B: Nothing really happened because the lawyer advised his client not to _____.

   (a) defend
   (b) prosecute
   (c) testify
   (d) swear

2. A: That cough sounds pretty bad. Are you _____ a cold?
   B: I think so. I'm going to the doctor this afternoon.

   (a) holding
   (b) receiving
   (c) catching
   (d) having

3. A: Johnny Matthew was on a talk show last night. He showed a _____ of his new movie.
   B: I saw it too! He's my favorite actor, so I'm definitely going to see it when it comes out.

   (a) clip
   (b) passage
   (c) section
   (d) fraction

4. A: Wow, these new phones are really in _____ this year, aren't they?
   B: They sure are. We sold out of them in just one hour.

   (a) need
   (b) desire
   (c) demand
   (d) require

5. A: Would you be _____ for some hockey this weekend?
   B: No thanks. I hate being on ice, and I don't have skates or a stick anyway.

   (a) up
   (b) off
   (c) down
   (d) on

6. A: Robert is the most hilarious person I've ever met!
   B: He's funny, but calling him hilarious is _____ it.

   (a) reaching
   (b) enlarging
   (c) stretching
   (d) extending

7. A: Today was your presentation, wasn't it? How did it go?
   B: Not well. I think I confused everyone. They looked completely _____.

   (a) drained
   (b) privileged
   (c) puzzled
   (d) mortified

8. A: Do you think that Mark and Meg will get married?
   B: Not really. I think she's just _____ him along until she meets someone else.

   (a) pulling
   (b) carrying
   (c) bringing
   (d) stringing

9. A: I accidentally broke Mom's vase. Do you think I could get a new one somewhere?
   B: Unfortunately, that'll be hard to _____. I think it came from overseas.

   (a) report
   (b) recreate
   (c) replace
   (d) refresh

10. A: Can I help you fill that out? I know those insurance forms can be _____.
    B: Yes, please! I'm really confused.

    (a) timely
    (b) tricky
    (c) tacky
    (d) chatty

11. A: How did you save so much money?
B: Well, I put half of any money I _____, like on my birthday, in the bank.

(a) receive
(b) provide
(c) contain
(d) control

12. A: I cleaned the house yesterday, and in the _____ of a day you've trashed it again.
B: I'm sorry. I'll clean up this mess right away.

(a) time
(b) area
(c) space
(d) length

13. A: What do you think about the city cutting the budget for schools?
B: It's my _____ that education should come first.

(a) mindset
(b) belief
(c) theory
(d) concept

Part II Questions 14 ~ 25

Choose the best answer for the blank.

14. During their search of the suspect's home, police _____ a weapon used in the robbery.

    (a) dispelled
    (b) purloined
    (c) confiscated
    (d) corroborated

15. Creating a successful business requires a significant _____ of time and money.

    (a) disclosure
    (b) investment
    (c) replacement
    (d) prediction

16. Developing _____ technologies could provide the key to ending global warming.

    (a) green
    (b) yellow
    (c) purple
    (d) blue

17. Mr. Ascott's _____ spending soon led to bankruptcy and financial ruin.

    (a) implicit
    (b) understated
    (c) irrevocable
    (d) extravagant

18. In his effort to get elected, Senator Burns traveled _____ to earn the support of voters.

    (a) side by side
    (b) back to back
    (c) door to door
    (d) end to end

19. The students were _____ by the principal for their disruptive behavior during the assembly.

    (a) repulsed
    (b) repelled
    (c) repented
    (d) reproved

20. The _____ king offered a gift to his former enemy in order to foster peace.

    (a) magenta
    (b) magnified
    (c) magisterial
    (d) magnanimous

21. The clerk's _____ was exposed when his statement was not confirmed by the video evidence.

    (a) deception
    (b) investigation
    (c) suspicion
    (d) inclusion

22. Given that Mr. Ambrose purchased a large _____ in the company, it's no surprise that he's concerned with its success.

    (a) debt
    (b) stake
    (c) gamble
    (d) role

23. The fastest way to learn a language is to _____ it into your daily routine and activities.

    (a) rehearse
    (b) compress
    (c) integrate
    (d) comprise

24. Despite his great successes and wealth, the _____ ruler was known to treat his people as equals.

(a) unrepentant
(b) infallible
(c) irreversible
(d) unassuming

25. The building failed the inspection due to the installation of _____ electrical wiring.

(a) substandard
(b) superficial
(c) subordinate
(d) superfluous

The TOP in TEPS

Vocabulary
Half TEST 02

DIRECTIONS
This part of the exam tests your vocabulary skills. You will have 7 minutes to complete the 25 questions. Be sure to follow the directions given by the proctor.

Part I **Questions 1 ~ 12**

Choose the best answer for the blank.

1. A: You looked stressed out. You should take some time off of work.
   B: You're right. I could use some time to _____.
   (a) unravel
   (b) unwind
   (c) unknot
   (d) untie

2. A: I'm not sure what I should wear to the wedding, my suit or just a tie.
   B: I think the invitation said to wear _____ attire. Everyone will be dressed up.
   (a) stern
   (b) somber
   (c) conventional
   (d) formal

3. A: What's going on? Everyone seems so sad today.
   B: Poor Mr. Hendricks has had a heart attack. He was _____ dead this morning.
   (a) said
   (b) spoken
   (c) announced
   (d) pronounced

4. A: Excuse me. Can you tell me how to get to 4th Avenue?
   B: Sure. Just _____ a left turn on Griffin Street up head.
   (a) drive
   (b) steer
   (c) have
   (d) take

5. A: I've been out of the office for a few days, so I'll need your help catching up on things.
   B: No problem. We'll get you up to _____ last week's events.
   (a) fast
   (b) pace
   (c) quick
   (d) speed

6. A: I'm worried that you're doing all the work in your group.
   B: I've tried to _____ my partner in the project, but he doesn't seem to want to work on it.
   (a) assist
   (b) attract
   (c) involve
   (d) cooperate

7. A: Some of the younger children are being mean to the new student.
   B: Maybe you should _____ for him and make sure they leave him alone.
   (a) find out
   (b) stick up
   (c) look back
   (d) hold up

8. A: I can't believe you copied answers from Brian's test. I'm really disappointed in you.
   B: But I didn't. Compare our tests and I'll _____ it to you.
   (a) validate
   (b) prove
   (c) ensure
   (d) check

9. A: I know that you think the _____ of your brother, but maybe you shouldn't hire him.
   B: That's true. Hiring a family member could lead to problems.
   (a) globe
   (b) planet
   (c) world
   (d) Earth

10. A: How was the drive to the airport?
    B: There was a lot of traffic, but I _____ to get Sarah there on time.
    (a) managed
    (b) controlled
    (c) ordered
    (d) allowed

11. A: I think we're going to make it to the airport on time.
    B: Yes, _____ of a long line at the gate, we won't miss our flight.

    (a) less
    (b) tiny
    (c) short
    (d) small

12. A: Did you call Mr. Anderson to get me an interview?
    B: Yes. I thought you could use some help _____ your foot in the door.

    (a) having
    (b) getting
    (c) leaving
    (d) putting

Part II Questions 13 ~ 25

Choose the best answer for the blank.

13. The company's trustworthy business _____ have resulted in customer loyalty.

    (a) habits
    (b) pursuits
    (c) hobbies
    (d) practices

14. Though the couple was briefly _____ after their separation, ultimately their relationship came to an end.

    (a) fragmented
    (b) reconciled
    (c) apologized
    (d) apportioned

15. The judge, tired of _____ lawsuits, refused to hear a case regarding a noise complaint.

    (a) frivolous
    (b) mischievous
    (c) proficient
    (d) prevailing

16. Residents called the police when they feared that the crowd was _____ out of hand.

    (a) falling
    (b) getting
    (c) reaching
    (d) taking

17. Due to limited space and high interest, each application will be _____ according to the most stringent of standards.

    (a) restricted
    (b) evaluated
    (c) determined
    (d) compressed

18. Professor Franks is a well-rounded instructor, but his _____ is teaching Victorian literature.

    (a) subject
    (b) domain
    (c) specialty
    (d) discipline

19. Investors struggled to stay _____ as financial experts predicted a long and difficult year.

    (a) composed
    (b) vigorous
    (c) protracted
    (d) unforgiving

20. Though they receive a relatively low salary, salesmen can often _____ their income by earning commissions on sales.

    (a) prevail
    (b) alleviate
    (c) augment
    (d) proliferate

21. Drivers who fail to register and insure their automobiles will _____ steep fines.

    (a) incur
    (b) acquire
    (c) attract
    (d) request

22. Despite having a large _____, the plant was unable to meet production demands.

    (a) laborer
    (b) management
    (c) employment
    (d) workforce

23. Because important evidence had been _____ during his trial, the man was released from prison.

    (a) omitted
    (b) deserted
    (c) instituted
    (d) substituted

24. Pasteur's _____ career included creating a successful treatment method for rabies.

    (a) precarious
    (b) despicable
    (c) stupendous
    (d) communicable

25. Most financial advisors recommend that people hold a variety of stocks in their _____.

    (a) bond
    (b) asset
    (c) equity
    (d) portfolio

The TOP in TEPS

Vocabulary

Half TEST 03

DIRECTIONS

This part of the exam tests your vocabulary skills. You will have 7 minutes to complete the 25 questions. Be sure to follow the directions given by the proctor.

Part I Questions 1 ~ 13

Choose the best answer for the blank.

1. A: Why are you making such a sad face?
   B: Because you are leaving, and I'm going to _____ you so much.

   (a) love
   (b) miss
   (c) grab
   (d) tell

2. A: What is your biggest goal for the coming school year?
   B: _____ A's in every one of my classes!

   (a) Being
   (b) Letting
   (c) Getting
   (d) Working

3. A: When can I see the dentist for another cleaning?
   B: Let me see, ma'am. Are you _____ next Friday?

   (a) comfortable
   (b) available
   (c) feasible
   (d) accessible

4. A: I'm so upset with my Dad for not letting me go to the concert this weekend.
   B: Don't be too hard on him. Even though it seems unfair, you know he means _____.

   (a) well
   (b) right
   (c) fair
   (d) good

5. A: Would you be willing to lend me some money until the next payday?
   B: No problem, buddy. As long as you promise to _____ me back.

   (a) give
   (b) pay
   (c) purchase
   (d) owe

6. A: I don't know what to do after graduation. My dad went traveling after he graduated and had some pretty great adventures.
   B: Well, maybe you should _____ his example and have some great adventures of your own.

   (a) follow
   (b) walk
   (c) track
   (d) find

7. A: I saw that Aaron ran the marathon yesterday. How did he feel this morning?
   B: Well, he was _____ in getting up out of bed, but he was in great spirits!

   (a) thick
   (b) slow
   (c) gradual
   (d) steady

8. A: Johnson, look at this wonderful new discovery I made in the biology lab today!
   B: Oh, wow! This is a magnificent _____, Smith.

   (a) workforce
   (b) strikeout
   (c) onslaught
   (d) breakthrough

9. A: I can _____ when I'm wrong. It's my fault and I'm really very sorry.
   B: Well, that is very big of you. Thank you for saying so.

   (a) tattle
   (b) admit
   (c) confess
   (d) lie

10. A: We've been getting a ton of complaints. The toys we created have been malfunctioning.
    B: I know. I think we should _____ the whole line.

    (a) recall
    (b) remorse
    (c) repel
    (d) reclaim

11. A: Thank you for loaning this book to me. It taught me so much about the impact pollution has on the environment.
    B: Yes, it truly gets to the _____ of the matter.

    (a) theme
    (b) heart
    (c) point
    (d) focus

12. A: Thank you for inviting me to your house-warming party. It really is a lovely place.
    B: I'm glad you could make it. Would you like me to take you on the grand _____?

    (a) tour
    (b) trip
    (c) journey
    (d) visit

13. A: Jerry did such a fantastic job acting in that play tonight.
    B: I totally agree. He was just so _____ in that role on stage.

    (a) trustworthy
    (b) reliable
    (c) dependable
    (d) believable

Part II Questions 14 ~ 25
Choose the best answer for the blank.

14. The café owner was very happy because there were a lot of _____ last week.

    (a) occupants
    (b) clients
    (c) customers
    (d) users

15. After serving a five-year sentence behind bars, the prisoner was _____ from jail today.

    (a) relented
    (b) released
    (c) reported
    (d) reminded

16. The large suspension bridge was built to _____ the width of the river.

    (a) span
    (b) connect
    (c) cover
    (d) cross

17. Studies have shown that regular exercise and healthy eating _____ years to a person's life.

    (a) provides
    (b) gives
    (c) adds
    (d) bestows

18. The businessman was fired from his high-paying job because he was _____ late to work each morning.

    (a) eloquently
    (b) consistently
    (c) momentarily
    (d) disproportionately

19. When his people were attacked without mercy, the leader _____ war against his enemies.

    (a) stated
    (b) asserted
    (c) declared
    (d) commanded

20. The physics professor's paper on the Big Bang Theory isn't very popular, as it _____ more questions than it answers.

    (a) raises
    (b) lifts
    (c) ascends
    (d) elevates

21. With the invention of the calculator, the abacus has become nothing more than _____.

    (a) pretentious
    (b) obsolete
    (c) atrocious
    (d) indigenous

22. After the car was totaled in the head-on collision, it was only good for its _____ parts.

    (a) loose
    (b) clean
    (c) spare
    (d) rough

23. The woman wanted to sleep in that morning, so she put the Do Not _____ sign on her hotel room door.

    (a) Open
    (b) Touch
    (c) Remove
    (d) Disturb

24. Ricky and Shelly were relieved to discover that their favorite musician was a _____ person, and not as self-centered as many other famous people.

    (a) humble
    (b) consequential
    (c) aloof
    (d) conspicuous

25. Unsurprisingly, Paul's poor performance on the tests _____ in a below average grade at the end of the semester.

    (a) achieved
    (b) culminated
    (c) terminated
    (d) dissolved

The TOP in TEPS

Vocabulary
Half TEST 04

DIRECTIONS
This part of the exam tests your vocabulary skills. You will have 7 minutes to complete the 25 questions. Be sure to follow the directions given by the proctor.

Part I Questions 1 ~ 12

Choose the best answer for the blank.

1. A: Can you believe how rude that cab driver was?
   B: I know! And what really _____ on my nerves is that he still expected us to give him a tip!

   (a) hits
   (b) gets
   (c) suits
   (d) fits

2. A: I wonder what was up with Martin tonight. He was just staring off into space.
   B: I noticed that, too. He seemed _____ with something.

   (a) preoccupied
   (b) preconceived
   (c) predisposed
   (d) premeditated

3. A: Are you taking everything with you when you move out next week?
   B: No, probably not. I think there's quite a bit of stuff that I could _____.

   (a) keep a hold of
   (b) pass off for
   (c) do away with
   (d) come around to

4. A: Do I need to wear a jacket and tie to the dinner party tomorrow evening?
   B: Not at all. It's going to be pretty _____.

   (a) straightforward
   (b) unofficial
   (c) familiar
   (d) informal

5. A: Why are there so many people walking around the neighbor's yard today?
   B: They just put the place on the market, and today they're hosting a(n) _____ house.

   (a) free
   (b) welcome
   (c) open
   (d) empty

6. A: Jack really proved us all wrong in the board room today.
   B: Yeah, we definitely _____ him. He was even more prepared than we were!

   (a) miscalculated
   (b) misled
   (c) misjudged
   (d) misplaced

7. A: Johnny, I would really appreciate it if you would _____ the chores this afternoon.
   B: But I don't want to stay inside. It's so nice out today.

   (a) run over to
   (b) lend a hand to
   (c) make do with
   (d) help out with

8. A: I like your new used car. I hope it doesn't break down on you.
   B: The previous owner showed me a lot of documentation that _____ me it was in great condition, so I'm confident that it'll be just fine.

   (a) inclined
   (b) assured
   (c) regarded
   (d) influenced

9. A: Joan, why are you looking so down today?
   B: It's been a rough week, Jim. But I really don't want to _____ it right now.

   (a) move through
   (b) go into
   (c) take on
   (d) step in

10. A: I love the beach this time of year.
    B: Me, too. There's nothing quite like the sound of the _____ waves.

    (a) bashing
    (b) screaming
    (c) bellowing
    (d) roaring

11. A: I really don't like that I have to walk home alone most nights.
    B: You should take a martial arts class. You know, just in case you have to _____ yourself.

    (a) preserve
    (b) secure
    (c) defend
    (d) support

12. A: You look good, Mark! Have you lost some weight?
    B: Yes, I have. I've been _____ down a bit for health reasons.

    (a) tightening
    (b) crunching
    (c) dieting
    (d) slimming

Part II Questions 13 ~ 25

Choose the best answer for the blank.

13. George only buys generic foods at the supermarket now because he thinks that all the name-brand companies _____ for their products.

    (a) overprice
    (b) oversell
    (c) overflow
    (d) overcharge

14. Studies have shown that in less than a century, Caucasians will be a(n) _____ in the United States.

    (a) minority
    (b) triviality
    (c) alternative
    (d) margin

15. It was purely _____ that Jenny got into a car accident just after having her windshield replaced.

    (a) ominous
    (b) coincidental
    (c) intuitive
    (d) unpredictable

16. Even though Angela was wearing a wool sweater and a heavy jacket, the winter wind still _____ her to the bone.

    (a) iced
    (b) cooled
    (c) hurt
    (d) chilled

17. Because of the _____ of their pages, some older books in the National Library must only be touched with white cotton gloves.

    (a) inactivity
    (b) vitality
    (c) fragility
    (d) sensitivity

18. The children were able to _____ their street hockey game when the car had driven safely around the corner.

    (a) resume
    (b) redeem
    (c) return
    (d) relent

19. Scientists _____ their experiment data in order to come to an accurate conclusion.

    (a) instigate
    (b) tabulate
    (c) relinquish
    (d) insulate

20. Jason takes the _____ train to work because he doesn't want to add to the world's pollution problem by driving his car every day.

    (a) traveler
    (b) tourist
    (c) patron
    (d) commuter

21. Bobby was disappointed when his favorite soccer team was eliminated in the _____ rounds of the tournament.

    (a) predatory
    (b) preparatory
    (c) premonitory
    (d) preliminary

22. Francis couldn't do a rematch with Holly on the basketball court because she had _____ so much energy during the first game.

    (a) expelled
    (b) exerted
    (c) excelled
    (d) extended

23. The young man was arrested and thrown in jail because he had operated a motor vehicle while _____.

(a) subdued
(b) maneuvered
(c) intoxicated
(d) influenced

25. Mr. Roma _____ the idea of taking his students on a field trip to the zoo, because he knew they would all have a great time and learn a lot of interesting facts.

(a) implemented
(b) drew
(c) promoted
(d) relished

24. The real _____ was that while the thieves were apprehended, the money stolen from the charity was never recovered.

(a) motive
(b) calamity
(c) tragedy
(d) devastation

The TOP in TEPS

Vocabulary

Half TEST 05

DIRECTIONS

This part of the exam tests your vocabulary skills. You will have 7 minutes to complete the 25 questions. Be sure to follow the directions given by the proctor.

Part I **Questions 1 ~ 13**

Choose the best answer for the blank.

1. A: I think I'm in trouble. I have a biology test tomorrow and I've lost my textbook.
   B: Oh, well you can _____ mine if you want. I won't need it for a day or two anyway.

   (a) borrow
   (b) find
   (c) buy
   (d) keep

2. A: I'm surprised that your brother didn't do well on that test.
   B: He's smart, but he doesn't always _____ himself like he should.

   (a) trust
   (b) apply
   (c) believe
   (d) study

3. A: What are the police doing in the street?
   B: I think they're trying to determine the _____ of a car accident.

   (a) cause
   (b) reason
   (c) foundation
   (d) launch

4. A: Why is that man in jail?
   B: He _____ several crimes.

   (a) made
   (b) enacted
   (c) performed
   (d) committed

5. A: I hate these pants. I'm just going to _____.
   B: There's no need to put them in the trash. Just give them to charity.

   (a) fold them up
   (b) pull them out
   (c) throw them out
   (d) hang them up

6. A: This restaurant is too expensive. They need to lower their prices.
   B: I know. It's _____ sense that if you charge too much, people won't come back.

   (a) regular
   (b) normal
   (c) average
   (d) common

7. A: Thank you for calling Miller and Associates. How may I _____ your call?
   B: Can you connect me to Anne Hawkings, please?

   (a) place
   (b) point
   (c) guide
   (d) direct

8. A: We need a volunteer to try out the new equipment.
   B: I guess I'll be your _____, if no one else will try it.

   (a) guinea pig
   (b) dark horse
   (c) sitting duck
   (d) underdog

9. A: Did you ever find out who ate your cookies?
   B: Tara _____ it, but I don't buy it. She had crumbs on her shirt.

   (a) regretted
   (b) clarified
   (c) contradicted
   (d) denied

10. A: I've never seen so many people wearing masks on the subway.
    B: Me either. This flu _____ is starting to get out of control.

    (a) fear
    (b) fright
    (c) scare
    (d) terror

11. A: Now that the police have caught the bank robber, what will they do with him?
    B: They'll probably _____ him to find out if he committed any other crimes.

    (a) intercept
    (b) interchange
    (c) intervene
    (d) interrogate

12. A: James is a gifted athlete, and I hope you'll allow him to play on the team.
    B: I'd like to. But the fact _____ that his grades aren't high enough to join the team.

    (a) keeps
    (b) stays
    (c) remains
    (d) continues

13. A: Why did you return your computer to the store?
    B: The disc drive was _____. It wouldn't read any CDs.

    (a) mistaken
    (b) erroneous
    (c) invalid
    (d) defective

Part II **Questions 14 ~ 25**

Choose the best answer for the blank.

14. The governor declined to comment on his son's troubles, calling it a _____ matter.

    (a) social
    (b) solitary
    (c) public
    (d) personal

15. Physical therapy can _____ muscles after injuries, though some patients may never fully recover.

    (a) breed
    (b) embellish
    (c) stabilize
    (d) strengthen

16. After the security updates were installed on all of its computers, the company saw a decline in _____ orders.

    (a) temporal
    (b) forthcoming
    (c) outstanding
    (d) fraudulent

17. Though the senator had _____ to never vote for a tax increase, he reversed that position on Wednesday.

    (a) vowed
    (b) stated
    (c) supported
    (d) affirmed

18. All employees will be _____ with a badge and uniform on their first day.

    (a) included
    (b) incorporated
    (c) supplied
    (d) accompanied

19. The results of the survey are in _____, as the methods used to collect data were rather unscientific.

    (a) hypothesis
    (b) manner
    (c) conclusion
    (d) doubt

20. There's a deep _____ between mother and daughter that is very common, even across the cultures.

    (a) commotion
    (b) affinity
    (c) causality
    (d) union

21. Test materials may only be distributed to students by a _____ test monitor.

    (a) certified
    (b) definite
    (c) ambiguous
    (d) intuitive

22. The defendant did not seem to _____ the severity of the charges he faced.

    (a) decide
    (b) find
    (c) seek
    (d) grasp

23. Given the poor _____ of the building, it is doubtful that any investor will purchase or repair it.

    (a) situation
    (b) status
    (c) state
    (d) condition

24. Despite her many _____ supporters, Maria Reynolds lost the election to her rival.

(a) elongated
(b) concentrated
(c) infrequent
(d) dedicated

25. Even the lawyer prosecuting the case thought that the harsh sentence was _____ and unnecessary.

(a) impressive
(b) progressive
(c) excessive
(d) prominent

The TOP in TEPS

Vocabulary
Half TEST 06

DIRECTIONS

This part of the exam tests your vocabulary skills. You will have 7 minutes to complete the 25 questions. Be sure to follow the directions given by the proctor.

Part I Questions 1 ~ 12

Choose the best answer for the blank.

1. A: It's a _____ that your brother couldn't make the trip.
   B: Yeah, I was excited to see him. But we'll see him over the holidays.

   (a) shame
   (b) dishonor
   (c) disgrace
   (d) humiliation

2. A: What did you do last weekend?
   B: Oh, just the _____. I did some shopping and ran some errands.

   (a) average
   (b) common
   (c) usual
   (d) familiar

3. A: You won't believe who I saw today. I _____ Joan Mitchell at the supermarket.
   B: Wow, it's been years since I talked to her. How is she?

   (a) ran into
   (b) handed in
   (c) looked after
   (d) tried out

4. A: Attendance at the monthly meetings has started to _____. What should we do?
   B: Well, more people might come to the meetings if we advertised them.

   (a) follow up
   (b) drop off
   (c) take over
   (d) get through

5. A: Why are those two students wearing special gowns?
   B: Oh, they have the highest grades. They're the cream of the _____.

   (a) pack
   (b) crop
   (c) group
   (d) crowd

6. A: I just finished that book you gave me. Did you happen to read the editor's _____ at the front of the book?
   B: No, I only read the main story. Was it important?

   (a) preface
   (b) appendix
   (c) chapter
   (d) epilogue

7. A: So, did you have a chance to review my report?
   B: I did, and it looks like you're on the right _____.

   (a) row
   (b) line
   (c) track
   (d) path

8. A: Mr. Jackson handled the pressure quite well. I probably would have screamed and yelled.
   B: I agree. He _____ himself with grace and dignity.

   (a) conducted
   (b) behaved
   (c) responded
   (d) staged

9. A: I don't think I want to do this presentation. I'm too nervous!
   B: Sorry, but it's too late to _____ out. You have to go on.

   (a) back
   (b) leave
   (c) hide
   (d) flee

10. A: I got another speeding ticket today. The fine is two hundred dollars!
    B: Maybe that will teach you to _____ the speed limit.

    (a) heed
    (b) detect
    (c) observe
    (d) conform

11. A: I heard our company is taking some big losses.
    B: It's true. I'm afraid they'll have to _____ off more employees.

    (a) cut
    (b) pay
    (c) lay
    (d) take

12. A: That was a quick conversation. Who was on the phone?
    B: I don't know. Whoever it was _____ right after I said hello.

    (a) came down on
    (b) called up on
    (c) gave up on
    (d) hung up on

Part II Questions 13 ~ 25
Choose the best answer for the blank.

13. Citizens who _____ that their trash would be picked up Monday morning were surprised to see it was still there Monday night.

    (a) assumed
    (b) implied
    (c) suggested
    (d) declared

14. It is believed that relaxing work conditions _____ to increases in efficiency and production.

    (a) contribute
    (b) insert
    (c) regard
    (d) apply

15. Contrary to popular belief, the concept of a round world was _____ as a fact long before Columbus sailed the Atlantic.

    (a) accepted
    (b) known
    (c) recorded
    (d) thought

16. Some economists say that countries that do not _____ a global economy will fail, as all countries must now do business with one another.

    (a) enlist
    (b) avoid
    (c) ignore
    (d) embrace

17. The city of Rio de Janeiro _____ a popular destination for tourists from around the world.

    (a) keeps
    (b) resides
    (c) remains
    (d) possesses

18. The cake was cut into equal _____ so that all of the children would receive the same amount.

    (a) portions
    (b) divisions
    (c) categories
    (d) numbers

19. Though placing a _____ at a racetrack can potentially result in a large payoff, most people lose money.

    (a) chance
    (b) lottery
    (c) gamble
    (d) wager

20. To reach the plaza, go to Haymarket Station and _____ the southeast corner at Broadway.

    (a) round
    (b) exit
    (c) flip
    (d) veer

21. Archaeologists were shocked to discover that the cave painting _____ all other known human settlements.

    (a) prefers
    (b) predicts
    (c) predates
    (d) precludes

22. Hundreds of people were forced to _____ after their homes were destroyed by wildfires.

    (a) eject
    (b) remove
    (c) displace
    (d) relocate

23. Geologists found ancient fossils under several _____ of rock and clay.

   (a) levels
   (b) layers
   (c) stories
   (d) degrees

24. The use of _____ in dry areas has been used and improved upon for centuries, providing water for crops even in deserts.

   (a) plumbing
   (b) irrigation
   (c) deliverance
   (d) rainfall

25. An executive from the advertising agency _____ several different options for the ad campaign to the head of the marketing department.

   (a) brandished
   (b) exposed
   (c) exhibited
   (d) presented

The TOP in TEPS

Vocabulary

Half TEST 07

DIRECTIONS

This part of the exam tests your vocabulary skills. You will have 7 minutes to complete the 25 questions. Be sure to follow the directions given by the proctor.

Part I Questions 1 ~ 13

Choose the best answer for the blank.

1. A: It's taking Adam forever to arrive!
   B: Don't worry. He'll be here _____ enough.
   - (a) quite
   - (b) right
   - (c) fair
   - (d) soon

2. A: Jane always leaves a mess after dinner.
   B: I know, but it's not my _____ to clean up after her.
   - (a) duty
   - (b) work
   - (c) assignment
   - (d) labor

3. A: We are thinking of adding another project. What do you think?
   B: Can I think it over? I'm not sure if I'm up to the _____.
   - (a) extent
   - (b) minute
   - (c) challenge
   - (d) capacity

4. A: I'm trying to make this apple pie, but the recipe is really complicated.
   B: Well, what _____ does it call for?
   - (a) resources
   - (b) components
   - (c) materials
   - (d) ingredients

5. A: Hello, and thank you for calling National Bank. How can I help you?
   B: Hi, I'd like to _____ my credit cards stolen.
   - (a) apply
   - (b) report
   - (c) call
   - (d) add

6. A: I hate it when Jim arrives late for dinner. It's annoying.
   B: Yeah, I wish he was more _____.
   - (a) punctual
   - (b) jovial
   - (c) subtle
   - (d) futile

7. A: Can we schedule the meeting for tomorrow?
   B: No. Tomorrow is Labor Day. We're closed to _____ the holiday.
   - (a) monitor
   - (b) detect
   - (c) watch
   - (d) observe

8. A: We want to present you with this prize for your efforts in environmental activism.
   B: Thank you so much. I've really tried to create _____ about green issues.
   - (a) awareness
   - (b) realization
   - (c) acceptance
   - (d) appreciation

9. A: I didn't know you write for the school paper!
   B: Yes, I write a weekly column in my _____ time.
   - (a) standby
   - (b) present
   - (c) spare
   - (d) unused

10. A: Would you like to _____ a movie this week?
    B: Sure! That new action flick comes out tomorrow.
    - (a) hold
    - (b) capture
    - (c) catch
    - (d) take

11. A: I can't believe the company is moving my job overseas. I hate to travel!
    B: I know. But you've got to learn to _____ change.

    (a) dispense
    (b) embrace
    (c) indulge
    (d) contain

12. A: I have an extra ticket to this concert tonight. Would you like to go?
    B: No thanks. I have a paper due next week and I need to get _____ to business writing it.

    (a) near
    (b) about
    (c) up
    (d) down

13. A: Little Tommy is always asking questions.
    B: Yep. He's such a(n) _____ child.

    (a) inquisitive
    (b) genuine
    (c) offensive
    (d) temperate

Part II **Questions 14 ~ 25**
Choose the best answer for the blank.

14. The CEO of the corporation stated he hopes for a full _____ in sales after the economic downturn.

    (a) recapture
    (b) deficiency
    (c) benefit
    (d) recovery

15. After a _____ of hands, the employees voted to change the company's vacation policy.

    (a) pick
    (b) position
    (c) show
    (d) test

16. Visitors to the Sichuan region of China can try spicy chilies, which are a local _____.

    (a) taste
    (b) delicacy
    (c) bounty
    (d) trade

17. If an employee is _____, he or she will receive a cut in pay.

    (a) disarmed
    (b) disciplined
    (c) disclosed
    (d) discharged

18. Many journalists work to _____ the problems of homelessness in our country today.

    (a) imply
    (b) release
    (c) expose
    (d) encounter

19. The mayor's first job in office was to _____ stricter drinking laws.

    (a) forbid
    (b) judge
    (c) assemble
    (d) enact

20. The barren mountains and cloudy skies created an _____, grey landscape.

    (a) austere
    (b) intensive
    (c) exponential
    (d) implicit

21. The lack of research funding still cannot weaken the scientists' _____ to find a cure for cancer.

    (a) reservation
    (b) resolve
    (c) retribution
    (d) reconciliation

22. Once you are officially hired, the Human Resources Department will _____ your employee ID card.

    (a) issue
    (b) waive
    (c) display
    (d) withdraw

23. After looking at the immigration forms, Jenny still was not sure into which _____ her visa fell.

    (a) catalogue
    (b) category
    (c) grade
    (d) rank

24. The plans for _____ of the building call for a bigger employee lounge, more storage space and a larger lobby.

(a) expansion
(b) exclusion
(c) consolidation
(d) desolation

25. Hoping to appeal to a wider market, the computer company _____ its latest mobile product at this year's global convention.

(a) constructed
(b) depicted
(c) unveiled
(d) generated

The TOP in TEPS

Vocabulary

Half TEST 08

DIRECTIONS

This part of the exam tests your vocabulary skills. You will have 7 minutes to complete the 25 questions. Be sure to follow the directions given by the proctor.

Part I Questions 1 ~ 12
Choose the best answer for the blank.

1. A: I had a terrible day yesterday. My computer crashed!
   B: Oh no! Will the repair shop be able to _____ any of the data from your hard drive?

   (a) retrieve
   (b) retaliate
   (c) retreat
   (d) retain

2. A: I've got a bone to pick with you. You didn't organize these files like I asked.
   B: I'm so sorry, but it was a(n) _____ mistake.

   (a) frank
   (b) sincere
   (c) blunt
   (d) honest

3. A: I'm furious. Aaron isn't _____ his own weight on this project.
   B: I know what you mean, but that's just how it goes when you work in a group.

   (a) gaining
   (b) watching
   (c) pulling
   (d) shifting

4. A: I can't believe the board agreed to fund our project!
   B: Isn't it wonderful? It was a _____ decision.

   (a) hasty
   (b) common
   (c) unanimous
   (d) poor

5. A: I'm having trouble with these calculations. What should I do?
   B: Go talk to our boss. He's very friendly. He's got an open-door _____.

   (a) opportunity
   (b) reliability
   (c) policy
   (d) strategy

6. A: It was really chilly in the house last night.
   B: Yeah, I think I felt a _____ of cold air coming in.

   (a) draft
   (b) gulp
   (c) breath
   (d) load

7. A: I think I'll buy this outfit to wear to the dinner next weekend.
   B: It's a formal dinner, so that black shirt will do _____.

   (a) nicely
   (b) happily
   (c) profitably
   (d) usefully

8. A: OK, that wraps it up. We've covered everything on the agenda.
   B: Great everyone. This meeting is _____. Have a wonderful evening.

   (a) conferred
   (b) resumed
   (c) postponed
   (d) adjourned

9. A: Did you know a banker was almost sent to jail yesterday?
   B: Yeah. I heard they tried to charge him with _____ of fraud.

   (a) allegations
   (b) indications
   (c) connotations
   (d) proposals

10. A: Did you see the weather report? There is a terrible storm moving in.
    B: It's OK. We're going to _____ with our vacation plans anyway.

    (a) push forward
    (b) move upward
    (c) go together
    (d) bid farewell

86

11. A: Why do you think Lisa always asks me for my opinion of whatever it is she is doing?
B: I don't know, but she tries too hard to _____ the approval of others.

(a) grasp
(b) seek
(c) affront
(d) catch

12. A: Have you seen BRI Cell Phone Company's new ad? It has a great song in it.
B: Yeah, I heard it was a _____ attempt to help them appeal to a younger market.

(a) deliberate
(b) foregone
(c) punitive
(d) consensual

Part II Questions 13 ~ 25

Choose the best answer for the blank.

13. Because the aging professor was held in high _____, he was awarded a national academic prize.

    (a) esteem
    (b) respect
    (c) rationale
    (d) trust

14. Although our sponsors initially did not like the new ad campaign, they eventually _____ to the idea.

    (a) came around
    (b) showed off
    (c) added up
    (d) grew on

15. Although the nurse felt the patient had recuperated, only the doctor had the _____ to discharge him from the hospital.

    (a) authority
    (b) influence
    (c) promise
    (d) aptitude

16. After not paying her rent for two months, the student was _____ from her apartment.

    (a) exasperated
    (b) evacuated
    (c) disqualified
    (d) evicted

17. The residents of Williamsburg were _____ by surprise when there was an early snowstorm in September.

    (a) found
    (b) taken
    (c) called
    (d) stated

18. With such excellent sales this quarter, Mr. Watson is sure to _____ the way in the future of this company.

    (a) show
    (b) lead
    (c) take
    (d) drive

19. To prepare for the impending merger, we must _____ plans on how to handle union demands for employee benefits.

    (a) pencil in
    (b) write off
    (c) draw up
    (d) speak out

20. The plaintiff was wrongly _____ of a crime he didn't commit, and spent ten years in prison.

    (a) pleaded
    (b) arraigned
    (c) exonerated
    (d) accused

21. If an unexpected situation _____, contact the Regional Manager immediately for instructions.

    (a) lifts
    (b) arises
    (c) assumes
    (d) integrates

22. The new shampoo will undergo _____ consumer testing before it is available in the supermarket.

    (a) affirmative
    (b) extensive
    (c) retentive
    (d) conductive

23. Because she was _____ enough to approach her boss, Mary was given a promotion.

   (a) versatile
   (b) assertive
   (c) tumultuous
   (d) attentive

24. According to reports today, the electronics giant CNM Corporations will face a _____ takeover bid from a foreign company tomorrow.

   (a) persistent
   (b) grueling
   (c) hostile
   (d) adverse

25. Pop music superstar Kid M was disappointed by the _____ review that Music Magazine gave his new album last month.

   (a) scathing
   (b) tenuous
   (c) palliative
   (d) obsequious

The TOP in TEPS

Vocabulary

Actual TEST 01

DIRECTIONS
This part of the exam tests your vocabulary skills. You will have 15 minutes to complete the 50 questions. Be sure to follow the directions given by the proctor.

Part I Questions 1 ~ 25
Choose the best answer for the blank.

1. A: I still haven't seen the action movie that you recommended to me.
   B: Really? Boy, it's been almost a year since it _____ out.

   (a) went
   (b) made
   (c) came
   (d) moved

2. A: Mr. Johnson, are you available to give our new employee a tour of the office?
   B: I'm sorry, I'm right in the _____ of finishing up this report.

   (a) center
   (b) middle
   (c) bottom
   (d) heart

3. A: I don't want to go to the job interview. I'm afraid they're going to _____.
   B: Sometimes you just have to take the risk. You'll never know if you don't try.

   (a) change my mind
   (b) take me out
   (c) make my day
   (d) turn me down

4. A: I heard your neighborhood was hit by a snow storm. Do you want me to _____ off the meeting?
   B: If you don't mind. I think it'll be a while before we can shovel ourselves out.

   (a) turn
   (b) pull
   (c) call
   (d) nod

5. A: Thank you for holding, sir. May I help you?
   B: Yes, I'd like to make a(n) _____ for two at your restaurant tonight, please.

   (a) cancellation
   (b) reservation
   (c) impression
   (d) requisition

6. A: I'm sorry, but I don't have any cash on me. Would you accept a personal _____?
   B: Absolutely, as long as I can take a peek at your picture I.D.

   (a) bill
   (b) invoice
   (c) check
   (d) ticket

7. A: Do you have any tickets left for tonight's performance?
   B: No, I'm afraid we don't. But I can put you on the _____ list in case someone doesn't show up.

   (a) cast
   (b) guest
   (c) mailing
   (d) waiting

8. A: Have you heard the latest about those poor missing hikers?
   B: The rescue team is still conducting their _____. But everyone's hopeful.

   (a) pursuit
   (b) journey
   (c) search
   (d) chase

9. A: Did you hear the news? The bank was _____ today.
   B: Oh my goodness! Did they catch the robbers?

   (a) branched out
   (b) held up
   (c) torn down
   (d) cleaned up

10. A: I don't have a quarter. Can you _____ this one dollar bill?
    B: I'm very sorry, sir. We can only accept exact change.

    (a) run
    (b) pass
    (c) break
    (d) cash

11. A: You had better be more careful about what you say when the boss is around.
    B: I know. If I don't, I might _____ up without a job!

    (a) end
    (b) stand
    (c) crop
    (d) open

12. A: I'd like to check out these two books, please.
    B: I'm sorry, but the library won't allow you to check anything out until you return all _____ material.

    (a) overloaded
    (b) overdue
    (c) overpriced
    (d) overthrown

13. A: I hope you ladies and gentlemen didn't go over-budget on that census project.
    B: No, sir. We broke _____, and were able to get some great results.

    (a) even
    (b) fair
    (c) right
    (d) well

14. A: What is that awful noise coming from downstairs?
    B: It sounds like somebody playing a piano that's out of _____.

    (a) order
    (b) tune
    (c) place
    (d) time

15. A: I can't believe that you can actually order a pizza over the Internet now.
    B: What can I say? The _____ have changed, my friend.

    (a) times
    (b) worlds
    (c) minds
    (d) computers

16. A: The _____ level of next Monday's test is fairly high, so be sure to be prepared.
    B: I will, Mr. Williams. I'll study hard all weekend.

    (a) hardship
    (b) difficulty
    (c) stress
    (d) obstacle

17. A: Would you like to play tennis at the club with me tomorrow?
    B: Sure, as long as you promise to _____ easy on me.

    (a) hit
    (b) play
    (c) go
    (d) swing

18. A: Did you like that article about how bad the high school football team is playing?
    B: Yes, but I think they _____ the mark. It's not the players' fault. It's the coach's.

    (a) neglected
    (b) failed
    (c) missed
    (d) overlooked

19. A: That new movie _____ described what life is really like in South Africa.
    B: Well, it's good to know that Hollywood gets things right every once in a while.

    (a) entirely
    (b) accurately
    (c) pertinently
    (d) strictly

20. A: I'm going crazy trying to find my car keys!
    B: Don't worry. I'm sure they'll _____ soon.

    (a) come out
    (b) come over
    (c) turn up
    (d) turn around

21. A: I wish that obnoxious guy would leave the party soon.
    B: Yes, he's definitely _____ his welcome.
    (a) overplayed
    (b) overstayed
    (c) overpaid
    (d) oversold

22. A: Do you think little Johnny will do all right in kindergarten next fall?
    B: Don't worry, he's a _____ boy. He'll do just fine.
    (a) vivid
    (b) bright
    (c) luminous
    (d) polished

23. A: I told Tim about the problem, but he didn't seem to _____ attention.
    B: I wouldn't get too upset with him, because he has a lot on his mind these days.
    (a) offer
    (b) buy
    (c) owe
    (d) pay

24. A: How long will it take my mom to get a new kidney?
    B: Not too long, I hope. I've put her on the top of the _____ list.
    (a) transplant
    (b) transformation
    (c) transparency
    (d) transport

25. A: Why are you packing up everything in the laboratory?
    B: The lack of funds has _____ my work so much that I can't afford to conduct any more experiments.
    (a) imposed
    (b) impelled
    (c) imported
    (d) impeded

Part II Questions 26 ~ 50
Choose the best answer for the blank.

26. When a person doesn't like where the conversation is headed, he or she might ask you to leave it alone, back off, or _____ the subject.
    (a) crash
    (b) release
    (c) drop
    (d) defeat

27. Several important documents _____ the signature of a public notary to make them official.
    (a) desire
    (b) compel
    (c) entail
    (d) require

28. When the Count was _____ to a duel, he found it impossible to decline, even though he truly did not want to participate.
    (a) encouraged
    (b) challenged
    (c) anticipated
    (d) confronted

29. The radio host _____ his listeners that there would be a winter storm heading their way in the next couple of days.
    (a) inferred
    (b) inflamed
    (c) inflicted
    (d) informed

30. The heart shape is a universal _____ for love and compassion.
    (a) testament
    (b) symbol
    (c) objective
    (d) replica

31. Historians often _____ ancient texts to get an accurate idea of what society was like many centuries ago.
    (a) advise
    (b) consult
    (c) scrutinize
    (d) confer

32. The construction crew is busy _____ the old cathedral back to its original splendor.
    (a) recalling
    (b) retiring
    (c) restoring
    (d) relating

33. Jason's father pulled some _____ and got Jason a job that he wasn't really qualified for.
    (a) weight
    (b) stunts
    (c) strings
    (d) stops

34. We're sorry for the inconvenience, but our store is _____ closed due to family emergency.
    (a) temporarily
    (b) sporadically
    (c) complacently
    (d) perpetually

35. Mr. Roberts didn't like to throw anything away because he believed that everything had _____ value to him.
    (a) conditional
    (b) sentimental
    (c) nutritional
    (d) sequential

36. When writing an essay, put plenty of effort into the _____, as it sets up your argument for the reader.

    (a) introspection
    (b) introduction
    (c) contraction
    (d) conjunction

37. A well-composed photograph _____ the moment perfectly.

    (a) restrains
    (b) confines
    (c) detains
    (d) captures

38. There are many _____ about how the dinosaurs became extinct, but none have yet been proven.

    (a) philosophies
    (b) subjects
    (c) theories
    (d) features

39. Before arriving at the airport, travelers should _____ the date and time of their departure.

    (a) confirm
    (b) question
    (c) speculate
    (d) authorize

40. Climbers of Mt. Everest are generally _____ to the very limits of their endurance.

    (a) placed
    (b) moved
    (c) prodded
    (d) pushed

41. When he went off to college, Brad _____ quickly to his new environment by immediately making friends and familiarizing himself with the layout of the campus.

    (a) succeeded
    (b) changed
    (c) adapted
    (d) coordinated

42. When recycling, glass and plastic bottles should be placed in _____ receptacles.

    (a) private
    (b) discrete
    (c) separate
    (d) exclusive

43. The doctor once _____ six babies in a single morning.

    (a) delivered
    (b) raised
    (c) reared
    (d) provided

44. Potential students are required to bring _____ of their own work with them to the Art Institute when they have their interviews.

    (a) magazines
    (b) portfolios
    (c) assignments
    (d) instances

45. A volume of water will begin to _____ when heated above a certain temperature.

    (a) coagulate
    (b) incorporate
    (c) evaporate
    (d) concentrate

46. Joe was upset to learn that all the airplane's window seats were already _____ on his flight because he liked to look at the ground from so high in the air.

(a) detailed
(b) restored
(c) diverted
(d) occupied

47. The film's romantic orchestration perfectly _____ the moment when the two lovers finally kiss.

(a) interprets
(b) overreaches
(c) outshines
(d) underscores

48. When Mary found her favorite jacket the next morning, it was thoroughly _____ with rain water because she accidentally left it outside during the storm.

(a) intruded
(b) saturated
(c) inflicted
(d) preserved

49. Jack was a _____ because he believed that all events in life were predetermined and there was nothing he could do about it.

(a) fatalist
(b) satirist
(c) extortionist
(d) dramatist

50. The teacher _____ the harsh new tardiness policy because students were constantly arriving to class late.

(a) inspired
(b) influenced
(c) implemented
(d) impaired

The TOP in TEPS

Vocabulary

Actual TEST 02

DIRECTIONS
This part of the exam tests your vocabulary skills. You will have 15 minutes to complete the 50 questions. Be sure to follow the directions given by the proctor.

Part I Questions 1 ~ 25

Choose the best answer for the blank.

1. A: Patricia seems to be doing well in English class.
   B: Yes, she is. Even though most of the words are new to her, she seems to _____ them by heart.

   (a) compute
   (b) know
   (c) study
   (d) repeat

2. A: Did you decide to follow Jeff's suggestions on the projects?
   B: I haven't made up my mind yet, but all things _____, I will probably do it my way.

   (a) pondered
   (b) responded
   (c) discussed
   (d) considered

3. A: How do you like your new place?
   B: It is great. The best part of owning your own home is the _____ you get.

   (a) privacy
   (b) isolation
   (c) secrecy
   (d) desolation

4. A: I understand that John never paid you back like he told you he would.
   B: Yes, that's right. He never keeps his end of the _____.

   (a) promise
   (b) bargain
   (c) words
   (d) deal

5. A: Tommy wastes a lot of time playing games on his computer.
   B: I wish he would spend his time doing something more _____.

   (a) despicable
   (b) materialistic
   (c) cultivating
   (d) productive

6. A: Shannon doesn't look very healthy to me.
   B: I agree. The infection she had after the accident has left her very _____.

   (a) frail
   (b) frivolous
   (c) flimsy
   (d) fervent

7. A: I can't believe that Hannah got the promotion.
   B: I heard one of the people who did the job interviews said the committee liked the way she _____ a problem.

   (a) hits
   (b) determines
   (c) remarks
   (d) tackles

8. A: My car is in the shop for service, so I guess I need to get a rental for a few days.
   B: If you _____, you might be able to save some money.

   (a) sell out
   (b) trade up
   (c) buy out
   (d) shop around

9. A: The home team showed no _____ in the second half of the game.
   B: That's right! I can't believe they scored seven goals in just 45 minutes.

   (a) disgust
   (b) disguise
   (c) hide
   (d) mercy

10. A: I think I'm lost. I'm trying to get to the mayor's office.
    B: It's on the third floor. There are several ways to get there, but I can show you a _____.

    (a) shortcut
    (b) shortfall
    (c) shorthand
    (d) shortstop

11. A: The boss is making me take out the trash and do other things that aren't a part of my job.
    B: He used to be a good guy, but he has been on a real _____ ever since he was promoted ahead of us.

    (a) power trip
    (b) white knight
    (c) beaten path
    (d) heavy load

12. A: Is it a regular checkup or is something else is wrong?
    B: She has been coughing and has a runny nose. Those things are _____ of the flu, and I want to be safe.

    (a) outcomes
    (b) symptoms
    (c) side effects
    (d) reasons

13. A: Have you finished paying off your loan at the bank?
    B: Not yet, but they were kind enough to _____ the time I have to repay them without charging a penalty.

    (a) expire
    (b) expand
    (c) extend
    (d) extract

14. A: Benjamin was very active during recess, and he couldn't _____ when he came inside.
    B: Getting him to focus on his studies is difficult sometimes.

    (a) burn down
    (b) settle down
    (c) lay down
    (d) run down

15. A: Herbert seemed upset with my opinion of his research project outline.
    B: I wouldn't sweat it. You were just trying to help him, and I thought you made some _____ points.

    (a) valid
    (b) improper
    (c) erroneous
    (d) prompt

16. A: Raymond said he can't talk about the settlement he made with the insurance company.
    B: He told me both sides agreed to keep the agreement _____ as part of the deal.

    (a) controversial
    (b) consistent
    (c) conventional
    (d) confidential

17. A: Do you need a ride home after we finish?
    B: No, but thank you. I have to go to the library and it is in the opposite _____ from where you live.

    (a) location
    (b) direction
    (c) quadrant
    (d) suburb

18. A: I wish Gregory and I hadn't had that big argument yesterday.
    B: Actually, I'm glad you did. He's kind of a bully, and sometimes it's important to _____ your ground.

    (a) battle
    (b) fight
    (c) surround
    (d) stand

19. A: Do you need to go inside to get your money?
    B: No, I have my debit card so I can _____ some cash at the ATM.

    (a) deposit
    (b) withdraw
    (c) relocate
    (d) transfer

20. A: Your daughter gets everything she asks for. She's got you wrapped around her little _____.
    B: It may seem that way, but she's my only child.

    (a) arm
    (b) finger
    (c) leg
    (d) nose

21. A: Titan Inc. finally made its buyout offer to our board of directors today.
    B: That sounds like a _____ development in the merger talks.

    (a) heartfelt
    (b) trailing
    (c) precise
    (d) striking

22. A: Thanks for helping me move my furniture to my new apartment.
    B: I was glad to do it. When you can get a lot of people to _____ in, it goes faster and easier for everybody.

    (a) take
    (b) throw
    (c) pitch
    (d) deal

23. A: Last night's hail storm sure took its _____ on your truck's canopy.
    B: You bet it did. It looks like I'm going to have to get a new one.

    (a) time
    (b) toll
    (c) life
    (d) place

24. A: What was that loud sound I heard in the other room?
    B: The cable television went out for a while, creating _____ for a minute.

    (a) sound wave
    (b) loose change
    (c) lost cause
    (d) white noise

25. A: Did you get my e-mail last night?
    B: No, I didn't. There was a power _____ for several hours because of the storm and I never got online.

    (a) outage
    (b) surge
    (c) collapse
    (d) breakage

Part II Questions 26 ~ 50

Choose the best answer for the blank.

26. Conservationists fear that the roadrunner might be _____ in less than 50 years because its natural habitat is being destroyed by the construction of new homes.

    (a) extinct
    (b) prevalent
    (c) intact
    (d) docile

27. There seems to be a major _____ between the financial figures used to decorate the new building.

    (a) disproportion
    (b) disequilibrium
    (c) disdain
    (d) discrepancy

28. Under the law, people who are arrested have the _____ to see their lawyer before they agree to talk the police.

    (a) right
    (b) means
    (c) advantage
    (d) intention

29. Stan was _____ when the doctor told him the tumor might require an operation.

    (a) irresolute
    (b) considerate
    (c) flustered
    (d) petrified

30. Jason struggled with his new job at first, but when Joe began to teach him the _____ of the new business he seemed to enjoy his work more.

    (a) ups and downs
    (b) ins and outs
    (c) days and nights
    (d) highs and lows

31. The suspect was charged with _____ of justice when he hid important evidence from the authorities.

    (a) restraint
    (b) constraint
    (c) obstruction
    (d) delay

32. An _____ governor is not allowed to seek reelection to a third term of office under state law.

    (a) indistinct
    (b) indefinite
    (c) incumbent
    (d) inconsequential

33. The man was lucky to survive, since he was only slightly _____ in the explosion at the ammunition factory.

    (a) blemished
    (b) damaged
    (c) staggered
    (d) wounded

34. The children had problems understanding why the scientific _____ was important to use in all chemistry experiments.

    (a) path
    (b) route
    (c) reason
    (d) method

35. George knew his friend was depressed after the accident and decided to _____ him a visit to the hospital to cheer him up.

    (a) pay
    (b) earn
    (c) drive
    (d) transfer

36. The Payroll Office will increase _____ for overtime services starting next year.

    (a) monies
    (b) expenditures
    (c) proceeds
    (d) remunerations

37. The eager new employee was _____ to do anything to impress his boss on the first day of work.

    (a) quick and easy
    (b) safe and sound
    (c) high and mighty
    (d) ready and willing

38. After waiting more than two hours in line, Jerry was _____ and decided to complain to the supervisor.

    (a) held back
    (b) led away
    (c) crossed out
    (d) fed up

39. The airline's policy is to move all _____ luggage into storage an hour after the flight where it came from has landed.

    (a) undefined
    (b) unclaimed
    (c) underfunded
    (d) undefeated

40. The judge ruled there would be no charges in the shooting death of the escaped prisoner because the sheriff was acting in his _____ capacity when it happened.

    (a) contentious
    (b) unapproved
    (c) temporary
    (d) official

41. After two weeks of vacation, the manager felt _____ and was ready to tackle the budget problems that faced the company.

    (a) reimbursed
    (b) rejuvenated
    (c) reinforced
    (d) regurgitated

42. The union decided to raise _____ when the company announced it would be cutting jobs because of the economy.

    (a) objections
    (b) expectations
    (c) fears
    (d) hopes

43. When the clerk at the grocery store saw the customer had walked out without picking up one of the bags, he _____ him and found him in the parking lot.

    (a) filled in for
    (b) took off after
    (c) shied away from
    (d) gave in to

44. The city inspector _____ the building where he saw exposed electrical wires, leaky pipes and unsanitary conditions in the bathrooms.

    (a) defaced
    (b) commended
    (c) condemned
    (d) improved

45. Part of the doctor's motto is to treat his or her patients fairly and do no additional _____ to anyone who is already ill.

    (a) harm
    (b) injury
    (c) ailment
    (d) pain

46. After the treatment process at the desalination plant, salt is one byproduct that can be sold for a _____ on the open market.

   (a) loss
   (b) deficit
   (c) profit
   (d) subsidy

47. The attorney tried to _____ the judge to throw out the case due to lack of evidence.

   (a) demand
   (b) petition
   (c) prosecute
   (d) abolish

48. Having been to Nancy's parties many times, John knew he could relax because the atmosphere would be very _____.

   (a) unfamiliar
   (b) congenial
   (c) stifling
   (d) rarefied

49. We had to push our way through the _____ crowds of spectators to get to the concession stands.

   (a) haunting
   (b) crushing
   (c) milling
   (d) sprawling

50. The arrogant convict showed no _____ when he met his victim's family for the first time and was denied parole.

   (a) relief
   (b) sensation
   (c) remorse
   (d) fault

The TOP in TEPS

Vocabulary

Actual TEST 03

DIRECTIONS

This part of the exam tests your vocabulary skills. You will have 15 minutes to complete the 50 questions. Be sure to follow the directions given by the proctor.

Part I Questions 1 ~ 25

Choose the best answer for the blank.

1. A: There's a major leak under the kitchen sink. Are you sure you can handle a job this big?
   B: Oh, yes. I'm a highly _____ plumber. I'll have it fixed in no time.

   (a) probable
   (b) likeable
   (c) affordable
   (d) capable

2. A: What was the first job you ever had?
   B: It was a paper _____. I delivered copies of the *Times* on my bicycle every morning.

   (a) route
   (b) path
   (c) routine
   (d) course

3. A: I missed the White House press conference last night. How was it?
   B: Fascinating. A couple of reporters _____ some really great questions about health care and foreign policy.

   (a) changed
   (b) held
   (c) raised
   (d) moved

4. A: Paul, will you _____ charge of the fund-raising committee?
   B: I'd be happy to. I have a few really great ideas about how we can make some extra money.

   (a) make
   (b) hold
   (c) take
   (d) pull

5. A: How do you like the new regional manager?
   B: She's really quite nice and knows exactly what she's doing. I don't think I'll have any problem taking _____ from her.

   (a) hikes
   (b) orders
   (c) steps
   (d) tests

6. A: Are you going to enter your Mustang into the car show this weekend?
   B: I think so. It'll give me a chance to _____ off the new paint job.

   (a) brush
   (b) turn
   (c) show
   (d) take

7. A: Do you make enough money at the coffee shop to earn a _____?
   B: Almost. I think I need to get a second job to supplement my income.

   (a) taking
   (b) living
   (c) rating
   (d) pricing

8. A: I can't believe those people survived being lost in the woods for two weeks.
   B: I know. Can you imagine what struggles they must have _____ through?

   (a) fallen
   (b) left
   (c) gone
   (d) spent

9. A: Do you want this coupon for face wash? It's a three-for-one bargain.
   B: Sure! That's a deal I can't _____ up.

   (a) pack
   (b) pass
   (c) jump
   (d) rack

10. A: I'd really like to buy this washing machine, but I can't afford your price.
    B: Don't worry, we'll compromise and find some _____ ground.

    (a) firm
    (b) core
    (c) medium
    (d) middle

11. A: Your brother used to be in the army, didn't he?
    B: Yes. He _____ from active duty last September.

    (a) renounced
    (b) responded
    (c) retired
    (d) referred

12. A: I have to write an essay about the history of the automotive industry. Do you know where I can learn anything about that?
    B: All the information you need is _____ available in the public library.

    (a) scarcely
    (b) readily
    (c) soundly
    (d) randomly

13. A: If you want to do well in the job interview, you have to have a positive _____.
    B: You're right. If I believe in myself, anything is possible.

    (a) position
    (b) charge
    (c) trait
    (d) attitude

14. A: How much money did your team spend on the project altogether?
    B: The total figure is in the _____ report, in which we've listed every purchase that we made.

    (a) endowment
    (b) expiration
    (c) expense
    (d) endurance

15. A: Why don't you like to ride on subway trains?
    B: I need a lot of personal _____. I get nervous when people stand too close to me.

    (a) zone
    (b) space
    (c) plot
    (d) region

16. A: What's it like to live with parents who have the opposite political views?
    B: Oh, it's just fine. Even though they have _____ ideals, they love each other very much.

    (a) conflicting
    (b) condoning
    (c) contracting
    (d) connecting

17. A: Thank you for filling my prescription so fast!
    B: And thank you for shopping here. Your business is _____.

    (a) appreciated
    (b) apportioned
    (c) appointed
    (d) applied

18. A: Do you think I should promote Ben to Team Leader of the office?
    B: I think he would be a great choice. Supervising a group of employees is definitely within his _____.

    (a) accountability
    (b) culpability
    (c) capability
    (d) probability

19. A: Do you want to go swimming a few laps at the pool with me?
    B: I would love to, but I just ate lunch. I shouldn't do that much exercise on a full _____.

    (a) plate
    (b) dive
    (c) stomach
    (d) muscle

20. A: I'm really tired. I think I'm going to _____ early.
    B: Okay. Sleep well. I'll see you in the morning.

    (a) head up
    (b) crawl out
    (c) turn in
    (d) run down

21. A: It was nice _____ up with you at lunch yesterday. I hadn't seen you for ages.
B: Likewise. We should do that again sometime.

(a) catching
(b) standing
(c) working
(d) running

22. A: How can I make my essay longer?
B: You can start by _____ out your arguments. Make sure they're as thorough as possible.

(a) pulling
(b) marking
(c) drawing
(d) cropping

23. A: I think Mr. Jackson has really grown _____ to his new position as football coach.
B: Yes, he's wonderful. It's as if he's been coaching for years.

(a) pronounced
(b) inundated
(c) conspired
(d) accustomed

24. A: Did you finally get your boiler fixed?
B: Yes, but I think the mechanic tried to _____ a fast one on me. He charged me for the same part twice!

(a) jump
(b) run
(c) pull
(d) call

25. A: How does my term paper look, Professor?
B: Pretty good. You just need to make a few minor changes, and then you can turn in a final _____.

(a) answer
(b) draft
(c) spare
(d) manner

Part II Questions 26 ~ 50

Choose the best answer for the blank.

26. During the Civil War, the United States had become a nation _____ with its own citizens embattled.
    (a) divided
    (b) invaded
    (c) deserted
    (d) invited

27. The cordless vacuum cleaner works best when the battery is at full _____.
    (a) length
    (b) reach
    (c) power
    (d) weight

28. Using the company computer for personal reasons is in _____ violation of the code of conduct.
    (a) direct
    (b) round
    (c) fixed
    (d) proud

29. Last Thursday's newspaper _____ an article about the effects of the nation's economy on our hometown.
    (a) deported
    (b) featured
    (c) reached
    (d) practiced

30. Some celebrities _____ back to their communities by participating in charitable organizations.
    (a) call
    (b) deal
    (c) give
    (d) write

31. In order to _____ her plan to have her very own flower shop, Mary first had to secure a loan from the bank.
    (a) soften up
    (b) pull over
    (c) carry out
    (d) trade in

32. When the President announced his plans for a new tax cut, his _____ rating and popularity soared.
    (a) suspension
    (b) development
    (c) benefit
    (d) approval

33. In order to _____ disruptive behavior in the workplace, the manager implemented a new set of harsher consequences for disobedience.
    (a) display
    (b) dispense
    (c) discount
    (d) discourage

34. In an effort to _____ ahead for the new school year, several students got together over the summer and talked about the books they were supposed to read during vacation.
    (a) design
    (b) gain
    (c) plan
    (d) work

35. The last item of the meeting's _____ is reserved for any new business that didn't make it on the list.
    (a) attendance
    (b) agenda
    (c) alimony
    (d) attire

36. Slowly but _____, every customer complaint will be addressed, no matter how understaffed the Client Relations department may be.

   (a) possibly
   (b) softly
   (c) surely
   (d) vitally

37. The misdemeanor crime of jaywalking usually carries a _____ of a small monetary fine.

   (a) bargain
   (b) penalty
   (c) warning
   (d) period

38. When Gary couldn't find the car parts he needed at the store, he _____ old ones from the local junk yard.

   (a) salvaged
   (b) plowed
   (c) grounded
   (d) heralded

39. When taken out of _____, a person's comments may appear to be much more offensive than he or she originally intended.

   (a) situation
   (b) position
   (c) boundary
   (d) context

40. These exercises are designed for those people looking to _____ down their figures a size or two.

   (a) lead
   (b) slim
   (c) comb
   (d) bear

41. Many national news sources claim to offer a _____ perspective, yet many fail to completely obscure their political leanings.

   (a) balanced
   (b) contained
   (c) stationed
   (d) distorted

42. Making direct eye contact with a wild animal may _____ it to attack you.

   (a) distract
   (b) provoke
   (c) control
   (d) produce

43. The contents of this box are very fragile, so please _____ it with extreme care.

   (a) force
   (b) craft
   (c) spend
   (d) handle

44. The prisoners _____ a plan for escape, but they were too nervous to put it into action.

   (a) formulated
   (b) compared
   (c) reported
   (d) suspended

45. In preparation for the coming winter, many Northern residents will buy their groceries in _____ in case a blizzard makes it impossible for them to drive to the store later.

   (a) common
   (b) bulk
   (c) charge
   (d) volume

46. Farmer Fred's _____ large squash won the blue ribbon at the county fair because of its great size.

   (a) abnormally
   (b) practically
   (c) susceptibly
   (d) transparently

47. You must never _____ heavy machinery while you are taking certain medications.

   (a) deflate
   (b) collate
   (c) generate
   (d) operate

48. When you throw a pebble into a pond, the _____ it makes form concentric circles.

   (a) drops
   (b) sounds
   (c) sprays
   (d) ripples

49. The tennis player's old shoulder injury put him at a _____ during the tournament.

   (a) disadvantage
   (b) dislocation
   (c) distraction
   (d) distrust

50. During the campaign, the candidate never _____ from the big issues, electing instead to be honest with the people about her beliefs.

   (a) closed
   (b) flinched
   (c) drained
   (d) stopped

The TOP in TEPS

Vocabulary

Actual TEST 04

DIRECTIONS
This part of the exam tests your vocabulary skills. You will have 15 minutes to complete the 50 questions. Be sure to follow the directions given by the proctor.

Part I Questions 1 ~ 25

Choose the best answer for the blank.

1. A: You look tired. Are you having trouble sleeping?
   B: I just bought a new bed and I'm still getting used to it. I seem to toss and _____ a lot.

   (a) sleep
   (b) throw
   (c) spot
   (d) turn

2. A: Are you going to go to the party tonight?
   B: No, I'm not. I was working in the yard all day and I'm really _____.

   (a) decked out
   (b) huddled up
   (c) worn out
   (d) taken over

3. A: This apartment is in a nice neighborhood. How much do you need to pay a month?
   B: That _____ how many roommates I will have.

   (a) occurs
   (b) depends
   (c) matters
   (d) seems

4. A: I'm glad the school added an X-ray machine at the football stadium.
   B: It will make it a lot faster for the athletic trainers to determine how serious a(n) _____ is.

   (a) illness
   (b) damage
   (c) injury
   (d) wound

5. A: Were you able to get through to the doctor?
   B: No, I'll have to call back later. The nurse tried to put me on _____, but the line got disconnected.

   (a) hang
   (b) busy
   (c) hold
   (d) ring

6. A: Your cat is making a funny sound. Is he angry?
   B: No, he's _____ because he's happy.

   (a) praising
   (b) pounding
   (c) purring
   (d) petting

7. A: Does Tara still come over to see you, or is she too busy with her new job?
   B: I don't get to see her as often, but we still _____ in touch.

   (a) tell
   (b) keep
   (c) talk
   (d) speak

8. A: Has the insurance company settled your claim on the storm damage to your house?
   B: Yes, but the agent was so rude to me! I'm still _____ about the whole thing.

   (a) thrilled
   (b) infuriated
   (c) bewildered
   (d) inspired

9. A: Julie seems to be acting very differently in the past few weeks.
   B: She told me nothing is wrong, but I have a(n) _____ that she and her boyfriend are having problems.

   (a) suggestion
   (b) clue
   (c) issue
   (d) sense

10. A: I can't believe that Mark is so inconsiderate.
    B: I _____ issue with that. What has he ever done to you?

    (a) have
    (b) get
    (c) take
    (d) make

116

11. A: Did you return the hat you ordered over the Internet?
B: Yes, after they sent me the wrong size and color, I cancelled my order and they _____ my account.

(a) charged
(b) cancelled
(c) credited
(d) ordered

12. A: Did you have a good flight home?
B: It was hectic. We were so late that we had to _____ through the Chicago airport.

(a) rush
(b) linger
(c) loiter
(d) make

13. A: I saw the politicians _____ the health care bill, but I can't decide how I feel about it.
B: I know what you mean. It is so complicated that I don't know if the changes would help me or not.

(a) contend
(b) incite
(c) consider
(d) debate

14. A: Congratulations! You helped out a lot at your college and I'm glad they're recognizing you for that.
B: I was very surprised when they told me I would be receiving a(n) _____ degree at commencement.

(a) master's
(b) honorary
(c) gratuitous
(d) voluntary

15. A: The cutbacks were tough this year, but I guess it paid off for the company.
B: According to the accounting office, it is the first time we had a budget _____ in seven years.

(a) surplus
(b) residue
(c) remainder
(d) leftover

16. A: Are you still planning to go to the movies with me?
B: Yes, but that's _____ to change because I might get called in to work.

(a) subject
(b) object
(c) reject
(d) suspect

17. A: Can you believe the Campus University soccer team won that game?
B: That team is very _____. Still, I didn't think they could beat the No. 1 team.

(a) outnumbered
(b) insufficient
(c) overwhelmed
(d) underrated

18. A: He told me he wasn't going to make the trip. Why did he change his mind?
B: I don't understand it either. Something about his decision just doesn't _____.

(a) meet up
(b) settle up
(c) make up
(d) add up

19. A: I'm sorry that I missed your call yesterday. What can I do for you?
B: I was hoping that you could give me an _____ on the Fischer project.

(a) adjustment
(b) update
(c) increase
(d) improvement

20. A: The city is planning some new energy _____ measures to help make the city greener.
B: That seems like a great way to improve the city.

(a) shortage
(b) enforcement
(c) detainment
(d) conservation

21. A: Did you get to work late this morning?
    B: Yes, by about 30 minutes. There was a wreck on the freeway and traffic was _____ for several miles.

    (a) stocked up
    (b) stored up
    (c) backed up
    (d) moved up

22. A: Did you finish reading the preliminary report?
    B: I'm done with it, but it took longer than expected. The author was very _____, and I found several spelling and punctuation errors that kept throwing me off.

    (a) gifted
    (b) courteous
    (c) careless
    (d) meticulous

23. A: Are you sure that charge has been wiped off my credit card?
    B: Yes sir, the transaction is completely null and _____.

    (a) void
    (b) empty
    (c) alone
    (d) clear

24. A: I heard Kate helped you get the job.
    B: Yes, I hope I can _____ the favor someday and help her.

    (a) settle
    (b) give
    (c) fall
    (d) return

25. A: Did you know that Jenny is still dating Dan?
    B: I don't understand why she isn't _____ him. I've never liked him.

    (a) hanging on to
    (b) getting on with
    (c) fixing up with
    (d) breaking up with

Part II Questions 26 ~ 50
Choose the best answer for the blank.

26. Claire _____ a spot for me in line because I was running late.
    (a) won
    (b) gave
    (c) saved
    (d) checked

27. While the boss may criticize employees during a project, he always gives them their _____ after the project has concluded.
    (a) place
    (b) due
    (c) time
    (d) hope

28. Mary and Steve had a chance _____ at the shopping mall.
    (a) envelope
    (b) enterprise
    (c) enchantment
    (d) encounter

29. The university gives the resident advisor the _____ to discipline students who misbehave.
    (a) recognition
    (b) performance
    (c) authority
    (d) engagement

30. Some great changes are in _____ at Kerry's Furniture Market, including a completely renovated showroom.
    (a) shop
    (b) store
    (c) supply
    (d) charge

31. After she was diagnosed with eye strain, the secretary seemed to have a(n) _____ concern about the poor lighting in the office.
    (a) sanguine
    (b) audacious
    (c) inconsistent
    (d) legitimate

32. Unlike most court proceedings, sworn _____ in the grand jury is not part of the public record.
    (a) concussion
    (b) approval
    (c) testimony
    (d) validation

33. The document specialist was not able to verify the _____ of the will.
    (a) instability
    (b) authenticity
    (c) compatibility
    (d) vulnerability

34. When the nearby branch of the bank was closed, she was _____ to the location across town.
    (a) conveyed
    (b) transferred
    (c) fired
    (d) disabled

35. After a two-week trial, the man was _____ of the crime by a jury of his peers.
    (a) convinced
    (b) convicted
    (c) condemned
    (d) coerced

36. The _____ newsletter included information about churches in the area, including contact information and starting time for services.

    (a) literary
    (b) literacy
    (c) litigious
    (d) liturgical

37. Two measures of intelligence are knowledge of vocabulary and being _____ on a variety of subjects.

    (a) well meant
    (b) well read
    (c) well built
    (d) well adjusted

38. He was finally promoted to executive director after years with the company after doing _____ jobs like scrubbing toilets as a teenager.

    (a) distinguished
    (b) menial
    (c) substantial
    (d) cushy

39. After months of effort, the long-time novelist could not believe all of the changes the publisher had suggested on his final _____.

    (a) documentation
    (b) script
    (c) manuscript
    (d) concept

40. Ranchers fear that the _____ treated grain is dangerous to their herds of cattle, but researchers disagree.

    (a) individually
    (b) theoretically
    (c) genetically
    (d) chemically

41. The unemployed worker was on the _____ of losing his house until he got a new job.

    (a) verge
    (b) ledge
    (c) tip
    (d) border

42. One of the job requirements included in the advertisement is that the worker has _____ transportation.

    (a) removable
    (b) liable
    (c) applicable
    (d) dependable

43. He demonstrated how _____ he is by filling in on five different jobs last week.

    (a) incoherent
    (b) versatile
    (c) subjective
    (d) indispensible

44. The audience _____ into laughter when the comedian told a joke about going to the doctor.

    (a) tripped
    (b) tumbled
    (c) fell
    (d) burst

45. Out of _____, the patient asked to see the X-rays of his broken leg.

    (a) complexity
    (b) curiosity
    (c) vanity
    (d) insanity

46. The insurance salesman was _____ in his efforts to contact potential customers on his list because he worked on commission.

(a) ostensible
(b) intolerant
(c) jaded
(d) relentless

47. The _____ of the new line of cars includes a new interior design and updated safety features.

(a) specimen
(b) prototype
(c) speculation
(d) replacement

48. The traveler was _____ when he saw how high the price of gasoline was.

(a) incredulous
(b) lighthearted
(c) exhilarated
(d) indebted

49. The credit card customer was assessed a large _____ when he made his payment after the deadline.

(a) compensation
(b) penalty
(c) supplement
(d) premium

50. The bride's father was _____ by his absence at the wedding rehearsal dinner.

(a) notorious
(b) superfluous
(c) atrocious
(d) conspicuous

1. 역대 기출 주요표현 정리

- They will **transfer** me to another room.
  * transfer, transmit, transport, transform
  [모양이 비슷한 단어의 의미 구별에 대한 문제]

- This is the final chance. I won't **mess it up**, again.
  * mess sth up 망치다
  [기본 단어의 활용 문제로 주로 출제]

- I want to make a **long distance call**.
  * long distance call 장거리 전화

- He isn't what he used to be. He's **turned over a new leaf**.
  * turn over a new leaf 생활을 일신하다, 새사람이 되다.

- Where are you **headed**?
  * be headed (for) (~로) 향하다

- I feel very tired. I'll **hit the sack**.
  * hit the sack 잠자리에 들다

- He **came up to** me and asked directions.
  * come up to ~에게 다가오다
  up은 (화자 쪽으로의 접근)을 의미

- Where can I find a restroom? It's **down** the hall on the left.
  * down은 기본적으로 아래쪽을 뜻하지만, 화자로부터 멀어지는 방향을 의미

- He **walks on air** these days: he got a promotion again.
  * walks on air 기뻐서 어쩔 줄 모르다

- He **dropped out** of college after only two weeks.
  * drop out 중퇴하다, 그만 두다

- He was **beside himself with joy** when he heard the news.
  * beside oneself (with joy) (기뻐서) 거의 제 정신이

아닌
cf) besides(=in addition (to))

- The figures in the left-hand column **refer to** our overseas sales.
  * 가리키다, 언급하다
  - Let me just **refer to** my notes to find the exact figures.
  * 참조하다

- The proposal will have to be **refer to** the Finance Committee.
  * 회부하다
  cf) refer A as B A를 B라 부르다

- Would you **do me a favor and** turn off the TV?
  * do me a favor and V~? ~해주시겠어요?

- The planes are **bound for** Singapore.
  * bound for (배, 열차, 비행기 등이) ~행의

- How did the exam **go**?
  * 시험 어땠니?

- Forget about the trouble. Have fun. Let's **party**.
  * party가 (파티를 열다) 라는 뜻의 동사로 쓰임

- The political system allows a high degree of local **autonomy**.
  * autonomy 자치, 자율

- The rumor proved **unfounded**.
  * unfounded 근거 없는(=groundless)

- After so many wins, we grew **complacent** and thought we'd never lose.
  * complacent 자기 만족의(=self-satisfied)

- He asked me **pointblank** how much I weighed. It was **rude**.
  * pointblank 단도직입적으로
  rude 무례한, 버릇없는

- [ ] Could you give me some information about the room **rates**?
  * rates 요금, 가격

- [ ] The total amounts to a **whooping** 500 dollars. That's a lot.
  * whooping 엄청난, 터무니없는

- [ ] No thank you. I'm just **browsing**.
  * browsing 구경하다

- [ ] Do you mean the film **featuring** Paul Newman?
  * feature ~를 주연으로 하다

- [ ] The octopus would not release its **grip** on the prey.
  * grip 잡음, 움켜쥠

- [ ] I hope I could use the old **editions** of the books.
  * edition (초판, 재판의) 판

- [ ] The sixteenth President of the United States announced the **Emancipation** Proclamation to set free all slaves.
  * emancipation (노예 등의) 해방

- [ ] The temporary cease-fire agreement does not **preclude** possible retaliatory attacks later.
  * preclude 막다, 배제하다

- [ ] The flowers **withered** in the cold.
  * wither 시들다, 시들게 하다

- [ ] It was very **thoughtful** of you to stop and give me a lift.
  * thoughtful 생각이 깊은, 사려 깊은

- [ ] Which **candidate** are you voting for?
  * candidate 후보자

- [ ] Guess who I bumped into **ran into**! 내가 누굴 우연히 만났는지 맞춰봐

- [ ] I'm so flattered. 과찬의 말씀입니다.

- [ ] I'm tied up. / My hands are full. 나 바빠.

- [ ] I'll keep my fingers crossed for you! 행운을 빌게요.

- [ ] Over my dead body! 절대 안 돼!

- [ ] Don't boss me around. 나에게 이래라 저래라 하지마.

- [ ] I'll keep it in mind. 명심 할게요.

- [ ] Just bring yourself. 그냥 몸만 와.

- [ ] Will you run**(go)** an errand? 심부름 다녀오겠니?

- [ ] You're dressed up, what's the occasion? 쫙 빼 입었네, 어디 가니? 좋은 일 있니?

- [ ] I got caught**(stuck)** in traffic. 교통체증에 걸렸어요.

- [ ] What are you up to? / What's she up to? / What's he up to? 무슨 일 있어?

- [ ] Can I take a rain check? 다음으로 미룰 수 있을까요?

- [ ] Fat**(slim)** chance 희박한 가능성
  * Chances are good. 가능성이 크다.

- [ ] You've got a point there! 일리가 있네요!

- [ ] Give it to me straight. 솔직히 얘기해 봐.

- [ ] I'm all ears. 잘 듣고 있으니 말해 봐.

- [ ] refreshment 다과, 스낵

- [ ] Can I count on it? 믿어도 될까요?

- [ ] He stood me up. 그가 나를 바람 맞췄어.

- [ ] submit (= hand in = turn in) 제출하다

- [ ] You'll get the hang **(knack)** of it. 익숙해 질 거야, 요령을 익히게 될 거야.

- [ ] get to work 회사에 가다
  * at work 직장에서

- ☐ He was late for work. 그는 회사에 지각했어.

- ☐ It's on me. 내가 낼 게.
    * I'll treat.
    * Let me get his check.
    * I'll foot the bill.

- ☐ How can I make it up to you?
    어떻게 하면 화가 풀어지겠니?

- ☐ I got a raise. 봉급인상을 받았어.
    * ask for a raise 요청하다

- ☐ You have my word. / Take my word for it.
    내 말을 믿어.

- ☐ We should put the project on hold.
    우리는 프로젝트를 보류해야 합니다.

- ☐ Can you come to my place this weekend?
    이번 주말에 우리 집으로 오실 수 있나요?
    * I'm afraid I can't make it.
    죄송하지만 못 갈 것 같아요.

- ☐ It's 8 o'clock sharp / on the dot / on the nose
    정각 8시

- ☐ Thanks for dropping by **(come by / stop by)**
    들러줘서 고마워.

- ☐ First thing in the morning.
    내일 아침 제일 먼저 할게요.

- ☐ Let's eat out for a change.
    기분 전환 겸 외식하죠.

2. 기출예상 Collocation (연어) 정리

(1) V + N (동사 + 명사)

- ☐ **abuse drugs** 마약을 복용하다
- ☐ **address the issue** 논제를 제기하다
- ☐ **address(give / make) a speech** 연설하다
- ☐ **administer first-aid** 응급조치를 취하다
- ☐ **answer the phone** 전화를 받다
- ☐ **apply ointment** 연고를 바르다
- ☐ **attract one's attention** ~의 주의를 끌다
- ☐ **attract tourists** 관광객을 유치하다
- ☐ **balance the book** 회계장부를 결산하다
- ☐ **balance the budget** 예산의 수입지출을 맞추다
- ☐ **bear fruit** 열매를 맺다
- ☐ **bear the blame** 비난을 감수하다
- ☐ **bear the expense** 비용을 부담하다
- ☐ **bid farewell to +** 사람 ~에게 작별 인사를 하다
- ☐ **blow one's nose** 코를 풀다
- ☐ **boost sales** 매출을 증진시키다

- ☐ **bounce a check** 수표를 부도처리하다
- ☐ **break a law** 법을 어기다
- ☐ **break a record** 기록을 깨다
- ☐ **break one's fast** 단식을 멈추다, 아침을 먹다
- ☐ **break the news** 뉴스를 전하다, 소식을 알리다
- ☐ **break the silence** 침묵을 깨뜨리다, 이야기를 꺼내다
- ☐ **bring(file) a suit against~** ~를 상대로 소송을 걸다
- ☐ **brush one's hair** 머리를 빗다
- ☐ **brush one's teeth** 이를 닦다
- ☐ **cast a vote** 투표를 하다
- ☐ **catch a cold** 감기에 걸리다
- ☐ **catch a disease** 병에 걸리다
- ☐ **catch a fire** 불이 붙다
- ☐ **change the subject** 말을 바꾸다
- ☐ **chant a slogan** 슬로건을 일제히 외치다
- ☐ **claim a refund** 환불을 요구하다

- ☐ **claim lives** 목숨을 잃다, 생명을 앗아가다
- ☐ **claim on insurance** 보험처리를 요구하다
- ☐ **claim one's luggage** (공항에서)짐을 찾다
- ☐ **comb one's hair** 빗질하다
- ☐ **commit a crime** 범죄를 저지르다
- ☐ **commit suicide** 자살하다
- ☐ **conclude a contract** 계약을 체결하다
- ☐ **conserve water** 물을 아껴 쓰다
- ☐ **contract disease(cancer)** 병(암)에 걸리다
- ☐ **deliver a blow** 타격을 가하다
- ☐ **deliver a speech(lecture)** 연설(강연) 하다
- ☐ **deliver a baby** 분만하다
- ☐ **deliver(reach) a verdict** 판결을 내리다
- ☐ **dismiss the charge** 고소를 기각(각하)하다
- ☐ **do damage** 손해를 입히다
- ☐ **do some shopping** 쇼핑하다
- ☐ **do the laundry** 빨래하다
- ☐ **draw a conclusion** 결론을 내다
- ☐ **draw a curtain** 커튼을 치다
- ☐ **draw a line** 한계를 긋다, 선을 그리다
- ☐ **draw an inference** 유추하다
- ☐ **drive a nail** 못을 박다
- ☐ **earn a degree** 학위를 따다
- ☐ **ease pain** 고통을 덜어 주다
- ☐ **enjoy longevity** 장수하다
- ☐ **enter one's name** 이름을 입력하다
- ☐ **enter the army** 입대하다
- ☐ **enter the war** 참전하다
- ☐ **entertain questions** 질문에 응하다
- ☐ **exercise caution** 주의하다
- ☐ **exercise the right** 권리를 행사하다
- ☐ **exhaust measures** 모든 조치를 다 써보다, 강구해 보다
- ☐ **expect a baby** 임신중이다
- ☐ **extend a building** 증축하다
- ☐ **extend a visa** 비자를 연장하다
- ☐ **extend the deadline** 마감시한을 연장하다
- ☐ **file an order** 주문을 하다
- ☐ **fill a position** 충원하다
- ☐ **fill an prescription** 처방전대로 약을 조제하다
- ☐ **floss one's teeth** 치실질하다
- ☐ **follow suit** 전철을 밟다, 전례를 따르다
- ☐ **forge a relationship** 관계를 구축하다
- ☐ **forge a unity(an alliance)** 연대(동맹)을 형성하다
- ☐ **form a committee** 위원회를 구성하다
- ☐ **fomulate a hypothesis** 가설을 세우다
- ☐ **gain(put on) weight** 몸무게가 늘다
  (↔ **lose weight**)
- ☐ **get the door** (초인종 소리를 듣고) 문을 열어주다
- ☐ **give a ride(lift) do** (차에) ~를 태워주다
- ☐ **give an answer(a reply)** 대답하다
- ☐ **give one's regards** 안부를 전해주다
- ☐ **handle finances** 살림(재정) 문제를 다루다
- ☐ **have a baby** 아기를 낳다
- ☐ **hold a belief** 믿음을 갖다
- ☐ **have a long beard(hair)** 수염(머리)를 길게 기르다
- ☐ **hold a meeting(conference)** 회의를 열다
- ☐ **hold a record** 기록을 보유하다
- ☐ **hold one's breath** 숨을 참다
- ☐ **identify the problem** 문제를 찾아내다
- ☐ **impose a ban(curfew)** 규제를 가하다
  (↔ **lift a ban**)
- ☐ **invade a privacy** 사생활을 침범하다
- ☐ **issue a statement** 성명을 발표하다
- ☐ **keep a diary** 일기를 쓰다
- ☐ **keep a record** 기록하다
- ☐ **keep a secret** 비밀을 지키다
- ☐ **keep one's word(promise)** 약속을 지키다
  (↔ **break one's word**)
- ☐ **launch an attack** 공격을 개시하다
- ☐ **launch a project** 프로젝트를 시작하다
- ☐ **lose a game** 게임에서 지다
- ☐ **lose count** 수를 세다 까먹다
- ☐ **make the bed** 잠자리를 정돈하다

- make a difference 변화를 주다
- make a fuss(noise) 소란을 피우다, 시끄럽게 하다
- make breakfast / lunch / dinner
  아침 / 점심 / 저녁을 준비하다
- make friends 친구를 사귀다
- make money 돈을 벌다
- make a fortune 큰돈을 벌다
- make objections 이의를 달다
- make sense 이치에 맞다
- make way 길을 비켜주다
- make(give) a call 전화를 걸다
- meet a requirement 요구사항을 충족시키다
- meet a deadline 마감시간에 맞추다
- meet the demand 요구를 충족하다
- merit one's attention 주의를 기울일 만하다
- pass sentence 형을 선고하다
- pay attention 주의를 기울이다
- pay the bill 요금을 내다
- pay the price 희생을 치르다, 값을 지불하다
- pick one's nose 코를 파다
- place an advertisement 광고하다
- place an order 주문하다
- play a part(role) 역할을 하다
- play a trick on ~에게 장난을 치다
- play basketball 농구하다
- play the guitar 기타를 치다
- pool money(power / wisdom)
  돈(권력/지혜)을 모으다
- pose a problem 문제를 제기하다
- practice law 변호 사업을 하다
- prove a point 논지를 입증하다
- pull the trigger 방아쇠를 당기다
- punch a ticket 개찰하다
- punch the clock 출근표를 찍다
- put on makeup 화장하다
- put the plan into action 계획을 실행에 옮기다
- raise a question(an objection)
  문제(이의)를 제기하다
- raise funds 기금을 모으다
- raise one's voice 목소리를 높이다, 큰소리치다
- raise salary 봉급을 올리다
- reach a conclusion 결론짓다
- reach an agreement 의견의 일치를 보다
- regain consciousness 의식을 되찾다
- recover the cost 비용을 만회하다
- relieve the pain 고통을 완화시키다
- run a fever 열이 나다
- run(take) a risk 위험을 무릅쓰다, 모험하다
- seek membership 회원 가입을 신청하다
- serve a five-year sentence 5년형을 살다
- serve summons 소환장을 발부하다
- serve the guest 손님을 접대하다
- set a date for the wedding 결혼 날짜를 잡다
- set the alarm 자명종을 맞추다
- shed tears 눈물 흘리다
- sign a pact(treaty) 조약을 체결하다
- stage a demonstration 데모하다
- stage a strike(walkout) 파업하다
- stifle one's creativity 창의성을 말살시키다
- strike a balance between A and B
  A와 B사이의 균형을 맞추다
- sweep the floor 바닥을 쓸다
- take a bath 목욕하다
- take a big(deep) breath 심호흡하다
- take a course 과목을 수강하다
- take a shower 샤워하다
- take action 고소하다
- take measures(action / steps) 조치를 취하다

(2) V + A (동사 + 형용사)

- run low on ~이 바닥나다, 모자라다
- run short of ~이 부족하다
- stay awake 깨어있다
- stay single 결혼하지 않은 채로 있다
- stay sober 취하지 않은 채로 있다

- stay tuned 채널을 고정시키다
- turn gray (머리가) 하얘지다
- turn(get) nasty 화내다
- turn(go) sour (정열 등이) 시들해지다

(3) A + N (형용사 + 명사)

- abridged version 요약판
- acting president 대통령 직무 대리자
- acute analysis 날카로운 분석
- acute pain 심한 고통
- acute sense of smell 예민한 후각
- affordable price 적당한 가격
- back issue 과월호
- big brother(sister) 형(누나)
- big day 중요한 날(주로 결혼식 날)
- big eater 대식가
- bipartisan diplomacy 초당적 외교
- black sheep 천덕꾸러기, 왕따
- blank check 백지 수표
- blind corner 궁지
- blind curve 막다른 길
- blind date 소개팅
- blind faith 맹목적인 신념
- borderline case 애매한 경우
- bounced check 부도수표
- broad agreement 일반적인 동의
- broad forehead 넓은 이마
- broad outline 개괄적인 윤곽
- burgeoning democracy 싹트는 민주주의
- carcinogenic substance 발암성 물질
- centrifugal force 원심력
- centripetal force 구심력
- chance meeting 우연한 만남
- civil war 내전
- classical music 클래식 음악
- close call(close shave) 위기 일발, 일촉 일발
- cold feet 겁, 공포심
- cold pressure 한랭전선
- common law 관습법
- complimentary copy 증정본
- complimentary remark 칭찬
- complimentary ticket 우대권, 초대권
- continental shelf 대륙붕
- conventional weapon 재래식 무기
- critical period 결정적 시기
- dead end 막다른 끝
- death toll 사망자 수
- deep-rooted(deep-seated) mistrust 뿌리깊은 불신
- diplomatic immunity 외교 면책 특권
- disabled people 장애인
- discordant sounds 불협화음
- double-edged remark 복선이 깔린 발언
- tourist attractions 유명 관광지
- unanimous vote 만장일치 투표
- underprivileged class 소외된 계층
- unfounded rumers 사실 무근의 소문
- unidentified person 신원 불명의 사람
- unscrupulous businessman 파렴치한 사업가
- unwanted weight 군살
- unwarranted intrusion 부당한(사생활) 침해
- upset stomach 배탈
- utility rates (전기, 가스, 수도 등의) 사용 요금
- vested interest 기득권
- vicious circle 악순환
- wet suit 잠수복
- white lie 선의의 거짓말
- wild life 야생 생물
- wild(random) guess 억측
- wishful thinking 희망 사항

4. N + N (복합명사)

- apartment complex 아파트 단지
- apprentice electrician 견습 전기공

- ☐ **ballot box** 투표함
- ☐ **bear market** (증권) 약세 시장
- ☐ **bull market** (증권) 강세 시장
- ☐ **bookworm** 책벌레
- ☐ **brainwash** 세뇌
- ☐ **cabinet reshuffle** 개각
- ☐ **cat burglar** 밤 도둑
- ☐ **charity fund** 자선기금
- ☐ **credit sale** 신용판매
- ☐ **current-account balance** 경상수지
- ☐ **faction infighting** 당의 내분
- ☐ **fairy tale** 동화
- ☐ **family tree** 족보
- ☐ **farewell party** 송별회
- ☐ **generation gap** 세대차이
- ☐ **gut(instinctive) response** 본능적 반응
- ☐ **hand grenade** 수류탄
- ☐ **hen party** 여자들만의 파티
- ☐ **hunger strike** 단식 투쟁
- ☐ **illiteracy rate** 문맹률
- ☐ **inferiority complex** 열등감
- ☐ **initiation ceremony** 신고식
- ☐ **installment sale** 할부판매
- ☐ **jet lag** 비행기 여행의 시차로 인한 피로
- ☐ **life expectancy** 예상 수명
- ☐ **lip service** 입에 발린 말
- ☐ **makeup exam** 재시험
- ☐ **marternity leave** 출산 휴가
- ☐ **motion sickness** 멀미
- ☐ **nonaggression pact** 불가침 협정
- ☐ **nursery rhyme** 동요
- ☐ **ocean currents** 해류
- ☐ **pen name** 필명
- ☐ **pep talk** 격려의 말
- ☐ **population density** 인구밀도
- ☐ **price fluctuation** 가격 변동
- ☐ **professional(stag) name** 예명
- ☐ **rat race** 치열한 경쟁 사회
- ☐ **sandwich course** 이론과 실습을 병행한 강좌
- ☐ **scape goat** 희생양
- ☐ **shanty town** 판자촌
- ☐ **shock therapy** 충격요법
- ☐ **skeleton staff** 최소의 인원
- ☐ **smoke screen** 연막
- ☐ **speed merchant** 속도광
- ☐ **spitting image** 판박이
- ☐ **stag party** 남자들만의 파티
- ☐ **status symbol** 사회적 신분의 상징
- ☐ **summit talk** 정상회담
- ☐ **superiority complex** 우월감
- ☐ **suprise attack** 기습 공격
- ☐ **technology transfer** 기술 이전
- ☐ **test-tube baby** 시험관 아기
- ☐ **textbook example** 교과서적인 예
- ☐ **time limit** 시한, 기한, 제한 시간
- ☐ **tit-for-tat response** 피장파장
- ☐ **traffic lights** 교통신호등
- ☐ **transition period** 과도기
- ☐ **wire transfer** 온라인 송금

3. 기출예상 주제별 어휘

◈ 금융, 비즈니스

- **turnover** 매출액
- **profitability** 이익률, 수익성
- **treasurer** 회계 담당자, 회계원
- **innovate** 쇄신[혁신]하다
- **retrench** 삭감하다
- **investment** 투자
- **bounce** (수표 등이) 부도가 나 되돌아오다, (부도 수표를) 발행하다
- **insurance** 보험
- **know-how** 실제적[전문적] 지식
- **acquisition** 취득, 획득
- **decline** 쇠퇴, 퇴보
- **hard cash** 현금, 경화(硬貨)
- **mint** 조폐국, 거액
- **bottom line** 핵심, 요지
- **negotiator** 협상가
- **haggle** (가격 등을 깎으려고) 입씨름하다
- **benefit** 혜택, 이득
- **asset** 자산
- **work out** 생각하다, 궁리하다
- **compromise** 타협
- **declare** 선언하다
- **merger** (특히 회사, 사업의) 합병
- **extinction** 폐지, 종결
- **shop around** 알아보러 다니다

◈ 여행, 쇼핑

- **souvenir** 기념품
- **quarantine** 검역소
- **aisle seat** 통로쪽 좌석
- **window seat** 창가 좌석
- **flight ticket** 비행기표
- **boarding pass** 지정 좌석권
- **luggage** 수하물
- **voyage** (배나 우주선의) 항해
- **journey** 긴 여행
- **itinerary** 여행 일정표
- **jam** 혼잡, 밀집
- **intersection** 교차점, 네거리
- **trip** 짧은 여행
- **excursion** 소풍, 견학
- **tour** 일주
- **jet lag** 시차로 인한 피로
- **aisle** (비행기나 버스 등의) 통로
- **declare** 세관에 신고하다
- **passenger** 승객
- **round trip** 왕복
- **single trip** 편도 여행
- **motion sickness** 멀미
- **travel agency** 여행사
- **accommodate** 숙박시키다, 수용하다

◈ 과학기술, 컴퓨터

- **ubiquitous** 편재하는, 어디에나 있는
- **encrypt** 암호를 걸다
- **surf the net** 인터넷 서핑하다
- **hook up** 인터넷에 접속하다
- **venture capital** 벤처 자금
- **glitch** (기계 등의) 사소한 고장
- **resonance** 공진, 공명
- **semiconductor** 반도체
- **refraction** 굴절
- **voice recognition** 음성 인식
- **specific gravity** (물리) 비중
- **virtual reality** 가상 현실
- **terminal** 단자
- **analyze** 분석하다
- **surface tension** 표면 장력
- **update** 새롭게 하다, 갱신하다
- **wireless device** 무선 장치
- **erratic** (바람 등이) 일정치 못한, (천체가) 궤도에서 벗어난
- **genetic technology** 유전공학
- **gravity** 중력
- **path** 길, 통로, 진로
- **comet** 혜성
- **compass** (지역의) 경계, 주위
- **circumference** 둘레, 원주
- **orbit** 궤도, 세력권
- **diameter** 직경, 지름
- **install** (기계, 시스템 등을) 설치하다
- **artificial intelligence** 인공지능
- **automation** 자동화
- **bionics** 생체공학
- **telecommunications** 원거리 통신
- **troubleshoot** 고장 원인을 확인하다
- **bionic** 생체공학의, 초인적인

◈ 환경, 자연

- **emission** (배기가스 등의) 배출
- **antarctic** 남극의
- **archipelago** 군도(群島)
- **exhaust** 배기가스
- **exhaustible** 고갈되는
- **arctic** 북극의
- **evaporation** 증발
- **fertile** 비옥한
- **fossil fuel** 화석 연료
- **glacier warming** 해빙
- **greenhouse effect** 온실 효과
- **hazard** 위험
- **heredity** 유전, 유전형질
- **environment** 환경
- **perennial** 다년생 식물; 반복해서 일어나는
- **annual** 1년생 (식물)
- **biennial** 2년생 (식물)
- **iconography** 도상
- **topography** 지형, 지세
- **taxonomy** 분류학
- **ecosystem** 생태계
- **squall** 돌풍, 스콜
- **absorbent** 흡수성의
- **reactive** 반응이 있는, 반작용하는
- **volatile** 휘발하는
- **biodegradable** 생물 분해성이 있는
- **humid** 습한, 습도가 높은
- **chromosome** 염색체
- **rotation** 순환
- **inundation** 범람, 침수
- **bulge** 융기(하다)
- **extinction** 멸종
- **canyon** 협곡
- **ozone layer** 오존층
- **rain forest** 열대우림
- **strip mine** 노천 광

◆ 교통, 도로

- **illegal lane change** 차선 위반
- **tailgate** 앞차를 바짝 따라 가다
- **deplane** (비행기에서) 하승하다
- **merge to another line** 운전 중 끼어들기
- **stopover** 비행기의 중간 경유지
- **ride** (말, 탈것 등을) 타기, 타고 가기
- **run a red light** 적신호를 무시하고 달리다
- **get on** (버스, 기차, 비행기 등을 타다
- **get off** (버스, 기차, 자동차 등에서) 내리다
- **get in** (자동차, 택시 등을) 타다
- **give ~ a ride[lift]** 차에 태워주다
- **fasten one's seat belt** 안전벨트를 매다
- **driveway** (집 차고에서 집 앞 도로까지의) 차도
- **driving under the influence of alcohol** 음주 운전
- **fare** 교통 요금
- **pull over** 차를 인도로 대다
- **speeding ticket** 속도 위반 딱지
- **parking ticket** 주차 위반 딱지
- **flat tire** 펑크 난 타이어
- **traffic** 교통량
- **heavy** (교통체증이) 과중한, 극심한
- **bumper to bumper** 교통이 막힌
- **congested** 혼잡한
- **sense of direction** 방향 감각
- **road map** 도로 지도
- **route** 경로, 노선
- **road** (물리적) 길
- **registration** 차량 등록증
- **license plate** 자동차 번호판
- **buckle up** 안전벨트를 매다
- **sidewalk** 인도
- **crosswalk** 횡단보도
- **intersection** 교차로
- **ramp** 진입로, 경사로
- **overpass** 고가도로
- **underpass** 지하도로
- **dirt road** 비포장도로
- **reckless driving** 운전 부주의

◆ 학교, 교육

- **grade** 성적, 학년
- **G.P.A (grade point average)** 평균 학점
- **make-up course** 보충 강의
- **Master's degree** 석사 학위
- **matriculate** 대학 입학을 허가하다
- **monograph** 특수 연구서, 전공 논문
- **Ph. D** 박사 학위
- **scholarship** 장학금(=fellowship)
- **straight scale** 절대 평가
- **suspend** 정학시키다
- **transcript** 성적 증명서
- **thesis** (학위) 논문
- **undergraduate** 대학생, 학부생
- **postgraduate** 대학원의, 대학원 학생
- **required subject** 필수 과목 (=compulsory subject)
- **course** 과목, 강좌
- **semester** (2학기제의) 학기
- **term** (3학기제의) 학기
- **quarter** (4학기제에서의) 학기
- **drop** 과목 수강을 취소하다
- **regulation** 규제
- **attendance** 출석
- **curriculum** 교과과정
- **academic advisor** 지도교수
- **academic standing** 학업 성적
- **ace** 에이스, 고수
- **coeducation** 남녀공학
- **cram for** ~를 벼락치기 하다
- **credit** 학점
- **curve** 상대 평가
- **commencement** 졸업식
- **degree** 학위
- **elective course** 선택 과목
- **enrol(l)ment** 등록, 입학
- **faculty** 교수, 학부
- **flunk** 낙제하다

◆ 법

- **entitled** ~할 자격[권리]이 있는
- **plead** ~라고 주장하여 변호[항변]하다
- **bail** 보석(금)
- **barrister** 법정 변호사
- **be sentenced to death** 사형을 선고받다
- **blackmail** 협박(하다), 약탈(하다)
- **behind bars** 철창에 갇힌, 감옥에 있는
- **shoplifting** (가게에서의) 좀도둑질
- **bribery** 뇌물 증여
- **custody** 양육권
- **jury** 배심원
- **testimony** 증언
- **judge** 판사
- **guilty** 유죄의
- **trial** 재판
- **life imprisonment** 무기징역
- **underdog** (생존 경쟁 따위의) 패배자, 낙오자
- **autopsy** 부검
- **prosecutor** 검사
- **confiscate** 몰수하다
- **smuggle** 밀수하다
- **mercenary** 돈을 목적으로 일하는, 고용된
- **decency** 예의, 예절
- **abortion** 낙태
- **illegal** 불법의
- **indecent** 부당한
- **legitimate** 합법의
- **permit** 허락하다
- **the accused** 피고인
- **accuse** 고발하다
- **involve** 연루시키다
- **delegate** 대표, 사절
- **allege** (증거 없이) 주장하다, 진술하다
- **fugitive** 도망자
- **remorse** 깊은 후회, 뉘우침
- **attorney** 변호사
- **file a suit** 고소하다
- **provision** (법률 등의) 조항, 규정

◆ 주거와 생활

- **bachelor party** 총각파티
- **be cordially invited** 정중히 초대되다
- **billing date** 청구 날짜
- **bridal shower** 신부를 위한 파티
- **place an ad** 광고하다
- **place an order** 주문하다
- **recipient** 물건, 편지 등을 받는 사람
- **post office box** 사서함
- **recommendation** 추천
- **baby shower** 태어날 아기를 위한 파티
- **chauffeur** 고용 운전사, 자가용 운전자
- **R.S.V.P** 참석 여부를 알려 주세요
- **B.Y.O.B (bring your own booze / bottle)** 자기 술은 가져오세요.
- **garage sale** (자택이나 차고에서 행하는) 중고 물건 등의 염가판매
- **desert** 비워두고 떠나다, 버리다
- **series** 시리즈, 연속물
- **pile** 다수, 더미
- **receptionist** 접수원, 응접원
- **packing** 포장, 짐 싸기
- **treat** 대접(하다), 향응
- **carrier** 배달원, 집배원
- **joke around** 실없는 농담[행동]을 하다
- **mitten** 벙어리장갑
- **clog** (파이프·배수구 등을) 막히게 하다
- **clumsy** 볼품없는, 적당치 않은
- **ordinary** 보통의, 평균의
- **clogged with** ~가 막힌
- **disposal** 처분
- **hazard** 위험

4. 기출예상 이디엄

- **Absolutely! / Certainly!** 물론이죠, 당연하지.
- **Are you with me? / Do you follow me?** 이해가 되니?
- **around the clock** 24시간 내내
- **as a matter of fact** 사실
- **as I mentioned** 내가 말한대로
- **as you are aware** 당신도 알고 있듯이
- **Back me up.** 나를 지원해 주세요.
- **be in somebody's best interest** ~에게 가장 이익이 되다, 유익하다
- **Be my guest.** 사양하지 말고 하세요
- **Be punctual!** 시간좀 지켜!
- **Beat it! / Go away!** 꺼져!
- **Beats me! / I have no idea.** 모르겠어.
- **Behave yourself.** 행동을 자제하세요.
- **be sick and tired of~** ~가 지긋지긋하다.
- **better then nothing** 없는 것 보단 낫지요.
- **Blow it!** 제기랄!
- **Break a leg! / Good luck on your performance!** 행운을 빌어!
- **Break it up.** 그만 싸워요.
- **Can I ask you a favor? / Would you do me a favor?** 부탁하나 해도 될까요?
- **Can I count on it?** 믿어도 되요?
- **Can I take a rain check?** 다음으로 미룰 수 있을까요?
- **Can you put me on the waiting list?** 대기자 명단에 올려 주실 수 있으세요?
- **Can you tell me~?** ~을 말해주겠어요?
- **Can't you overlook it just once? / Have a heart! / Give me a break!** 한번만 봐 주세요.
- **Catch you later.** 나중에 봐요.
- **Come and get it.** 와서 드세요.(가져가세요.)
- **Cool it! / Calm down.** 진정해.
- **Cut it out! / Stop doing something.** 그만해.
- **Do I know you from somewhere? / Have we met before?** 우리 전에 본적이 있던가요?
- **Do you mind doing~?** ~좀 해주시겠어요?
- **Dose it work?** 그게 효과가 있을까?
- **Don't be such a stranger. / Please visit more often.** 가끔 들르세요..
- **Don't boss me around.** 이래라 저래라 하지마.
- **Don't count your chickens before they are hatched.** 떡 줄 사람은 생각지도 않는데 김치 국부터 마시지 마.
- **Don't get me wrong.** 오해하지 마.
- **Don't let it get to you.** 너무 신경 쓰지 마.
- **Don't let it get you down.** 너무 기운 빠져 있지마.
- **Don't spoil the mood!** 분위기 망치지마!
- **Don't you see? / Can't you understand?** 이해할 수 있어?
- **Easy does it! / Be very careful! / Don't do anything too fast or too hard!** 조심해!
- **Enjoy your meal.** 맛있게 드세요.
- **Far from it.** 전혀 그렇지 않아.
- **Fat chance / Slim chance!** 말도 안 돼, 그럴리 없어!
- **Feel free to call me. / You are welcome to call me.** 부담 없이 (언제든) 전화해.
- **first thing in the morning** 제일 먼저 해야 할 일
- **from what I understand** 내가 알기로는
- **Get lost! / Go away!** 꺼져! 저리가!
- **Get this stain out.** 이 얼룩 좀 빼주세요.
- **Give it a try! / Give it a shot!** 다시 한번 해봐.
- **Give it to me straight.** 솔직히 말해봐.
- **Give me a minute(moment).** 잠깐만
- **Go(right) ahead.** 자 어서 해.
- **Good for you.** 참 잘 됐다.
- **Good jobs are hard to come by.** 좋은 것은 얻기 힘들다.

133

- ☐ **Guess what! / You know what!** 무슨 일이 있었는지 알아? (좋은일, 놀랄만한 일)
- ☐ **Hang in there! / Stick it out! / Tough it out!** (힘들어도) 참고 견뎌!
- ☐ **He is on time. / He is punctual.** 그는 시간을 잘 지킨다.
- ☐ **He put me on the spot.** 그가 나를 굉장히 곤란하게 만들었어.
- ☐ **He stood me up.** 그가 나를 바람 맞췄어.
- ☐ **He left for the day.** 그는 퇴근 했어.
- ☐ **He's a man of his word.** 약속을 잘 지키는 사람이야.
- ☐ **He's head strong.** 그는 참 완고해.
- ☐ **Hold still! / Don't move around!** 꼼작 마!
- ☐ **How about seconds? / How about second helping?** 더 드실래요?
- ☐ **How are you managing(handling) this situation?** 이 상황을 어떻게 헤쳐 나갈래?
- ☐ **How can I make it up to you?** 어떻게 하면 화가 풀어지겠니?
- ☐ **How did your report go?** 너 보고서 어떻게 됐니?
- ☐ **How do you like your new apartment?** 새 아파트 어때?
- ☐ **How does it sound?** 이거 어때?
- ☐ **How long does it take to do~?** ~하는데 얼마나 걸리나요?
- ☐ **How's your paper coming(getting, going) along?** 네 보고서 어떻게 돼 가니?
- ☐ **I assure you that~** 제가 ~을 보장해요.
- ☐ **I came up with a great idea.** 좋은 생각이 났어.
- ☐ **I can live with~ / I can accept~** ~을 받아들일 수 있어요.
- ☐ **I can't buy it. / I can believe it.** 믿을 수 없어.
- ☐ **I can't carry a tune.** 음치에요.
- ☐ **I can't make head or tails on it.** 뭐가 뭔지 모르겠어.
- ☐ **I can't make both ends meet.** 수지타산이 맞지 않아.
- ☐ **I can't take it (any longer).** (더 이상) 못 참겠어.
- ☐ **I can't wait to do~** 빨리 ~하고 싶어요.
- ☐ **I need some change.** 잔돈이 좀 필요해요.
- ☐ **I couldn't ask for more.** 더 할 나위 없이 만족스럽다.
- ☐ **I couldn't sleep a wink.** 한숨도 못 잤어요.
- ☐ **I didn't mean it.** 그럴 의도가 아니었어요.(사과할 때)
- ☐ **I didn't mean to get in your way.** 방해할 생각이 아니었어.
- ☐ **I don't get it.** 이해가 안 돼.
- ☐ **I feel like~** 마치 ~인 것 같아요.
- ☐ **I got a ticket for speeding.** 속도 위반 딱지를 떼였어요.
- ☐ **I got fired. / They let me go. / I got laid off.** 해고됐어요.
- ☐ **I got stuck(caught) in traffic.** 교통 체증에 걸렸어요.
- ☐ **I had a ball. / I had the time of my life.** 너무나 즐거운 시간을 보냈다.
- ☐ **I have a long way to go.** 난 갈 길이 멀었지요.
- ☐ **I haven't seen you for ages. / I haven't seen you in a really long time.** 오래간만이다.
- ☐ **I hope it works out for you.** 네가 잘 되길 바래.
- ☐ **I mean it.** 진짜야, 진심이야.
- ☐ **I need a shoulder to lean on.** 난 의지할 사람이 필요해.
- ☐ **I sincerely apologize for~** ~에 대해 진심으로 사과 드립니다.
- ☐ **I slept like a log.** 죽은 듯이 잤어.
- ☐ **I was not informed that~** ~라는 것을 듣지 못했어요
- ☐ **I was under the impression that~** ~라고 생각하고 있었어요
- ☐ **I would say that~** ~라고 말할 수 있겠군요
- ☐ **I'd give it four out of five.** 별 5개중 4개는 줄 수 있어.
- ☐ **I'll drop(let) you off there.** 그곳에서 내려줄게.
- ☐ **I'll fit into your schedule.** 당신 시간에 제가 맞출게요.
- ☐ **I'll get back to you later.** 나중에 연락 드릴게요.

- **I'll keep it in mind.** 명심할게요.
- **I'll keep my finger crossed for you!** 행운을 빌게요.
- **I'll pick you up.** 내가 데리러 갈게.
- **I'll tell you what.** 좋은 수가 있어.
- **I'm afraid I can make it.** 미안하지만 안될 것 같아요.(약속, 비행기 시간, 공연 시간 등)
- **I'm all ears.** 잘 듣고 있어.
- **I'm all for that. / I support that idea.** (그 생각을) 전적으로 지지한다, 대찬성이다.
- **I'm all thumbs in the kitchen.** 난 부엌일은 전혀 못해.
- **I'm dead tired. / I'm worn out. / I'm wiped out.** 녹초가 됐어.
- **I'm familiar with~** ~에 대해 잘 알아요.
- **I'm looking forward to ~ing** ~하기를 고대하고 있습니다.
- **I'm mad at you. / I'm upset with you.** 너한테 화났어.
- **I'm not used to ~ing** ~에 익숙하지 않아요.
- **I'm so flattered.** 과찬의 말씀이십니다.
- **I'm tied up. / I'm behind (in my work). / My hands are full.** 나 바빠
- **I'm turning in early.** 나는 일찍 잘게.
- **I'm very sensitive about~** 저는 ~에 몹시 민감해요.
- **I've been offered a great job in LA.** LA에서 괜찮은 일자리를 제안 받았어.
- **I've got to hand this to you.** 너한테 두손 들었다.(칭찬)
- **I've grown out of my clothes.** 옷이 작아졌어요.
- **I've had it. / I've had enough of it.** 지긋지긋해.
- **I've never eaten better.** 음식 잘 먹었습니다.
- **If it ain't broke, don't fix it.** 이상이 없으면 고치지 말라.
- **If shoe fits, wear it. / If what is said describes you, you're the one.** 그 말이 옳다고 여겨지면 받아들여.
- **if you don't mind** 괜찮으시다면
- **Is there anything that I can~?** 제가 ~할 수 있는데 있습니까?
- **It can be helped. / Nothing can be done to change the situation.** 어쩔 수 없다.
- **It doesn't get any better than this!** 이 정도는 양반이지!
- **It just so happens that~ / By chance it is true that~** 공교롭게도 ~하다.
- **It pays to do~ / It is profitable to do~** ~하는 것이 이익이 되다, 수지맞다.
- **It remains to be seen. / We'll know for sure later.** 두고 볼 일이야.
- **It serves you right.** 쌤통이다.
- **It slipped my mind.** 깜빡했어요.
- **It sounds like+명사 / as if+절** ~인 것 같아요.
- **It takes two to tango. / Both sides contribute.** 둘 다 책임이 있다, 혼자서는 할 수 없다.
- **It was a close call.** 큰일 날 뻔 했어.
- **It's 8 o'clock sharp (on the dot, on the nose).** 정각 8시에요.
- **It's a deal.** 좋았어.(그렇게 하자)
- **It's a good thing.** 다행이다.
- **It's a great deal. / It's a bargain.** 싸게 잘 샀다.
- **Look who's here.** 만나서 반갑다. (감탄의 인사말)
- **Make a way!** 길을 비켜 주세요.
- **Make it quick. / Hurry up.** 서두르다.
- **May I interrupt you?** 제가 실례해도 될까요?
- **No dice! / Absolutely not! / Definitely not! / No way! / Not in a million years! / Not on your life! / Over my dead body!** 절대 안돼!
- **No hard feelings!** 나쁘게 생각 말게!
- **No laughing matter.** 웃을 일이 아니야.
- **No sweat.** 걱정 없다, 문제 없다.
- **No wonder she's crying.** 그래서 우는구나.(이상할 것 없다)
- **Now you're talking. / Now you're doing it right.** 그렇고 말고!

- **Pardon me for living.** 폐를 끼쳐 죄송 합니다.
- **Pipe down!** 조용히 해!
- **Please accept my deepest condolences (sympathy).**
  뭐라고 위로의 말씀을 드려야 할지 모르겠네요.
- **Put yourself in my shoe.** 너도 내 입장이 되어봐.
- **Relax, just be yourself!**
  맘 편히 갖고 있는 그대로 해!
- **Same here! / Me, too!** 나도 같은 것으로, 나도 그래!
- **Save your breath.** 아무 말 하지마.
- **Says who? / I don't believe (accept) that ~**
  그런 일이 어디 있어? 믿을 수 없다
- **Search me! / I don't know!** 몰라!
- **Seeing is believing.** 백문이 불여일견
- **Serve a person right.** ~에게 마땅한 대우를 하다, ~에게 당연한 보복이 되다.
- **Shake a leg! / Hurry up!** 서둘러! (cf. beak a leg 행운을 빈다, 조심히 여행해라)
- **Shame on you.** 창피한 줄 아세요.
- **So far, so good.** 지금까지는 좋아.
- **So what!** 그래서 어쨌단 말이야!
- **So-so mediocre.** 그저 그래.
- **Something came up.** 일이 좀 생겼어.
- **Step on it!** 빨리 가다, 서두르다!
- **When all is said and done**
  아무리 생각해도
- **When do you expect him?**
  그 사람이 언제 올까요?
- **While you're at it, can you get some water?**
  너 가는 (하는) 김에 물 좀 가져다 줄래?
- **Whose side are you on? / Can I count on your support?**
  누구 편이야?(내 편인 줄 알았는데)
- **Will you give me a lift(ride)?** 나 차좀 태워 줄래?
- **Will you give(lend) me a hand?** 나 좀 도와 줄래?
- **With pleasure.** 기꺼이 해 드리지요.
- **Would you care for a drink?** 음료수 좀 드시겠어요?
- **Would you like to join me for lunch? / Why don't you join me for lunch?**
  같이 점심 먹을래?
- **You are so cheap.** 너 정말 치사하다.
- **You are too much.** 당신 너무 하는군요.
- **You bet.** 틀림없어요, 물론이지요.
- **You bet?** 내기할래?
- **You can say that again. / I couldn't agree with you more. / You said it. / I'll say.**
  동감이야, 네 말이 맞아.
- **You don't say! / Really? / Is that really true?** 정말이야?
- **You have lost me.**
  저를 놓치셨어요. (제가 말을 놓쳤네요.)
- **You have my word. / Take my word for it.**
  내 말을 믿어.
- **You know better (than that).**
  알만한 사람이 왜 그래?
- **You look down. / You look blue.**
  기분이 별로 안좋아 보인다.
- **You name it.** 말씀만 하세요.
- **You said it! / You are absolutely right!**
  암, 그렇고말고.
- **You scratch my back and i'll scratch yours.**
  오는 정이 있어야 가는 정이 있다.
- **You should get in shape.**
  몸을 가꾸는 게 좋겠는데요.
- **You stay out of it.** 넌 끼어 들지마.
- **You went too far this time.**
  이번엔 좀 과하셨어요.
- **You'd better believe it. / There's no doubt about it.** 의심할 여지가 없다.
- **You'll get the hang(knack) of it.** 익숙해 질 거야.
- **You're the doctor. / It's your decision.**
  당신 마음대로다, 지당한 말씀이다.
- **You've got great job. / You did a good job.**
  정말 잘했어요.

5. 혼동하기 쉬운 어휘

* **revision** 교정, 개정
  edition (초판·재판의) 판(版)
  duplicate 복사

* **adopt** 입양하다
  sibling 형제, 자매
  relative 친척

* **cub** (사자·곰 등의) 새끼
  flock (양·염소·새 등의) 떼, 무리
  school (물고기·고래 등의) 떼, 무리
  swarm (벌·개미 등의) 떼, 무리

* **application** 신청서, 지원서
  postmark (우편의) 소인

* **conduct** (연구·조사 등을) 수행하다
  deliver 연설하다, 공포하다

* **relationship** 관계, 관련
  chemistry (다른 사람과의) 공감대, 공통점
  correlation 상관관계

* **turbulence** 난류, (사회적) 소란
  commotion 동요, (정치, 사회적) 폭동
  hassle 싸움, 말다툼

* **persuade** 설득하다
  usher 안내하다, 인도하다
  urge 강요하다, 재촉하다

* **janitor** 수위, 문지기
  ranger 산림 감시원, 무장 순찰대원
  patron 보호자, 후원자, 지지자

* **advancement** 승진, 출세
  enhancement 상승, 향상, 증대
  leap 급격한 증가, 도약

* **mediator** 중재인, 조정자
  adversary 적, 반대자

* **access** 접근, 면회, (자료 등의) 이용
  ride 태움, 타고 감

* **direction** 방향, 방위
  span 기간
  extent 범위, 길이

* **gap** 틈, 괴리
  space 빈 자리, 공간
  position 위치, 위상

* **flat** 균일한, 고정된
  continuous 끊임 없는, 연속적인
  serial 일련의

* **delay** 연기하다, 지연하다
  remain 머무르다, 체류하다

* **calculation** 계산, 추측
  intuition 직관(력)

* **jam / pack** 집어넣다, 쑤셔 넣다
  cram (좁은 곳에) 억지로 밀어 넣다, 벼락치기로 공부하다

* **cover** (덮어) 감추다
  protect 보호하다, 지키다

* **see** (그냥 눈에 비치는 영상을) 보다
  watch (주의를 집중해서 지속적으로) 보다
  look (시선을 돌려서 의도적으로) 보다

* **negligent** (근무·의무 등을) 게을리 하는, 태만한, 부주의한
  circumspect 신중한, 조심성 있는
  irreverent 불손한, 무례한, 불경한

* **rub** (물건이나 표면 등에 대고) 문지르다
  apply (약, 연고 등을) 바르다
  paste (종이 등을) 풀칠해서 붙이다

* **slim** (보기 좋게) 날씬한
  thin 매우 마른

* **pension** 연금
  grant (국가에서 지원하는) 보조금

* **distinction** 구별, 차별
  extinction 소멸, 폐지

* **impassioned** 열정적인
  impatient 성급한

* **industrial** 산업의
  industrious 근면한

* **successful** 성공한
  successive 계속적인

* **indelible** (얼룩 등이) 지울 수 없는
  indubitable 의심할 여지가 없는, 명백한

* **intimate** 친밀한
  intimidate 협박하다, 겁주다

* **sensitive** 민감한
  sensible 분별있는

* **credible** 믿을 만한, 신뢰할 수 있는
  credulous 쉽게 믿는, 잘 속는

* **allude** 암시하다, 시사하다
  delude 현혹시키다, 속이다

* **relieve** (통증을) 완화하다
  ameliorate 개선하다, 개량하다

* **teach** (일반적 의미에서) 가르치다
  educate (정식 교육기관에서) 교육을 받게 하다
  instruct (특정 기술과 과목을) 체계적으로 가르치다

* **scatter** (불규칙하게) 흩뿌리다
  shatter 산산이 부수다

- *hire (특정직을 위해 사람을) 고용하다
  recruit (신입 사원, 신병 등을) 모집하다
  appoint (공직 등 중요한 직책에) 임명하다

- *apparent 뚜렷한, 명백한
  appendant 부가의, 부수적인

- *boost 부양하다, 증대시키다
  boast 자랑하다, 큰소리치다

- *confident 확신하는
  confidential 기밀의

- *complement 보충하는 것, 보완물
  compliment 찬사, 칭찬
  complaint 불평, 불만, 푸념

- *bare 벌거벗은, 노출된
  blank 공백의, 텅 빈

- *expedite (작업 등을) 신속히 처리하다
  exonerate 무죄임을 입증하다
  exempt (의무, 책임 등을) 면제하다

- *alteration 변경, 수정
  alternative 대안
  alternate 교대하다, 교차하다

- *regretful 후회하는, 슬퍼하는
  regrettable 유감스러운

- *classic 일류의, 권위있는
  classical 고전적인

- *affect 영향을 미치다
  effect 실행하다, (변화 등을) 초래하다

- *amenable 순종하는, 잘 따르는
  anemic 빈혈의, 생기 없는

- *comprehensible 이해할 수 있는, 알기 쉬운
  comprehensive 이해력이 있는, 포괄적인

- *considerate 동정심[이해심]이 많은
  considerable 상당한

- *economic 경제의
  economical 알뜰한

- *healthful 건강에 좋은
  healthy 건강한, 건강에 좋은

- *spacious 넓은, 거대한
  specious 그럴듯한

- *splash (물을) 튀기다
  sprinkle (액체 등을) 뿌리다

* **impersonate** ~인 체하다, ~의 역을 하다
improvise (연주 · 연설 등을) 즉흥적으로 하다
impregnate 임신시키다

* **consciousness** 의식
conscience 양심
consolation 위안

* **confirm** 확실히 하다
confer 수여하다, 협의하다

* **content** 만족한
contend 다투다, 논쟁하다

* **collaborate** 공동으로 일하다
corroborate (소신 등을) 입증하다

* **deficit** 적자
deceit 사기

* **revoke** 무효로 하다, 취소하다
rebuke 꾸짖다, 비난하다

* **urban** 도시의
urbane 도시적인, 세련된

* **moderate** 온건한, 적당한
modest 겸손한

* **inadvertent** 부주의한, 경솔한
introverted 내성적인

* **observance** (법 등의) 준수
observation 관찰

5. 한국인이 극복해야 할 콩글리쉬

- 소개팅, 미팅: meeting → **blind date**
- (자동차) 핸들: handle → **(steering) wheel**
- (춤) 블루스: blues → **slow dancing**
- A / S 센터: A / S center → **repair shop**
- SF영화: SF movie → **sci-fi, science fiction**
- 가스레인지: gas range → **stove, oven**
- 개그맨: gagman → **comedian**
- 공중전화 박스: telephone box → **phone booth**
- 공책: note → **notebook**
- 교차로: rotary → **intersection**
- 껌: gum → **chewing gum**
- 나비넥타이: butterfly-tie → **bow-tie**
- 노처녀: old miss → **old maid**
- 데모: demo → **demonstration**
- 드라이버: driver → **screw driver**
- 등 번호: back number → **uniform / jersey number**
- 등산: mountain climbing → **hiking**
- 롤러브레이드: rollerblade → **in-line skate**
- 만화영화: animation → **movie cartoon**
- 매니큐어: manicure → **nail polish**
- 매직펜: magic pen → **marker**
- 1:1: man to man → **one-to-one, one on one**
- 멍든 눈: bruised eye → **black eye**
- 모닝콜: morning call → **wake-up call**
- 모래시계: sand clock → **hourglass**
- 무스탕: mustang → **leather jacket**
- 믹서기: mixer → **blender**
- 바바리 코트: **trench coat, coat**
- 백미러: back mirror → **rear-view mirror**
- 번호 판: number plate → **license plate**
- 별장: **villa**
- 비닐백: vynyl bag → **plastic bag**
- 비디오 카메라: video camera → **video camcorder**
- 비디오: video → **VCR**
- 비치파라솔: beach parasol → **beach umbrella**
- 빌라: villa → **tenement**
- 뺀치: pinch → **pliers**
- 사이다: cider → **7-Up, Sprite**
- 샐러리맨: salaryman → **salaried worker**
- 샤프 (연필): sharp pencil → **mechanical pencil**
- 설문지(앙케트): **questionnaire**
- 손전등: flash → **flashlight**
- 쇼핑백: shopping bag → **paper bag**
- 스탠드: stand → **desk lamp**
- 싸인: sign, signature → **autograph**
- 써클, 동아리: circle → **club, student group**
- 썬크림: **sunscreen lotion, sun block cream**
- 썬팅: sunting → **window tinting**
- 아르바이트: arbeit → **part-time job, moonlighting**
- 아이쇼핑: eye shopping → **window shopping**
- 아이스커피: ice coffee → **iced coffee**
- 아파트: apart → **apartment**
- 애프터서비스: after service → **warrantee / after-sales service**
- 엉덩이: hip → **buttocks, butt**
- 에피소드: episode → **memorable event, anecdote**
- 엑기스: **extract, essence**
- 역전승[패]: **come-from-behind win / lose**
- 오디오 기기: audio → **stereo, audio system**
- 오바이트: overeat → **vomiting, throwing up, puke**
- 오토바이: autobike → **motorcycle, motorbike, bike**
- 오픈카: open car → **convertible car**
- 올A: all A → **straight A**
- 와이셔츠: Y-shirts → **dress shirt**

- 원샷: one shot → **bottoms up**
- 유모차: babe car → **stroller**
- 음반: record → **album**
- 인터폰: interphone → **intercom**
- 자동차 경적: Klaxon → **car horn**
- 자크: zack → **zipper, flyer**
- 재봉틀: **sewing machine**
- 재시험: re-exam → **make-up test**
- 전자레인지: electronic range → **microwave oven**
- 점퍼: jumper → **jacket**
- 접착제: bond → **glue**
- 츄리닝: training → **sweat suit**
- 커트라인: cutline → **cut-off line / point**
- 컨닝 페이퍼: cunning paper → **cheating sheet**
- 콘센트: consent → **outlet, socket**
- 클래식 음악: classic → **classical music**
- 파마: **permanent wave, perm**
- 파이팅: Fighting! → **Go!, Way to go!**
- 펑크 난 타이어: **flat tire**
- 포켓볼: pocketball → **pool**
- 프린트물: print → **handout**
- 플래카드: placard → **banner**
- 황금시간대: golden hour → **prime time**
- 형광펜: marker pen → **highlighter**
- 호치키스: Hotchkiss → **stapler**
- 화이트: **witeout, correction fluid**
- 휘발유: oil → **gas, gasoline**
- 휴대폰: hand phone → **cellular / mobile phone**
- 흘러간 노래: **oldies but goodies**

6. 그 밖에 알아야 할 주요어휘 정리

◆ 이디엄

- [ ] **be all set** 모두 준비된
- [ ] **not sleep a wink** 한숨도 못 자다
- [ ] **cut to the chase** 본론으로 들어가다
- [ ] **in a blink** 눈 깜짝할 사이에
- [ ] **come to an end** 끝나다
- [ ] **a slip of the tongue** 말실수
- [ ] **give it a try** 시도해보다
- [ ] **Lucky you!** 다행이다!
- [ ] **know one's stuff** 유능하다, 해박하다
- [ ] **Let bygones be bygones.** 지나간 일은 잊어버리자.
- [ ] **make a big splash** 화제를 불러 일으키다
- [ ] **make a pitch** 선전[설득]하다
- [ ] **miss the boat** 기회를 놓치다
- [ ] **neck and neck** 막상막하의
- [ ] **Never say die!** 포기하지 마!
- [ ] **It's definitely no picnic.** 결코 쉬운 일이 아니다.
- [ ] **Over my dead body!** 절대 안 돼!
- [ ] **pass with flying colors** 훌륭하게 해내다
- [ ] **pay lip service to** ~에게 입에 발린 말을 하다
- [ ] **play by ear** 임기응변으로 대처하다
- [ ] **read between the lines** 말 속의 숨은 뜻을 파악하다
- [ ] **Speak of the devil.** 호랑이도 제 말하면 온다.
- [ ] **She stood me up.** 그녀는 나를 바람맞혔어.
- [ ] **take one's breath away** 깜짝 놀라게 하다
- [ ] **take ~ under one's wing** ~를 감싸서 보호하다
- [ ] **The time is ripe.** 때가 되다.
- [ ] **tie the knot** 결혼하다
- [ ] **under the counter** 암거래로, 부정하게
- [ ] **upside down** 위아래가 바뀐, 거꾸로
- [ ] **up in the air** 아직 미정인
- [ ] **walk on air** 매우 기뻐하다

◆ 이어동사

- [ ] **attend to** 돌보다, 주의하다
- [ ] **bawl out** 마구 소리치다
- [ ] **bear down on** 압박하다
- [ ] **beef up** 강화하다
- [ ] **blow off** (바람이) 불어 흩날리다
- [ ] **break down** 파괴하다, 고장나다
- [ ] **break into** 침입하다
- [ ] **break away** 도망치다, 이탈하다
- [ ] **break up** 헤어지다, 부수다
- [ ] **call for** 요구하다
- [ ] **cash in on** ~을 이용하다
- [ ] **come across** 우연히 만나다
- [ ] **count on** 의지하다
- [ ] **call off** 취소하다
- [ ] **get along with** 사이좋게 지내다
- [ ] **come after** 뒤쫓다
- [ ] **cut down on** (양이나 금액을) 줄이다
- [ ] **cut off** (전기·가스·수도 등을) 끊다
- [ ] **bring about** 야기하다, 초래하다
- [ ] **come down with** (전염) 병에 걸리다
- [ ] **follow in a person's footsteps** ~의 뒤를 잇다
- [ ] **get hold of** 연락을 취하다
- [ ] **get going** 개시하다, 착수하다
- [ ] **hold back** (감정 등을) 억누르다
- [ ] **inquire into** 조사하다
- [ ] **idle away** 빈둥거리며 보내다
- [ ] **interfere with** 개입하다
- [ ] **iron out** 문제를 해결하다
- [ ] **insist on** 주장하다, 고집하다
- [ ] **keep away from** 멀리하다
- [ ] **keep in touch with** 연락을 유지하다
- [ ] **lay off** 해고하다
- [ ] **let out** (비밀을) 누설하다
- [ ] **let up** (비가) 그치다

- [ ] **line up behind** 단결하여 지지하다
- [ ] **make fun of** 놀리다
- [ ] **make up for** 보충하다
- [ ] **make out** 이해하다
- [ ] **mess up** 망치다
- [ ] **mix up** 뒤섞다
- [ ] **name after** ~의 이름을 따서 명명하다
- [ ] **nod off** 졸다
- [ ] **pass on** 전달하다
- [ ] **pile up** 축적하다
- [ ] **pull out of** 철수하다, 손을 떼다
- [ ] **pull over** 차를 (길가에) 대다
- [ ] **queue up** 줄서다
- [ ] **ride out** 이겨내다, 극복하다
- [ ] **rinse off** 씻어내다
- [ ] **round off** 완료하다
- [ ] **run after** 뒤쫓다
- [ ] **run away from** ~로부터 도망치다
- [ ] **run away with** ~와 (눈이 맞아) 달아나다
- [ ] **save up** 저축하다
- [ ] **see off** 배웅하다
- [ ] **take place** (사건 등이) 일어나다, 발생하다
- [ ] **take up** 시작하다, 착수하다
- [ ] **wake up** 깨다
- [ ] **stick to** 집착하다, 고집하다
- [ ] **object to** 반대하다
- [ ] **tag along** 따라다니다
- [ ] **trudge along** 터벅터벅 걷다
- [ ] **take out** 데리고 나가다
- [ ] **put out** (불을) 끄다
- [ ] **tied to** ~에 얽매이다, 구애받다
- [ ] **use up** 다 써버리다
- [ ] **wipe off** (부채 등을) 청산하다
- [ ] **write off** 빚을 탕감하다
- [ ] **zip up** 활력을 주다

◆ 연어

- [ ] **deliver the address** 연설을 하다
- [ ] **keep in mind** 명심하다
- [ ] **take lessons** 수업을 받다
- [ ] **lose pounds / weight** 체중이 줄다
- [ ] **formulate a hypothesis** 가설을 세우다
- [ ] **launch an attack** 공격을 개시하다
- [ ] **make a remittance** 송금하다
- [ ] **make a journey** 여행을 하다
- [ ] **meet a demand** 요구를 충족시키다
- [ ] **place an order** 주문하다
- [ ] **prime the pump** 경기 부양책을 쓰다
- [ ] **save one's face** 체면을 지키다
- [ ] **make / place a call** 전화를 걸다
- [ ] **fix dinner** 저녁 식사를 준비하다
- [ ] **make a promise** 약속을 잡다
- [ ] **make it** 성공하다, 해내다
- [ ] **administer first aid** 응급조치를 취하다
- [ ] **answer the door** 문을 열어주다
- [ ] **apply ointment** 연고를 바르다
- [ ] **renew subscription** 정기구독을 갱신하다
- [ ] **reach a decision** 해결이 되다, 결정되다.
- [ ] **beat one's brains** 머리를 짜내다
- [ ] **conclude a speech** 연설을 마치다
- [ ] **bring a suit (against)** 소송을 제기하다
- [ ] **cast a ballot** 투표하다
- [ ] **claim damages** 손해배상을 청구하다
- [ ] **commit a crime** 죄를 짓다
- [ ] **catch a disease** 병에 걸리다
- [ ] **draw a check** 수표를 발행하다
- [ ] **exchange civilities** 의례적인 인사를 주고 받다
- [ ] **strike a balance** 균형을 맞추다
- [ ] **throw a party** 파티를 열다
- [ ] **weigh the consequences** 결과를 신중히 고려하다
- [ ] **loud mouth** 말이 많은 사람
- [ ] **big mouth** 입이 가벼운 사람
- [ ] **naked eye** 육안
- [ ] **reduced price** 할인된 가격
- [ ] **personality type** 성격 유형
- [ ] **lead role** 주연

- guest lecturer 초청 강사
- associate member 준회원
- special lecture 특별 강연
- acute disease 급성 질환
- chronic disease 만성 질환
- contagious disease 전염병
- adverse circumstances 역경
- arbitrary decision 독단적인 결정
- blind date (제3자의 소개에 의한) 서로 모르는 남녀 간의 데이트
- impaired person 장애인
- stagnant economy 경기 침체
- gratifying experience 기쁜 경험
- capital punishment 사형, 극형
- chance customer 뜨내기 손님
- clinical thermometer 체온계
- common knowledge 상식
- complimentary ticket 초대권
- conclusive answer 최종적인 답변
- current issue 최신호
- deserted street 인적이 드문 거리
- downright lie 새빨간 거짓말
- drunk driving 음주 운전
- exhaust fumes 배기가스
- extended family 확대가족, 대가족
- fatal disease 불치병
- first aid 응급조치
- foregone conclusion 뻔한 결론
- good buy 싸게 잘 산 물건
- high blood pressure 고혈압

◈ 고난이도 어휘

- perk 임직원 혜택
- turbulence (사회적) 소란
- distraction 주의 산만
- derivative 파생적인
- versatile 다재다능한
- smattering 얕은 지식
- glimmer 희미한 빛
- contentment 만족
- deference 복종
- solicit 간청하다
- trespass 침입하다
- loiter 빈둥거리다
- infidelity 불신, 부정
- eyesore 눈에 거슬리는 것, 꼴불견
- gimmick (요술쟁이·약장수 등의) 비밀 장치, 속임수
- divergence (의견 등의) 차이
- condolence 조문, 애도
- hideout 은신처, 피난처
- whereabouts 소재, 행방
- inertia 활발하지 않음, 무기력
- hibernation 동면
- sojourn (일시적인) 체류, 체재
- apathy 냉담, 무관심
- notoriety 악명, 악평
- repulsion 반감, 증오
- antipathy 반감, 혐오
- commotion 동요, 소요
- complacency 자기만족
- efficacy 효능, 효험
- frugality 절약, 검소
- cornerstone 기초, 초석
- hindrance 방해
- ferocity 사나움, 잔인성
- lucidity 명료
- docility 온순
- delinquency (청소년) 범죄, 비행
- imposture 사기, 협잡
- contraband 밀수, 밀매, 불법 거래
- embezzlement 횡령, 착복
- ambiguous 모호한
- bland 온화한, 순한, 지루한
- crouch (몸을) 웅크리다
- carcass (짐승의) 시체
- drawback 결점, 문제점

- **frailty** 약함, 약점
- **scarcity** 부족, 기근
- **accomplice** 공범
- **sleuth** 형사, 탐정
- **backout** 철회, 탈퇴
- **standstill** 정지
- **equivalent** 등가물, 상당하는 것
- **bereavement** 사별
- **ignominy** 불명예
- **masquerade** 가면무도회
- **plight** 곤경, 어려운 상태
- **proliferation** 증식, 급증
- **quandary** 당황, 곤경
- **quagmire** 수렁, 궁지
- **ripple** 파문, 파동
- **pinnacle** 작은 뾰족탑, 정점
- **zenith** 천정,(성공이나 명예 등의) 정점
- **flicker** 깜박이다, 명멸하다
- **gleam** 번쩍이다
- **glow** 빛나다
- **deify** 신성시하다
- **obstruct** 방해하다
- **slander** 중상하다, 명예를 훼손하다
- **forestall** 앞서다
- **disclaim** 권리를 포기하다
- **corroborate** (소신이나 진술 등을) 확증하다
- **rear** (물건 등을) 똑바로 세우다
- **dominate** 지배하다
- **backfire** 맞불을 놓다
- **spark** 유발하다, 야기시키다
- **dribble** (물방울 등이) 똑똑 떨어지다, 침을 흘리다
- **scribble** 낙서하다
- **stricken** (병에) 걸린, 고통 받는
- **defraud** (속여서) 빼앗다, 횡령하다
- **deactivate** 비활성화 시키다
- **sack** 약탈하다
- **swap** 교환하다
- **dissuade** (설득하여) 단념시키다

- **quench** (갈증 등을) 가시게 하다
- **nurture** 양육하다, 교육하다
- **abstain** 그만두다, 끊다, 삼가다
- **wane** 작아지다, (권력, 명성 등이) 쇠하다
- **spawn** (물고기, 개구리 등이) 알을 낳다, 산란하다
- **ordain** (신, 운명 등이) 정하다, 운명 짓다
- **flaunt** 과시하다
- **commensurate** 액수[크기, 정도]가 알맞은, 적당한
- **commiserate** 가엾게 여기다, 동정하다
- **susceptible** 영향 받기 쉬운, 감염되기 쉬운
- **exude** 발산하다
- **amicable** 우호적인, 평화적인
- **intact** 손대지 않은
- **avaricious** 탐욕스러운
- **crestfallen** 풀이 죽은
- **skimpy** 불충분한, 빈약한
- **hoarse** 쉰 목소리의
- **bombastic** 과장하는, 허풍떠는
- **prosaic** 산문적인, 단조로운, 지루한
- **clumsy** 어색한, 서투른
- **creepy** 오싹하는
- **barren** 불임의, (땅이) 불모의, 메마른
- **ulterior** (목적, 동기 등이) 감추어진, 이면의
- **aberrant** 정도에서 벗어난, 탈선적인
- **ancillary** 부수적인
- **cumulative** 누적되는, 점진적인
- **devout** 독실한, 믿음이 깊은
- **dubious** 의심스러운
- **flagrant** (거짓말, 실수 등이) 명백한
- **heinous** 극악한, 가증스러운
- **implacable** 확고한, 바꿀 수 없는
- **loquacious** 수다스러운, 말이 많은
- **luscious** 달콤한, 감미로운
- **obscene** 음란한
- **pensive** 생각에 잠긴
- **recalcitrant** 완강히 반항하는
- **restrained** 삼가는
- **slovenly** 단정치 못한

- **strenuous** 굽히지 않는, 격렬한
- **subservient** 비굴한, 아첨하는
- **unwavering** 동요하지 않는, 확고한
- **acquisition** 획득
- **espouse** (주의 따위를) 받아들이다, 지지하다
- **insolvent** 지급불능인
- **congeniality** 친화성

- **anatomy** 해부학
- **prodigy** 비범한 사람, 천재
- **disparage** 얕보다, 험담하다
- **eccentric** 별난, 기이한
- **hiatus** (공간, 시간의) 틈
- **veneration** 존경, 숭배

The TOP in TEPS

앞면(Side1)

The TOP in TEPS

〈부정행위 및 규정위반 처리규정〉

1. 모든 부정행위 및 규정위반 적발 및 이에 대한 조치는 TEPS관리위원회의 처리규정에 따라 이루어집니다.

2. 부정행위 및 규정위반 행위는 적발 뿐만 아니라 사후에도 적발 될 수 있으며 모두 동일한 조치가 취해집니다.

3. 부정행위 적발 시 당해 성적은 무효 처리되며 사안에 따라 최대 5년까지 TEPS관리위원회에서 주관하는 모든 시험의 응시자격이 제한됩니다.

4. 문제지 이외에 메모를 하는 행위와 시험 문제의 일부 또는 전부를 유출하거나 공개하는 경우 부정행위로 처리됩니다.

5. 각 파트별 시간을 준수하지 않거나, 시험 종료 후 답안 작성을 계속할 경우 규정위반으로 처리됩니다.

응시일자 : 20   년   월   일

성: HONG
명(성·이름순으로 기재): GIL DONG

EX	H	O	N	G		G	I	L		D	O	N	G								
A	Ⓐ	Ⓐ	Ⓐ	Ⓐ	Ⓐ	Ⓐ	Ⓐ	Ⓐ	Ⓐ	Ⓐ	Ⓐ	Ⓐ	Ⓐ	Ⓐ	Ⓐ	Ⓐ	Ⓐ	Ⓐ	Ⓐ	Ⓐ	Ⓐ
B	Ⓑ	Ⓑ	Ⓑ	Ⓑ	Ⓑ	Ⓑ	Ⓑ	Ⓑ	Ⓑ	Ⓑ	Ⓑ	Ⓑ	Ⓑ	Ⓑ	Ⓑ	Ⓑ	Ⓑ	Ⓑ	Ⓑ	Ⓑ	Ⓑ
C	Ⓒ	Ⓒ	Ⓒ	Ⓒ	Ⓒ	Ⓒ	Ⓒ	Ⓒ	Ⓒ	Ⓒ	Ⓒ	Ⓒ	Ⓒ	Ⓒ	Ⓒ	Ⓒ	Ⓒ	Ⓒ	Ⓒ	Ⓒ	Ⓒ
D	Ⓓ	Ⓓ	Ⓓ	Ⓓ	Ⓓ	Ⓓ	Ⓓ	Ⓓ	Ⓓ	Ⓓ	Ⓓ	Ⓓ	Ⓓ	Ⓓ	Ⓓ	Ⓓ	Ⓓ	Ⓓ	Ⓓ	Ⓓ	Ⓓ
E	Ⓔ	Ⓔ	Ⓔ	Ⓔ	Ⓔ	Ⓔ	Ⓔ	Ⓔ	Ⓔ	Ⓔ	Ⓔ	Ⓔ	Ⓔ	Ⓔ	Ⓔ	Ⓔ	Ⓔ	Ⓔ	Ⓔ	Ⓔ	Ⓔ
F	Ⓕ	Ⓕ	Ⓕ	Ⓕ	Ⓕ	Ⓕ	Ⓕ	Ⓕ	Ⓕ	Ⓕ	Ⓕ	Ⓕ	Ⓕ	Ⓕ	Ⓕ	Ⓕ	Ⓕ	Ⓕ	Ⓕ	Ⓕ	Ⓕ
G	Ⓖ	Ⓖ	Ⓖ	Ⓖ	Ⓖ	Ⓖ	Ⓖ	Ⓖ	Ⓖ	Ⓖ	Ⓖ	Ⓖ	Ⓖ	Ⓖ	Ⓖ	Ⓖ	Ⓖ	Ⓖ	Ⓖ	Ⓖ	Ⓖ
H	Ⓗ	Ⓗ	Ⓗ	Ⓗ	Ⓗ	Ⓗ	Ⓗ	Ⓗ	Ⓗ	Ⓗ	Ⓗ	Ⓗ	Ⓗ	Ⓗ	Ⓗ	Ⓗ	Ⓗ	Ⓗ	Ⓗ	Ⓗ	Ⓗ
I	Ⓘ	Ⓘ	Ⓘ	Ⓘ	Ⓘ	Ⓘ	Ⓘ	Ⓘ	Ⓘ	Ⓘ	Ⓘ	Ⓘ	Ⓘ	Ⓘ	Ⓘ	Ⓘ	Ⓘ	Ⓘ	Ⓘ	Ⓘ	Ⓘ
J	Ⓙ	Ⓙ	Ⓙ	Ⓙ	Ⓙ	Ⓙ	Ⓙ	Ⓙ	Ⓙ	Ⓙ	Ⓙ	Ⓙ	Ⓙ	Ⓙ	Ⓙ	Ⓙ	Ⓙ	Ⓙ	Ⓙ	Ⓙ	Ⓙ
K	Ⓚ	Ⓚ	Ⓚ	Ⓚ	Ⓚ	Ⓚ	Ⓚ	Ⓚ	Ⓚ	Ⓚ	Ⓚ	Ⓚ	Ⓚ	Ⓚ	Ⓚ	Ⓚ	Ⓚ	Ⓚ	Ⓚ	Ⓚ	Ⓚ
L	Ⓛ	Ⓛ	Ⓛ	Ⓛ	Ⓛ	Ⓛ	Ⓛ	Ⓛ	Ⓛ	Ⓛ	Ⓛ	Ⓛ	Ⓛ	Ⓛ	Ⓛ	Ⓛ	Ⓛ	Ⓛ	Ⓛ	Ⓛ	Ⓛ
M	Ⓜ	Ⓜ	Ⓜ	Ⓜ	Ⓜ	Ⓜ	Ⓜ	Ⓜ	Ⓜ	Ⓜ	Ⓜ	Ⓜ	Ⓜ	Ⓜ	Ⓜ	Ⓜ	Ⓜ	Ⓜ	Ⓜ	Ⓜ	Ⓜ
N	Ⓝ	Ⓝ	Ⓝ	Ⓝ	Ⓝ	Ⓝ	Ⓝ	Ⓝ	Ⓝ	Ⓝ	Ⓝ	Ⓝ	Ⓝ	Ⓝ	Ⓝ	Ⓝ	Ⓝ	Ⓝ	Ⓝ	Ⓝ	Ⓝ
O	Ⓞ	Ⓞ	Ⓞ	Ⓞ	Ⓞ	Ⓞ	Ⓞ	Ⓞ	Ⓞ	Ⓞ	Ⓞ	Ⓞ	Ⓞ	Ⓞ	Ⓞ	Ⓞ	Ⓞ	Ⓞ	Ⓞ	Ⓞ	Ⓞ
P	Ⓟ	Ⓟ	Ⓟ	Ⓟ	Ⓟ	Ⓟ	Ⓟ	Ⓟ	Ⓟ	Ⓟ	Ⓟ	Ⓟ	Ⓟ	Ⓟ	Ⓟ	Ⓟ	Ⓟ	Ⓟ	Ⓟ	Ⓟ	Ⓟ
Q	Ⓠ	Ⓠ	Ⓠ	Ⓠ	Ⓠ	Ⓠ	Ⓠ	Ⓠ	Ⓠ	Ⓠ	Ⓠ	Ⓠ	Ⓠ	Ⓠ	Ⓠ	Ⓠ	Ⓠ	Ⓠ	Ⓠ	Ⓠ	Ⓠ
R	Ⓡ	Ⓡ	Ⓡ	Ⓡ	Ⓡ	Ⓡ	Ⓡ	Ⓡ	Ⓡ	Ⓡ	Ⓡ	Ⓡ	Ⓡ	Ⓡ	Ⓡ	Ⓡ	Ⓡ	Ⓡ	Ⓡ	Ⓡ	Ⓡ
S	Ⓢ	Ⓢ	Ⓢ	Ⓢ	Ⓢ	Ⓢ	Ⓢ	Ⓢ	Ⓢ	Ⓢ	Ⓢ	Ⓢ	Ⓢ	Ⓢ	Ⓢ	Ⓢ	Ⓢ	Ⓢ	Ⓢ	Ⓢ	Ⓢ
T	Ⓣ	Ⓣ	Ⓣ	Ⓣ	Ⓣ	Ⓣ	Ⓣ	Ⓣ	Ⓣ	Ⓣ	Ⓣ	Ⓣ	Ⓣ	Ⓣ	Ⓣ	Ⓣ	Ⓣ	Ⓣ	Ⓣ	Ⓣ	Ⓣ
U	Ⓤ	Ⓤ	Ⓤ	Ⓤ	Ⓤ	Ⓤ	Ⓤ	Ⓤ	Ⓤ	Ⓤ	Ⓤ	Ⓤ	Ⓤ	Ⓤ	Ⓤ	Ⓤ	Ⓤ	Ⓤ	Ⓤ	Ⓤ	Ⓤ
V	Ⓥ	Ⓥ	Ⓥ	Ⓥ	Ⓥ	Ⓥ	Ⓥ	Ⓥ	Ⓥ	Ⓥ	Ⓥ	Ⓥ	Ⓥ	Ⓥ	Ⓥ	Ⓥ	Ⓥ	Ⓥ	Ⓥ	Ⓥ	Ⓥ
W	Ⓦ	Ⓦ	Ⓦ	Ⓦ	Ⓦ	Ⓦ	Ⓦ	Ⓦ	Ⓦ	Ⓦ	Ⓦ	Ⓦ	Ⓦ	Ⓦ	Ⓦ	Ⓦ	Ⓦ	Ⓦ	Ⓦ	Ⓦ	Ⓦ
X	Ⓧ	Ⓧ	Ⓧ	Ⓧ	Ⓧ	Ⓧ	Ⓧ	Ⓧ	Ⓧ	Ⓧ	Ⓧ	Ⓧ	Ⓧ	Ⓧ	Ⓧ	Ⓧ	Ⓧ	Ⓧ	Ⓧ	Ⓧ	Ⓧ
Y	Ⓨ	Ⓨ	Ⓨ	Ⓨ	Ⓨ	Ⓨ	Ⓨ	Ⓨ	Ⓨ	Ⓨ	Ⓨ	Ⓨ	Ⓨ	Ⓨ	Ⓨ	Ⓨ	Ⓨ	Ⓨ	Ⓨ	Ⓨ	Ⓨ
Z	Ⓩ	Ⓩ	Ⓩ	Ⓩ	Ⓩ	Ⓩ	Ⓩ	Ⓩ	Ⓩ	Ⓩ	Ⓩ	Ⓩ	Ⓩ	Ⓩ	Ⓩ	Ⓩ	Ⓩ	Ⓩ	Ⓩ	Ⓩ	Ⓩ

단체구분

○ 학생   ○ 일반

질 문

1. 귀하의 TEPS 응시목적은?
   ⓐ 입사지원   ⓑ 인사고과
   ⓒ 개인실력측정   ⓓ 입시
   ⓔ 국가고시 지원   ⓕ 기타

2. 귀하의 영어권 체류 경험은?
   ⓐ 없다   ⓑ 6개월 미만
   ⓒ 6개월 이상 1년 미만   ⓓ 1년 이상 3년 미만
   ⓔ 3년 이상 5년 미만   ⓕ 5년 이상

3. 귀하께서 응시하고 계신 고사장에 대한 만족도는?
   ⓐ 0점   ⓑ 1점   ⓒ 2점
   ⓓ 3점   ⓔ 4점   ⓕ 5점

4. 최근 2년내 TEPS 응시횟수?
   ⓐ 없다   ⓑ 1회   ⓒ 2회
   ⓓ 3회   ⓔ 4회   ⓕ 5회 이상

성명 (서명/날인)

학력

	재학	졸업	전 공	직 업
초등학교			인문계열	공무원
중학교			사회과학·법학	사회복지사
고등학교			경제학·경영학	고시준비생
전문대학			자연과학	자영업
대학교			공학	회사원
대학원			의학·약학·간호학	학생
기타			음악·미술·체육	기타

직 종

	직 책
공업	임원
농업	부장
축산업	차장
수산업	과장
광업	대리
임업	계장
상업	사원
용역	전문직
금융업	자영업
전문직(변호사·공인회계사)	기타
기술직	
예술	
운수업	
서비스	
기타	

The TOP in TEPS

The TOP in TEPS

뒷면(Side2)

응시일자 : 20   년   월   일

〈부정행위 및 규정위반 처리과정〉

1. 모든 부정행위 및 규정위반 적발 및 이에 대한 조치는 TEPS관리위원회의 처리규정에 따라 이루어집니다.

2. 부정행위 및 규정위반 행위는 현장 적발만 아니라 사후에도 적발될 수 있으며 모두 동일한 조치가 취해집니다.

3. 부정행위 적발 시 금해 성적은 무효 회되며 사안에 따라 최대 5년까지 TEPS관리위원회에서 주관하는 모든 시험의 응시자격이 제한됩니다.

4. 문제지 이외에 메모를 하는 행위와 시험 문제의 일부 또는 전부를 유출하거나 공개하는 경우 부정행위로 처리됩니다.

5. 각 파트별 시간을 준수하지 않거나, 시험 종료 후 답안 작성을 계속할 경우 규정위반으로 처리됩니다.

성명 (성·이름순으로 기재)

성	명
EX	HONG GIL DONG
A	
B	
C	
D	
E	
F	
G	
H	
I	
J	
K	
L	
M	
N	
O	
P	
Q	
R	
S	
T	
U	
V	
W	
X	
Y	
Z	

단체 구분

학생 ○   일반 ○

질문란

1. 귀하의 TEPS 응시목적은?
 a 입사지원   b 인사정책
 c 개인실력측정   d 입시
 e 국가고시 자격   f 기타

2. 귀하의 영어권 체류 경험은?
 a 없다   b 6개월 미만
 c 6개월 이상 1년 미만   d 1년 이상 3년 미만
 e 3년 이상 5년 미만   f 5년 이상

3. 귀하에서 응시하고 계신 고사장에 대한 만족도는?
 a 0점   b 1점   c 2점   d 3점   e 4점   f 5점

4. 최근 2년내 TEPS 응시내역수는?
 a 없다   b 1회   c 2회   d 3회   e 4회   f 5회 이상

성명

성명 ○   영문 ○

학력   전공   직업

학력: 재학/졸업
- 초등학교
- 중학교
- 고등학교
- 전문대학
- 대학교
- 대학원

전공:
- 인문
- 사회과학·법
- 경제학·경영
- 자연과학
- 의약·약학·간호학
- 공학
- 어문·예술·체육
- 교육
- 농수산·가정
- 군사학
- 기타

직업:
- 일반 사무직
- 금융직
- 판매·서비스직
- 생산·기술직
- 전문직(과목 공학)
- 자영업
- 공무원
- 군인
- 전문직(교육·교수)
- 기술직
- 가사
- 언론·출판·방송
- 예술직
- 건설직
- 기타

TEPS 고득점을 위한 확실한 길잡이!

듣기·문법·어휘·독해 4가지 영역을 한번에 끝낸다!

TEPS 고득점을 향한 다양한 TIP을 만나보세요!
http://club.cyworld.com/CalvinTEPS

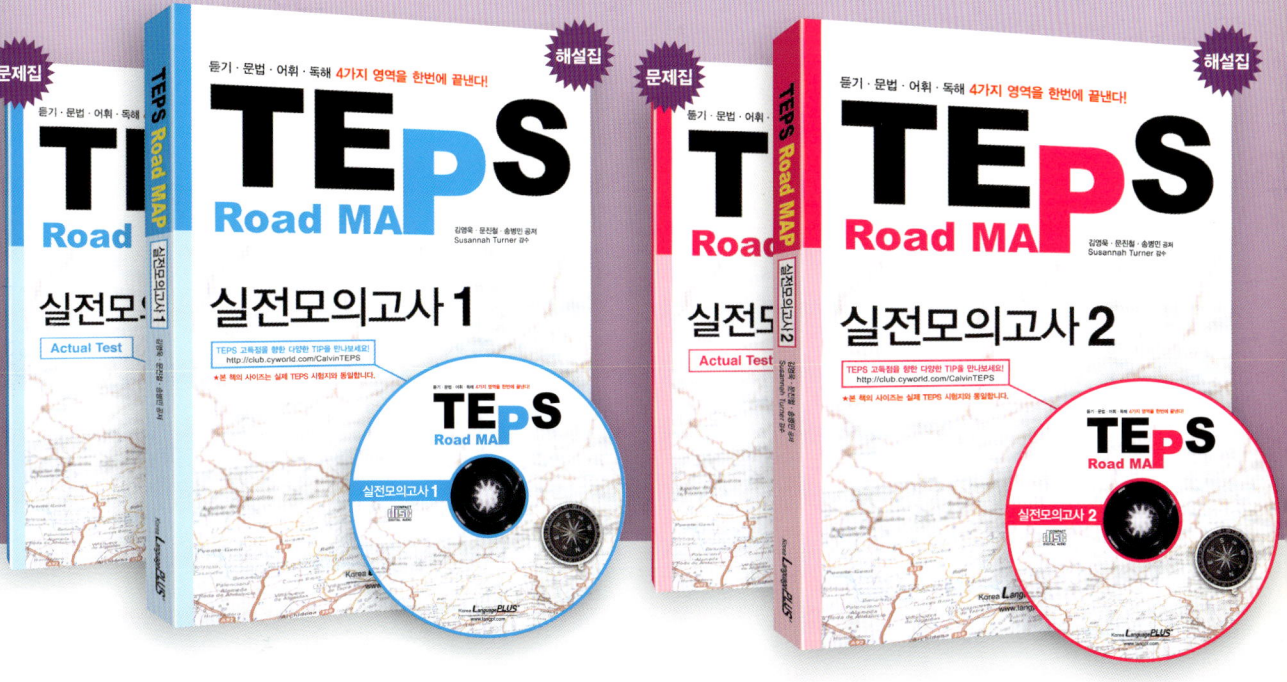

TEPS, 각 영역별 만점해설로 고득점에 도전하세요!

듣기 출제 원리와 정답의 근거 확실히 제공!
상황에 따른 빈출 표현 정리 수록!

어휘 어렵고 다양한 어휘들을 알기 쉽게 한 번에 정리한다!
Final Vocabulary Day 30 수록!

문법 시험 직전에 이것만 확인해라!
ESSENTIAL GRAMMAR TIP!

독해 더 이상 오답의 함정에 빠지지 마라!
정답으로 가는 오답피하기 수록!

김영욱·문진철·송병민 공저
1, 2권 - 각 11,000원 (문제집+해설집+CD 1장 포함)

www.langpl.com

TOEIC 입문자를 위한 완벽가이드!

TOEIC Road MAP RC
어형 · 어휘/문법/독해

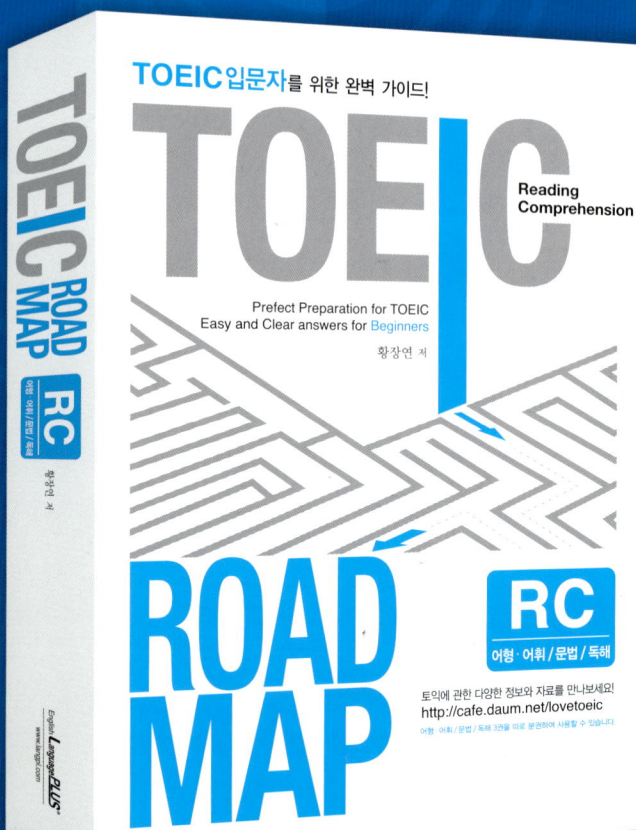

어형 토익 PART 5&6에서 비중이 큰 영역이므로 다른 교재와는 다르게 분리하여 다룬다.

어휘 기출 표현을 위주로 실전 20회 모의고사를 풀어보면서 빠르게 다량의 어휘를 정리한다.

문법 기출 유형의 문제를 위주로 자세한 문법 설명과 함께 실전문제를 접한다.

독해 자주 출제되는 질문의 종류와 어휘를 익혀서 고득점에 도전한다.

값 21,000원 | 황장연 저 | TOEIC Road Map LC 출시 예정

토익에 관한 다양한 정보와 자료를 만나보세요!
http://cafe.daum.net/lovetoeic

※ 어형 · 어휘/문법/독해 3권을 따로 **분권**하여 사용할 수 있습니다.

for your dream
english LanguagePLUS
www.langpl.com

THE TOP in TEPS

대한민국 TEPS 대표강사 Joseph Kim의

By Joseph Kim

950 실전편 어 VOCABULARY 휘

정답 및 해설

for your dream
english LanguagePLUS
www.langpl.com

초판 인쇄 First Printing	2010년 6월 5일
초판 2쇄 발행 Second Published	2010년 8월 30일
지은이 Author	죠셉 킴
발행인 Publisher	엄태상
영어 편집장 Editor in Chief	이성
기획 및 진행 Project Manager	이정화
편집 및 교정 Editor	유미조
표지 디자인 Cover Design	신영미
본문 디자인 Text Design	이건화
표지 삽화 Cover Illustrate	이성헌
등록일자 Registration Day	2000년 8월 17일
등록번호 Registration Number	제 1-2718호
주소 Address	서울시 종로구 종로2가 71-6 보원빌딩 7층
TEL Call to Editorial Dept.	편집부 02-744-0509
Call to Marketing Dept.	도서주문 문의 02-3671-0582, FAX 02-3671-0500
E-mail	tltk@chol.com
Homepage	www.langpl.com

Copyright ⓒ 2010 English LanguagePLUS

All rights reserved. No part of this publication may be reproduced, stored in a retrieval system, or transmitted in any form or by any means, electronics, mechanical, photocopying, recording, or otherwise, without the prior written permission of the Publisher.

＊이 책의 내용을 사전 허가 없이 전재하거나 복제할 경우 법적인 제재를 받게 됨을 알려 드립니다.
＊잘못된 책은 구입하신 서점이나 본사에서 바꿔드립니다.

ISBN 978-89-5518-889-9 13740
ISBN 978-89-5518-886-8 SET

Half TEST 01 Vocabulary 정답 & 해설

Part I ~ II	1 (c)	2 (c)	3 (a)	4 (c)	5 (a)	6 (c)	7 (c)	8 (d)	9 (c)	10 (b)
	11 (a)	12 (c)	13 (b)	14 (c)	15 (b)	16 (a)	17 (d)	18 (c)	19 (d)	20 (d)
	21 (a)	22 (b)	23 (c)	24 (d)	25 (a)					

1. 동사 ★★☆   정답 (c)

해석
A: 배심원단의 멤버가 된 소감이 어떠니?
B: 변호사가 의뢰인한테 증언하지 말라고 충고해서 사실 아무 일도 일어나지 않았어.

해설 대화의 내용에 따라 알맞은 동사를 묻는 문제이다. 배심원단이 된 것에 대한 소감을 묻는 질문에 대한 적절한 응답을 골라야 하며, 문맥상 변호사 의뢰인에게 하지 말라고 충고한 동사가 들어가야 한다. 따라서 적절한 것은 '(법정에서) 증언하다'의 의미를 갖는 동사 "testify"이다.

어휘
defend v. 변호하다, 방어하다   swear v. 맹세하다, 욕하다
prosecute v. 기소하다, 공소하다
testify v. 증언하다, 증명하다   advise v. 충고하다, 조언하다
jury n. 배심(원단), 심사위원회   client n. 의뢰인

2. Collocation ★☆☆   정답 (c)

해석
A: 기침 소리가 상당히 좋지 않구나. 너 감기 걸렸니?
B: 아마도 그런 것 같아. 오후에 병원에 갈 거야.

해설 빈칸 뒤의 'a cold'와 함께 쓰여 '감기에 걸리다'라는 표현으로 자주 사용되는 연어를 묻는 문제이다. 빈칸 앞의 내용에서 '기침소리가 좋지않다.'고 언급하였고, 그에 대한 응답으로 B는 오후에 병원에 간다고 하는 상황이다. 따라서 정답은 "catching"이다.

어휘
catch a cold 감기에 걸리다
cough n. 기침, 기침 소리

3. 명사 ★★☆   정답 (a)

해석
A: Johnny Matthew가 어제 저녁에 토크쇼에 나왔어. 그는 자신의 새 영화의 예고편을 보여줬어.
B: 나도 봤어! 내가 좋아하는 배우잖아, 그 영화 개봉하면 꼭 보러 갈 거야.

해설 문맥상 빈칸에 들어가기에 적절한 명사를 묻는 문제이다. 빈칸 뒤의 명사 'movie'가 정답을 고르는 단서이다. 영화의 예고편이라는 뜻을 갖는 명사 'clip'이 정답이다. 보기에 주어진 어휘들 모두 '부분, 구절'등의 의미를 갖지만 영화와 관련된 내용에서는 모두 적절하지 않다.

어휘
clip n. 깎음, 짧은 뉴스   passage n. 한 구절, 통행
section n. 부분, 구역   fraction n. 파편, 조금
come out 출시되다, 나오다

4. 관용표현 ★★☆   정답 (c)

해석
A: 우와, 여기 새로운 핸드폰들 올해에 정말 잘 나간다. 그렇지?
B: 응 정말 그래. 우리가 한 시간 만에 다 팔았으니까.

해설 빈칸 앞의 전치사 'in'과 함께 관용표현으로 쓰이는 명사를 묻는 문제이다. 문맥상 '새로운 핸드폰들이 올해에 잘 팔린다'라는 의미가 되어야 자연스럽다. 따라서 '잘 나가다, 인기가 있다'라는 의미를 만드는 "demand"가 정답이다.

어휘
sell out of 매진되다   in demand 잘나가다, 인기가 있다
desire v. 요구하다, 바라다   require v. 필요로 하다, 요청하다

5. 관용 표현 ★★☆   정답 (a)

해석
A: 이번 주말에 하키 하러 가고 싶지 않니?
B: 아니야 괜찮아. 얼음 위에 있는 거 싫기도 하고, 스케이트나 하키 스틱도 없어.

해설 빈칸 앞의 be동사 뒤에 이어지는 전치사 'to'와 함께 자주 쓰이는 관용표현을 이루는 전치사를 묻는 문제이다. 문맥상 '이번 주말에 하키 하러 가고 싶지 않냐'는 의미가 되어야 자연스럽다. 따라서 "be up to" (~하고 싶다)가 되어야 적절하므로 정답은 "up"이다.

어휘
be up to ~하고 싶다

6. 유사한 의미의 어휘 ★★★   정답 (c)

해석
A: Robert는 제가 만난 사람들 중에 가장 유쾌한 사람이에요.
B: 그가 재밌긴 하지만 유쾌하다고 하는 건 좀 과장이네요.

해설 유사한 의미를 갖는 어휘들의 다른 쓰임을 묻는 문제이다. 보기에 주어진 어휘들 모두 '확장하다'라는 의미를 갖는다. 문맥상 'Robert가 재미있는 사람이기는 하지만 'hilarious'라고 하는 것은 과장이야'라는 의미가 되어야 자연스럽다. 따라서 이와 같은 의미로 자주 사용되는 "stretching"이 정답이다.

어휘
reach v. ~에 도달하다, 닿다   enlarge v. 크게 하다, 확장하다
stretch v. 과장하다, 늘어나다   extend v. 뻗다, 연장하다
hilarious a. 유쾌한

7. 형용사 ★★☆   정답 (c)

해석
A: 오늘 발표 하셨죠? 어땠나요?
B: 잘 못했어요. 사람들을 어리둥절하게 만든 것 같아요. 모두들 완전히 곤혹스러워 보였어요.

해설 문맥상 빈칸에 들어가기에 적절한 형용사를 묻는 문제이다. '발표가 어땠느냐'는 질문에 적절한 대답을 골라야 한다. 따라서 빈칸 앞의 형용사 'confused'와 유사한 의미를 갖는 "puzzled"가 정답이다. 또한 빈칸 앞의 주어 "they"는 사람을 의미하므로 이와 적절하게 어울리는 형용사는 "puzzled"이다.

어휘
drained a. 고갈된
puzzled a. 당황한, 곤혹스러운
confused a. 당황한, 어리둥절한
privileged a. 특권이 있는
mortified a. 원통한, 분한
completely adv. 완전히

8. 숙어 ★★★   정답 (d)

해석
A: Mark와 Meg가 결혼 할 것 같아요?
B: 아니요. 제 생각엔 그녀가 다른 사람을 만날 때까지 그를 속이고 있는 것 같아요.

해설 빈칸 뒤의 명사구와 함께 쓰이는 숙어를 묻는 문제이다. 문맥상 '그녀가 다른 누군가를 만날 때까지 그를 속이는 것 같다'라는 의미가 되어야 자연스럽다. 따라서 '~를 속이다'라는 의미를 만드는 숙어 "string someone along"이 정답이다.

어휘
string someone along 속이다   pull v. 끌다, 당기다
carry v. 나르다, 휴대하다
bring v. 가져오다, 초래하다
string v. 끈을 달다, 묶다

9. 동사 ★☆☆   정답 (c)

해석
A: 나 우연히 엄마의 꽃병을 깨뜨렸어. 네 생각엔 새것을 구할 수 있을 것 같니?
B: 안됐지만, 그 꽃병을 대체하긴 힘들거야. 해외에서 온 것 같거든.

해설 유사한 형태의 동사 중에서 의미상 적절한 동사를 찾는 문제이다. A가 '엄마의 꽃병을 깨뜨렸다고 하면서 새로운 것을 찾을 수 있겠냐고' 묻고 있고, 이에 대하여 '불행하게도 ~하기는 어려울 것이다'라고 대답하고 있으므로 빈칸에 들어가기에 적절한 동사의 의미는 '대신하다, 대체하다'의 의미를 갖는 "replace"이다.

어휘
report v. 보고하다, 신고하다
recreate v. 기분 전환하다, 휴양하다
replace v. 되돌리다, 대신하다
refresh v. 원기를 회복하다, 새롭게 하다
accidentally adv. 우연히
vase n. 꽃병
unfortunately adv. 불행히도

10. 형용사 ★☆☆   정답 (b)

해석
A: 제가 기입하는걸 도와드릴까요? 보험양식이 까다롭다는걸 잘 알아요.
B: 네, 좀 도와주세요! 저 정말로 헤매고 있었어요.

해설 문맥상 들어가기에 적절한 형용사를 묻는 문제이다. 내용으로 볼 때 '보험 증서를 기입하는 것'에 대한 설명을 하는 형용사이다. 따라서 '까다로운'이라는 의미를 갖는 "tricky"가 정답이다.

어휘
timely a. 시기 적절한
tacky a. 초라한
fill out 작성하다, 기입하다
tricky a. 까다로운, 교활한
chatty a. 수다스러운
confused a. 당황한, 어리둥절한

11. 동사 ★☆☆   정답 (a)

해석
A: 어떻게 그렇게 많은 돈을 모으셨어요?
B: 글쎄요, 제가 생일 같은 날 받은 돈 절반을 은행에 넣었거든요.

해설 빈칸에 들어가기에 적절한 동사를 묻는 문제이다. 어떻게 많은 돈을 모았냐고 묻는 A의 질문에 대한 적절한 응답을 골라야 한다. 문맥상 '내가 받은 돈 절반'이라는 내용이 되어야 자연스럽다. 따라서 '받다'라는 뜻의 동사 "receive"가 정답이다.

어휘
receive v. 받다, 수취하다
contain v. 담고 있다, 포함하다
provide v. 제공하다
control v. 지배하다, 억제하다

12. 관용표현 ★★★   정답 (c)

해석
A: 어제 집을 청소했는데, 불과 하루 만에 너는 또 어지럽혀 놨어.
B: 죄송해요. 지금 바로 다 치울게요.

해설 빈칸은 관용적인 표현을 만들기 위해 필요한 명사를 묻는 문제이다. 문맥상 '어제 집을 청소했는데, 다시 어질렀다'는 의미가 되는 것이 자연스럽다. 따라서 '하루 만에'라는 의미를 만드는 "in the space of a day"가 정답이다.

어휘
in the space of a day 하루 만에
trash v. 폐기하다 버리다   mess n. 난잡, 엉망진창

13. 명사 ★★☆   정답 (b)

해석
A: 시 정부가 학교에 대한 예산을 삭감하는 것에 대해 어떻게 생각하세요?
B: 교육이 우선 이라는 게 저의 믿음이에요.

해설 문맥상 빈칸에 들어가기에 적절한 명사를 묻는 문제이다. 빈칸에 들어갈 적절한 명사는 뒤에 이어지는 "that"절에서 단서를 찾을 수 있다. 대화의 내용 상 '교육이 1순위가 되어야 한다는 것이 나의 믿음이다'라는 의미가 되어야 자연스럽다. 따라서 정답은 "belief"이다.

어휘
mindset n. 사고방식, 태도
theory n. 이론, 규칙
cut the budge 예산을 삭감하다
belief n. 믿음, 신뢰
concep n. 개념

14. 동사 ★★☆   정답 (c)

해석 용의자의 집을 수색하는 동안, 경찰들은 강도에 사용된 무기를 압수했다.

해설 문맥상 빈칸에 들어가기에 적절한 동사를 묻는 문제이다. 빈칸 앞에서 '용의자의 집을 조사하는 동안'이라는 내용이 언급되었으므로 주어진 보기 중에서 적절한 동사는 '몰수하다, 압수하다'의 의미를 갖는 "confiscated"이다.

어휘
- dispel v. 쫓아 버리다, 없애다
- purloin v. 훔치다
- confiscate v. 몰수하다, 압수하다
- suspect n. 용의자
- corroborate v. 보강하다, 확증하다
- robbery n. 강도(질), 약탈

15. 명사 ★★☆   정답 (b)

해석 성공적인 사업을 만들어 내는 데에는 상당한 시간과 돈의 투자가 필요하다.

해설 문맥상 빈칸에 들어가기에 적절한 명사를 묻는 문제이다. 빈칸 앞의 주어는 '성공적인 사업을 만들어 내는 것'이므로 빈칸에 적절한 명사는 '투자'의 의미를 갖는 "investment"이다.

어휘
- disclosure n. 폭로, 발각
- investment n. 투자
- replacement n. 반환, 교체
- prediction n. 예보, 예언
- require v. 필요로 하다, 요구하다
- significant a. 상당한, 현저한

16. 관용 표현 ★☆☆   정답 (a)

해석 친환경 기술의 개발은 지구 온난화의 결말의 실마리를 제공할 수 있다.

해설 빈칸 뒤의 명사 'technology'와 함께 관용적인 표현으로 자주 쓰이는 형용사를 묻는 문제이다. 문맥상 '친환경 기술을 발전시키는 것이 지구 온난화를 중단 시키는 열쇠가 될 것이다'라는 의미가 되어야 자연스럽다. 따라서 정답은 "green"이다.

어휘
- green technology 친환경 기술
- provide v. 제공하다
- develop v. 발달시키다, 개발하다
- key n. 열쇠, 실마리

17. 형용사 ★★☆   정답 (d)

해석 Ascott씨의 지나친 낭비는 머지않아 그를 도산과 경제적인 파산으로 이끌었다.

해설 문맥상 빈칸에 들어가기에 적절한 형용사를 묻는 문제이다. 빈칸의 형용사는 뒤에 이어지는 명사 'spending'을 수식하고 있다. 따라서 명사 '낭비'를 적절하게 수식하는 '낭비하는, 지나친'이라는 의미를 갖는 형용사 "extravagant"가 가장 적절하다.

어휘
- implicit a. 절대적인, 함축적인
- understated a. 억제된
- irrevocable a. 되돌릴 수 없는, 취소 할 수 없는
- extravagant a. 낭비하는, 지나친
- bankruptcy n. 파산
- ruin n. 파멸, 파산

18. 관용표현 ★★☆   정답 (c)

해석 Burns 상원의원은 선출되기 위한 노력으로서, 유권자들의 지지를 얻기 위해 집집마다 방문했다.

해설 관용표현을 묻는 문제이다. 문맥상 '투표자들의 지지를 얻기 위해서 Burns 상원 의원은 집집마다 방문했다'는 의미가 되는 것이 가장 자연스럽다. 따라서 '집집 마다'의 의미를 갖는 표현 "door to door"가 정답이다.

어휘
- side by side 나란히
- back to back 등을 서로 맞댄
- door to door 집집 마다
- end to end 끝을 서로 잇는
- elect v. 선출하다
- voter n. 투표자

19. 유사한 형태의 어휘 ★★★   정답 (d)

해석 조회시간에 분열 시키는 행동을 한 학생들이 학장으로부터 야단 맞았다.

해설 형태가 유사한 어휘 중에서 빈칸에 의미상 적절한 동사를 묻는 문제이다. 문맥상 '학생들이 학장으로부터 야단을 맞았다'라는 내용이 되어야 자연스럽기 때문에 "reproved"가 정답이 된다.

어휘
- repulse v. 격퇴하다, 거절 하다
- repel v. 물리치다, 쫓아버리다
- repent v. 후회하다, 회개하다
- reprove v. 꾸짖다, 책망하다
- principal n. 학장
- disruptive a. 분열 시키는
- assembly n. 조회, 모임

20. 혼동하기 쉬운 어휘 ★★★ 정답 (d)

해석 평화를 조성하기 위해 관대한 왕은 과거의 적에게 선물을 선사했다.

해설 형태가 유사한 어휘 중에서 빈칸에 의미상 적절한 형용사를 묻는 문제이다. 빈칸의 형용사는 바로 뒤의 명사인 'king'을 수식하고 있다. 따라서 왕을 적절하게 수식할 수 있는 형용사를 찾아야 한다. 빈칸 뒤를 보면 과거의 적에게 선물을 전했다는 내용이므로, 주어진 보기 중에서 '관대한, 아량 있는'의 의미를 갖는 형용사 "magnanimous"가 정답이다.

어휘
magenta n. 자홍색　　　magnified a. 확대된
magisterial a. 주인다운, 권위 있는
magnanimous a. 관대한, 아량 있는

21. 명사 ★★☆ 정답 (a)

해석 점원의 진술이 비디오 자료로 확인되지 않자 그의 사기는 폭로되었다.

해설 문맥상 들어가기에 적절한 명사를 묻는 문제이다. 빈칸 뒤에 이어지는 내용을 통해서 들어가기에 적절한 명사를 골라야 한다. '그의 진술이 비디오 증거자료를 통해서 확인되지 않았을 때'라는 내용이 이어지므로, 빈칸에 들어가기에 적절한 명사는 부정적 의미의 단어가 되어야 한다. 따라서 '속임, 사기'의 의미를 갖는 "deception"이 정답이다.

어휘
deception n. 속임, 사기　　investigation n. 조사, 연구
suspicion n. 혐의, 알아챔　inclusion n. 포함, 포괄
expose v. 노출되다, 드러나다　confirm v. 확인하다, 확증하다
evidence n. 증거

22. 명사 ★★☆ 정답 (b)

해석 Mr. Ambrose가 회사의 큰 배당을 사들인 것을 감안할 때, 그가 회사의 성공과 관계가 있다는 것은 당연하다.

해설 빈칸에 의미상 들어가기에 적절한 명사를 묻는 문제이다. 빈칸 앞의 'a large'와 함께 쓰여 '큰 배당'이라는 의미의 어구를 이루는 명사 "stake"가 문맥상 가장 적절하다. 따라서 정답은 (b)이다.

어휘
debt n. 빚, 채무　　　stake n. 배당, 내기
gamble n. 노름, 도박　role n. 역할, 임무

23. 동사 ★☆☆ 정답 (c)

해석 언어를 배우는 가장 빠른 방법은 언어를 당신의 매일의 일상과 활동에 흡수시키는 것입니다.

해설 문맥상 빈칸에 들어가기에 적절한 동사를 묻는 문제이다. 문장의 의미로 볼 때 '언어를 배우는 가장 빠른 방법은 일상 생활과 활동에 그것을 통합하는 것이다'라는 내용이 되어야 자연스럽다. 따라서 '통합하다'라는 뜻의 동사 "integrate"가 정답이다.

어휘
rehearse v. 연습하다　　　routine n. 일과
integrate v. 통합하다, 완전한 것으로 하다
comprise v. 포함하다, 이루다
compress v. 압축하다, 요약하다

24. 형용사 ★★☆ 정답 (d)

해석 그의 대단한 성공과 부에도 불구하고, 겸손한 통치자는 그의 사람들을 공평하게 대하는 것으로 알려져 있다.

해설 문맥상 빈칸에 들어가기에 가장 적절한 형용사를 묻는 문제이다. 빈칸 뒤의 명사 'ruler'를 의미상 적절하게 수식하는 형용사를 찾아야 한다. '통치자는 사람들을 공평하게 대한 것으로 알려졌다'는 내용이므로 이와 어울리는 형용사는 긍정적인 의미를 갖는 "unassuming"이다.

어휘
unrepentant a. 뉘우치지 않는, 완고한
infallible a. 오류가 없는, 절대 확실한
irreversible a. 취소 할 수 없는
unassuming a. 겸손한

25. 혼동하기 쉬운 어휘 ★★☆ 정답 (a)

해석 그 빌딩은 표준 이하의 전기 배선의 설치로 인해, 검사에 통과하지 못했다.

해설 유사한 형태를 갖는 어휘들 중에서 빈칸에 들어가기에 형용사를 묻는 문제이다. 빈칸 앞의 내용에서 '그 건물은 검열에 실패했다'라고 하였는데, 그 이유가 되는 것이 'electrical wiring'의 상태를 묘사하는 형용사를 찾아야 한다. 따라서 '표준 이하의'라는 의미를 갖는 "substandard"가 정답으로 가장 적절하다.

어휘
substandard a. 표준 이하의
superficial a. 표면적인, 외적인
subordinate a. 하위의, 보조적인
superfluous a. 여분의, 불 필요한

Half TEST 02 Vocabulary 정답 & 해설

Part I ~ II	1 (b)	2 (d)	3 (d)	4 (d)	5 (d)	6 (c)	7 (b)	8 (b)	9 (c)	10 (a)
	11 (c)	12 (b)	13 (d)	14 (b)	15 (a)	16 (b)	17 (b)	18 (c)	19 (a)	20 (c)
	21 (a)	22 (d)	23 (a)	24 (c)	25 (d)					

1. 유사한 형태의 어휘 ★★☆   정답 (b)

해석 A: 당신 매우 지쳐 보이는군요. 일을 좀 쉬어야 할 것 같아요.
B: 맞는 말씀이세요. 좀 편안하게 쉴 시간을 가져야겠어요.

해설 형태가 유사한 어휘 중에서 의미상 빈칸에 들어가기에 적절한 동사를 묻는 문제이다. A가 '스트레스를 받는 것 같아 보이니, 좀 쉬어야 할 것 같다'라고 조언하고 있는 상황이다. 이에 대한 대답으로 '편하게 휴식을 취하는 시간을 좀 가져야겠다'라는 내용이 되어야 자연스럽다. 따라서 정답은 "unwind"이다.

어휘 unravel v. 풀다, 해결하다   untie v. 풀다, 해방하다
unwind v. 풀다, 편안한 마음을 갖게 하다
unknot v. 매듭을 풀다
take time off ~하기 위해 시간을 내다

2. 형용사 ★☆☆   정답 (d)

해석 A: 결혼식에 갈 때, 정장을 입을 지, 넥타이만 매야할 지 잘 모르겠어요.
B: 초대장에 격식을 차린 복장을 입으라고 한 것 같아요. 모두들 갖춰 입을 거에요.

해설 문맥상 빈칸에 들어가기에 적절한 형용사를 묻는 문제이다. 뒤에 이어지는 명사 'attire(복장)'를 수식하는 형용사 자리이다. 따라서 앞의 내용에서 언급된 어휘 'wedding, suit, tie'등과 어울리는 "formal attire"가 되는 것이 적절하다.

어휘 stern a. 엄격한, 단호한   somber a. 어두침침한, 우울한
conventional a. 전통적인, 틀에 박힌
formal a. 공식적인, 형식적인
attire n. 의복, 복장

3. Collocation ★★☆   정답 (d)

해석 A: 무슨 일이죠? 오늘 모두들 슬퍼하는 것 같은데.
B: 가엾은 Hendricks씨가 심장발작을 일으켰고, 오늘 사망 판정 받았대요.

해설 뒤에 이어지는 'dead'와 함께 어울려 적절한 의미를 만드는 연어를 묻는 문제이다. 빈칸 앞의 내용에서 'Hendricks씨가 심장마비가 있었다'라고 하였으므로 '오늘 아침에 사망으로 판정 받았다'라는 의미가 이어지는 것이 자연스럽다. 따라서 이에 어울리는 동사 "pronounced"가 정답이다.

어휘 announce v. 발표하다, 알리다
pronounce v. 발음하다, 선언하다
pronounce dead 사망으로 판단하다

4. Collocation ★☆☆   정답 (d)

해석 A: 실례합니다만, 4번가에 어떻게 가야 하는지 알려 주실 수 있으세요?
B: 물론이죠. Griffin 대로로 올라간 후 좌회전 하시면 됩니다.

해설 뒤에 이어지는 명사구 'a left turn'와 함께 쓰여 적절한 의미를 만드는 연어를 묻는 문제이다. '왼쪽으로 돌다'라는 의미가 되어야 하므로 이에 잘 어울리는 동사 "take"가 정답이다. 방향을 나타낼 때 'take a left, right turn' 또는 'turn left, right'으로 쓰인다는 것을 알아두자.

어휘 steer v. 조종하다, 이끌다

5. 숙어 ★☆☆   정답 (d)

해석 A: 회사에 몇 일간 나오지 못했어요. 밀린 일을 하는데 당신의 도움이 필요해요.
B: 걱정 마세요. 저희가 지난 주의 사건들에 관련해서 필요한 정보를 드릴게요.

해설 빈칸 앞의 'get some up to'와 함께 쓰이는 숙어를 묻는 문제이다. A가 '며칠 동안 사무실을 비웠기 때문에 부족한 것을 채우기 위해서 도움이 필요하다'라고 하였다. 여기서 사용된 'catch up on thing'에 대한 응답으로 '~에게 필요한 정보를 주다'의 뜻으로 쓰이는 "get some up to speed"가 정답이다.

어휘 catch up on things 부족한 것을 채우다
get someone up to speed ~에게 필요한 정보를 주다

8

6. 동사 ★☆☆ 정답 (c)

해석
A: 당신 그룹활동에서 당신이 모든 일을 도맡아 하니 걱정이 되는 군요.
B: 제 파트너를 프로젝트에 합류시키려 노력했지만, 그는 일을 하고 싶어 하지 않는 것 같아요.

해설 문맥상 빈칸에 들어가기에 적절한 동사를 묻는 문제이다. 빈칸 뒤에 이어지는 '그가 그 프로젝트를 하는 것을 원하지 않는 것처럼 보인다'라는 내용이 역접의 접속사 "but"으로 연결되고 있다. 따라서 '파트너를 프로젝트에 합류시키려 했다'라는 내용이 들어가야 자연스럽다. 따라서 '참가시키다, 관련시키다'의 의미를 갖는 동사 "involve"가 정답이다.

어휘
assist v. 거들다, 돕다   attract v. 끌다, 유혹하다
involve v. 포함하다, 수반하다   cooperate v. 협력하다

7. 이어 동사 ★☆☆ 정답 (b)

해석
A: 당신의 어린 아이들 중 몇몇이 새로 온 학생을 괴롭히고 있어요.
B: 당신이 그들이 그 아이를 내버려 둘 수 있도록 하고, 옹호해 줘야겠네요.

해설 문맥상 빈칸에 들어가기에 적절한 이어동사를 묻는 문제이다. A는 '몇몇의 어린 아이들은 새로운 학생에게 심술궂게 대한다'라고 하였다. 이에 대하여 조언을 하고 있는 상황이므로 '그를 지지해 주어야 한다'는 내용이 되어야 자연스럽다. 따라서 이와 같은 의미를 갖는 이어동사 "stick up"이 정답이다.

어휘
find out 찾아내다, 해결하다   stick up 지지하다, 변호하다
look back 추억하다, 뒤돌아보다   hold up 정지하다, 견디다
mean a. 심술궂은, 비열한   make sure 확실하게 하다

8. 유사한 의미의 어휘 ★☆☆ 정답 (b)

해석
A: 네가 Brian의 시험지의 답을 베꼈다는 사실을 믿을 수가 없구나. 정말 너한테 실망 했어.
B: 아니에요. 우리 시험지를 비교해 보세요. 제가 증명해 보이겠어요.

해설 의미가 유사한 어휘들 중에서 문맥상 빈칸에 가장 자연스럽게 어울리는 것을 묻는 문제이다. 주어진 보기들 모두 '입증하다, 증명하다'의 의미를 갖는다. A는 'Brian의 시험을 카피했다는 것을 믿을 수 없다'라고 하였고 이에 대하여 B는 '그렇지 않다'고 하고 있다. 따라서 '(증거를 가지고) 증명하다, 입증하다'의 뜻을 가지는 동사 "prove"가 가장 적절하다. 주어진 보기의 'validate'는 '(법적으로) 비준하다, 인가하다'의 뜻으로 사용되는 동사이므로 적절하지 않다.

어휘
validate v. 입증 하다, 확인하다   prove v. 증명하다
ensure v. 확실하게 하다, 지키다   disappoint v. 실망 시키다
check v. 조사하다, 확인하다
compare v. 비교하다

9. 숙어 ★★☆ 정답 (c)

해석
A: 당신이 남동생을 몹시 좋아하는 걸 알지만, 그를 고용하지 않으셔야 합니다.
B: 맞는 말이에요. 가족을 뽑는 것이 문제를 일으킬 수 있어요.

해설 문맥상 빈칸에 들어가기에 적절한 명사를 묻는 문제이다. 문맥상 '~를 몹시 좋아하다'는 의미로 "think the world of something"라는 숙어가 적절하다. 따라서 정답은 "world"이다.

어휘
globe n. 지구   planet n. 행성
think the world of something ~을 몹시 좋아하다

10. 동사 ★☆☆ 정답 (a)

해석
A: 공항까지 운전해서 가는 것이 어땠나요?
B: 차가 많이 막혔지만, 간신히 제시간에 Sarah를 데리러 갈 수 있었어요.

해설 문맥상 자연스러운 의미를 만드는 동사를 묻는 문제이다. A가 공항까지 가는 길이 어땠냐고 물었고, 이에 대한 B의 적절한 응답으로 '교통체증이 심했지만, 정시에 겨우 데려다 주었다'라는 의미가 되는 것이 자연스럽다. 따라서 '간신히 해내다'라는 의미로 자주 쓰이는 "manage to"가 정답이다.

어휘
manage v. 간신히 해내다, 다루다   allow v. 허락하다, 허용하다
control v. 억제하다, 지배하다
order v. 주문하다

11. 관용표현 ★★★ 정답 (c)

해석
A: 우리가 제시간에 공항에 갈 수 있을 것 같아요.
B: 네, 탑승구의 긴 줄에서 지체되지 않으면, 비행기를 놓치지 않을 거에요.

해설 관용적으로 쓰이는 표현을 묻는 문제이다. 'short of something'은 '무엇이 일어나지 않는 한'이란 뜻의 관용표현이다. 그러므로 B가 말한 것의 요지는 '입구쪽에서 줄이 길게 늘어서지 않는 한 비행기를 놓칠 일은 없다' 는 뜻이 된다. 따라서 정답은 (c)이다.

어휘
make it to somewhere ~에 제시간에 가다
miss out 놓치다

12. 숙어 ★★☆　　　　정답 (b)

해석
A: 당신이 Anderson씨에게 전화해서 저를 면접보라고 하셨나요?
B: 네, 당신이 발을 들여 놓는데 조금 이라도 도움이 될 수 있을 거라 생각해서요.

해설 숙어로 사용되는 표현을 묻는 문제이다. "get one's foot in the door"는 '~ 분야에 발을 들여 놓다'는 의미로 사용된다. 대화의 내용상, A가 B에게 인터뷰를 볼 수 있는 기회를 준 것이냐고 묻고 있기 때문에 '당신이 발을 들여 놓는 데에 도움이 될 수 있을 까 해서요'라는 응답이 문맥상 자연스럽다. 따라서 정답은 동사 "getting"이다.

어휘 get one's foot in the door 발을 들여놓다

13. 명사 ★☆☆　　　　정답 (d)

해석 그 회사의 신뢰 할 수 있는 사업 실천은 고객 만족의 결과를 가져왔다.

해설 빈칸에 적절하게 들어갈 수 있는 명사를 묻는 문제이다. 따라서 빈칸 앞의 'business'와 어울려서 '사업 실천, 실행'이라는 뜻을 만드는 명사 "practices"가 가장 적절하다. 또한 빈칸의 명사가 'customer loyalty'(고객만족)를 만들어 냈다는 의미이므로 (d)가 정답이다.

어휘
pursuit n. 추적, 추구
trustworthy a. 신뢰할 수 있는
loyalty n. 충실, 성실
practice n. 습관, 실행, 연습
result in 초래하다

14. 동사 ★★☆　　　　정답 (b)

해석 비록 그 커플은 이별 뒤에 잠시 화해했지만, 결국 그들의 관계는 끝이 났다.

해설 빈칸에 들어가기에 적절한 동사를 묻는 문제이다. 빈칸 앞의 양보 부사절 'though'가 있고 빈칸 뒤의 '결국 그들의 관계는 끝났다'는 내용이 이어지기 때문에 빈칸에는 이와 반대되는 내용의 동사가 들어가는 것이 적절하다. 따라서 주어진 동사 가운데 '화해시키다'의 의미를 가지는 "reconcile"이 정답이 된다. 참고로 동사 'apologize'는 자동사이기 때문에 문제에서와 같이 수동의 형태로 사용될 수 없다.

어휘
fragment v. 부서지다
reconcile v. 화해시키다, 일치 시키다
apologize v. 사과하다
separation n. 별거, 분리
apportion v. 배분하다, 할당하다
ultimately adv. 마침내, 결국

15. 형용사 ★★★　　　　정답 (a)

해석 하찮은 소송에 신물이 난 재판관은 잡음이 많은 판례를 듣는 것을 거절했다.

해설 문장의 의미에 따라 적절한 형용사를 묻는 문제이다. 이와 같은 형용사 문제에서는 뒤에 수식하는 명사에 주의를 해야 한다. 뒤의 명사 'lawsuit'을 수식하면서, 이어지는 내용 'a case regarding a noise complaint'에서 단서를 찾아야 한다. 따라서 '하찮은, 사소한'이라는 뜻의 형용사 "frivolous"가 정답으로 가장 적절하다.

어휘
frivolous a. 하찮은, 사소한
proficient a. 익숙한, 숙달한
lawsuit n. 소송
mischievous a. 장난이 심한
prevailing a. 우세한, 유행하는
complaint n. 불평

16. 숙어 ★☆☆　　　　정답 (b)

해석 거주자들은 군중들이 감당할 수 없게 되어 버린 것에 겁이나 경찰을 불렀다.

해설 문장의 의미에 적절한 숙어로 사용되는 표현을 묻는 문제이다. 빈칸 뒤의 전치사구 'out of hand'와 어울려 '감당할 수 없게 되다'의 의미를 만드는 동사 "getting"이 정답이다.

어휘 get out of hand 과도해지다, 감당할 수 없게 되다

17. 동사 ★★☆　　　　정답 (b)

해석 제한된 자리와 높은 관심으로 인해, 각각의 지원서는 가장 엄격한 기준에 따라 평가 되어질 것이다.

해설 빈칸에 들어가기에 적절한 동사를 묻는 문제이다. 빈칸 뒤의 'according to the most stringent of standards(엄격한 기준에 따라)'라는 전치사구가 동사를 찾는 단서이다. 이 전치사구와 함께 어울리는 '평가하다'라는 의미의 동사가 들어가는 것이 적절하다. 따라서 정답은 "evaluated"이다.

어휘
restrict v. 제한하다, 한정하다
evaluate v. 평가하다, 어림하다
determine v. 결심시키다, 결정하다
compress v. 압축하다, 요약하다
application n. 지원서
stringent a. 엄중한, 엄격한

18. 명사 ★☆☆　　　　정답 (c)

해석 Franks 교수는 다재 다능한 교육자이지만, 그의 전공은 빅토리아 여왕시대의 문학을 가르치는 것이다.

해설 문장의 의미에 따라 적절한 명사를 묻는 문제이다. 문맥상 '교수의 전공'을 의미하는 어휘가 들어가야 자연스럽기 때문에, "specialty"의 (c)가 정답이 된다.

어휘
subject n. 주제, 학과
specialty n. 전공, 전문
well-rounded a. 다재 다능한
domain n. 영토, 영역
discipline n. 훈련

19. 형용사 ★★☆ 정답 (a)

해석 경제 전문가가 지속적이고 힘든 한 해를 예고했을 때, 투자자들은 침착함을 유지하기 위해 애썼다.

해설 문장의 의미에 따라 적절하게 들어갈 수 있는 형용사를 묻는 문제이다. 빈칸 뒤의 '전문가가 지속적이고 힘든 한 해를 예고했다'는 내용이다. 따라서 이러한 상황에도 불구하고 '침착함을 유지하려고 노력했다'는 의미가 되어야 하므로 정답은 "composed"이다.

어휘 composed a. 침착한 vigorous a. 원기 왕성한
protracted a. 오래 지속되는 struggle v. 분투하다
unforgiving a. 용서하지 않는
predict v. 예언하다

20. 동사 ★★☆ 정답 (c)

해석 판매 사원들은 비록 상대적으로 낮은 임금을 받지만, 종종 판매에 대한 수수료를 받으면서 수입을 높인다.

해설 문장의 의미에 따라 들어가기에 적절한 동사를 묻는 문제이다. 빈칸 뒤의 전치사구 'by earning commissions'에서 정답의 단서를 찾을 수 있다. 문맥상 '수수료를 받으면서 수입을 높인다'라는 의미가 되어야 자연스럽기 때문에 정답은 동사 "augment"이다.

어휘 prevail v. 보급하다, 압도하다 alleviate v. 경감하다
augment v. 증가시키다 proliferate v. 증식하다, 번식하다
relatively adv. 상대적으로 commission n. 수수료

21. 동사 ★★☆ 정답 (a)

해석 자동차를 등록하지도 보험에 들지도 않은 운전자들은 엄청난 벌금을 받을 것이다.

해설 문장의 의미에 따라 적절한 동사를 묻는 문제이다. 빈칸 뒤의 명사구 'steep fine'을 수반하며, 주로 '벌금을 물다, 벌금형을 받다'라는 의미로 자주 사용되는 동사 "incur"가 정답이다.

어휘 incur v. (빚을) 지다, 초래하다 acquire v. 얻다, 획득하다
attract v. 끌어 당기다 request v. 요청하다
register v. 등록하다 insure v. 보증하다
steep a. 가파른, 엄청난 fine n. 벌금

22. 명사 ★☆☆ 정답 (d)

해석 그 공장은 많은 노동력을 갖고 있음에도 불구하고 제품 수요를 충족시킬 수 없었다.

해설 문장의 의미에 따라 빈칸에 들어가기에 적절한 명사를 묻는 문제이다. 빈칸 뒤의 'unable to meet production demands'의 내용과 상반되는 내용이 되어야 자연스럽다. 따라서 '많은 노동력'이라는 의미로 'a large workforce'가 되는 것이 적절하기 때문에 (d)가 정답이다.

어휘 laborer n. 노동자, 인부 management n. 경영, 관리
employment n. 일자리, 직업 workforce n. 노동력
meet v. 만족시키다, 충족시키다

23. 동사 ★★☆ 정답 (a)

해석 중요한 증거가 재판 중에 빠졌기 때문에, 그 남자는 감옥에서 석방되었다.

해설 문장의 의미에 따라 빈칸에 들어가기에 적절한 동사를 묻는 문제이다. 빈칸 앞의 주어는 'important evidence'이고, 그것으로 인해 '그 남자는 감옥에서 석방되었다'라는 내용으로 이어지고 있다. 따라서 빈칸에 적절한 동사는 '없어지다, 생략하다'의 의미를 갖는 "omit"이다.

어휘 omit v. 생략하다 desert v. 버리다
institute v. 세우다, 설립하다 substitute v. 대신하다
release v. 석방하다, 풀어놓다

24. 형용사 ★★★ 정답 (c)

해석 파스퇴르의 굉장한 이력에는 광견병에 대한 성공적인 치료 방법의 창조가 포함되었다.

해설 문장의 의미에 따라 적절한 형용사를 묻는 문제이다. 형용사를 묻는 문제는 뒤에 수식하는 명사에 주의를 해야 한다. 주어진 문제에서는 'Pasteur의 career'라고 했으므로 이와 어울려 적절한 의미를 만드는 형용사로 '엄청난'이라는 뜻을 갖는 "stupendous"가 정답이다.

어휘 precarious a. 불확실한, 위험한 rabies n. 광견병
despicable a. 치사한, 비열한 stupendous a. 엄청난
communicable a. 전염성의

25. 명사 ★☆☆ 정답 (d)

해석 대부분의 재정 고문들은 포트폴리오에 많은 종류의 주식을 갖고 있으라고 권고한다.

해설 문장의 의미에 적절한 명사를 묻는 문제이다. 빈칸 앞의 전치사구 'a variety of stocks'와 어울려서 자연스러운 의미를 만드는 명사를 찾아야 한다. '유가 증권'이라는 의미를 갖는 "portfolio"가 정답으로 가장 적절하다. 명사 'asset'이 '자산'이라는 뜻으로 쓰일 때는 보통 '무형의'라는 의미를 내포한다는 것을 기억해 두자.

어휘 bond n. 계약, 보증 asset n. 자산, 재산
equity n. 공평, 정당 portfolio n. 유가증권, 고객명부

Half TEST 03 Vocabulary 정답 & 해설

Part I ~ II	1 (b)	2 (c)	3 (b)	4 (a)	5 (b)	6 (a)	7 (b)	8 (d)	9 (b)	10 (a)
	11 (b)	12 (a)	13 (d)	14 (c)	15 (b)	16 (a)	17 (c)	18 (b)	19 (c)	20 (a)
	21 (b)	22 (c)	23 (d)	24 (a)	25 (b)					

1. 동사 ★☆☆ 정답 (b)

해석
A: 왜 그렇게 슬픈 얼굴을 하고 있어?
B: 네가 떠나기 때문이야. 네가 많이 보고 싶을 거야.

해설 문맥상 빈칸에 들어가기에 적절한 동사를 묻는 문제이다. A가 B에게 슬픈 얼굴을 하는 이유를 묻자, B는 '네가 떠나기 때문이다'라고 말하고 있다. 따라서 뒤에 이어지는 내용으로 '보고 싶어하다, 그리워 하다'의 의미를 갖는 동사 "miss"가 가장 적절하다.

어휘 leave v. 떠나다 grab v. 부여잡다, 가로채다

2. Collocation ★☆☆ 정답 (c)

해석
A: 다음 학년에 너의 가장 큰 목표는 뭐니?
B: 모든 수업에 A를 받는 거야.

해설 빈칸 뒤에 이어지는 명사구와 함께 어울려서 적절한 의미를 만드는 '연어'를 묻는 문제이다. '다음 학년에 가장 큰 목표가 무엇인지 묻는 질문에 모든 과목에서 A학점을 받는 것이 다음 학년의 목표이다'라는 의미가 되어야 문맥상 자연스럽다. 따라서 이에 어울리는 동사 "getting"이 정답이다.

어휘 goal n. 목표, 목적

3. 형용사 ★★☆ 정답 (b)

해석
A: 다음 번 클리닝을 위해 치과선생님을 언제 뵐 수 있죠?
B: 잠시만요. 다음 주 금요일에 시간 되세요?

해설 문장의 의미에 따라 들어가기에 적절한 형용사를 묻는 문제이다. A가 B에게 약속 시간을 묻고 있는 상황이므로 이에 대한 적절한 응답으로 '다음 금요일이 가능하냐'고 묻는 것이 자연스럽다. 따라서 이에 어울리는 형용사 "available"이 정답이다.

어휘
comfortable a. 안락한, 편안한
available a. 이용 할 수 있는, 시간 있는
accessible a. 접근하기 쉬운

4. 숙어 ★★★ 정답 (a)

해석
A: 이번 주 콘서트에 못 가게 하는 아빠한테 너무 화가나.
B: 아빠한테 너무 모질게 굴지마. 불공평해 보이긴 해도, 너한테 도움이 되라고 그렇게 하신 거잖아.

해설 동사 'mean'과 어울려서 적절한 의미를 만드는 숙어를 묻는 문제이다. A는 아빠가 콘서트에 못가게 해서 화가 난다고 말하고 B는 이에 대해서 조언을 해주는 상황이다. 따라서 '좋은 의도로 말하다'라는 뜻으로 자주 사용되는 "mean well"이 정답이다.

어휘
be hard on someone ~를 모질게 굴다
mean well 도움이 되게 하다, 호의를 가지다
unfair a. 불공평한

5. 동사 ★★☆ 정답 (b)

해석
A: 다음 번 봉급날 까지 나한테 돈 좀 빌려줄 수 있겠어?
B: 문제 없어, 친구야. 네가 갚는다고 약속만 한다면.

해설 빈칸은 문맥상 들어가기에 적절한 동사를 묻는 문제이다. A가 B에게 '돈을 빌려 줄 수 있냐'고 물었고, 이에 대한 응답으로 '물론이다'라고 대답한다. 따라서 '네가 갚는다는 약속을 한다면'이라는 내용이 되어야 자연스럽기 때문에 'pay back' (돈을 갚다)이 정답이다.

어휘
purchase v. 구매하다 owe v. 소유하다
payday n. 봉급날, 지불일 buddy n. 친구, 동료

6. 숙어 ★★★ 정답 (a)

해석
A: 졸업 후에 무엇을 해야 할 지 모르겠어요. 우리 아버지는 졸업 후에 여행을 갔고, 진기한 경험을 했다는데.
B: 글쎄, 너도 그의 본보기를 따라서 너도 너만의 진기한 경험을 갖도록 해.

해설 문맥상 자연스러운 숙어를 묻는 문제이다. 따라서 뒤에 이어지는 명사 'his example'과 어울려서 '본보기를 따르다'라는 숙어를 만드는 동사 "follow"가 정답이다.

어휘
follow one's example 본보기를 따르다
adventure n. 모험, 진기한 경험

7. 형용사 ★★☆ 정답 (b)

해석
A: 어제 Aaron이 마라톤에 나간 것을 봤어요. 오늘 아침에 그는 어떤 기분이었나요?
B: 글쎄요, 그는 침대에서 일어나는데 오래 걸렸지만, 기분은 매우 좋아 보였어요.

해설 문맥상 빈칸에 들어가기에 적절한 형용사를 묻는 문제이다. 빈칸 뒤에서 '역접'의 의미를 나타내는 접속사 'but' 이후의 '그렇지만 기분이 매우 좋았다'라는 내용과 상반되는 의미를 갖는 형용사가 들어가야 자연스럽다. 따라서 이에 적절한 형용사 "slow"가 정답이다.

어휘
gradual a. 점진적인 steady a. 확고한, 안정된
in great spirits 기분이 매우 좋은

8. 명사 ★★★ 정답 (d)

해석
A: Johnson, 오늘 내가 생물학 실험실에서 만든 훌륭한 새로운 발견을 봐봐.
B: 와우! 정말 대단한 발전이야, Smith.

해설 문맥상 빈칸에 들어가기에 적절한 명사를 묻는 문제이다. A의 말에서 'this new wonderful discovery'가 명사를 고르는 단서가 된다. 이어지는 B의 말에서 이것은 '정말 대단한 발전, 발견'이라는 의미가 되어야 하므로 이에 어울리는 명사 "breakthrough"가 정답이다. 이것은 '오랜 시간 노력에 걸쳐서 발견한 것 혹은 아주 중요한 업적'을 의미할 때 사용되는 명사라는 것도 기억해 두자.

어휘
workforce n. 노동력 strikeout n. 실패
onslaught n. 맹습 breakthrough n. 발견, 개발
discovery n. 발견 magnificent a. 훌륭한, 장엄한

9. 동사 ★★☆ 정답 (b)

해석
A: 전 제가 잘 못했을 때 인정 할 줄 압니다. 그건 제 잘못이었고, 정말 죄송합니다.
B: 그렇게 말씀하시다니, 대단하시네요. 말씀해 주셔서 감사해요.

해설 문맥상 빈칸에 들어가기에 적절한 동사를 묻는 문제이다. A의 말에서 '그것은 제 잘못이었고, 정말 죄송하다'라고 하였다. 따라서 빈칸이 포함된 문장의 내용은 '나는 내가 틀렸을 때 인정할 줄 안다'라는 의미가 되어야 자연스럽다. 따라서 이에 적절한 동사 "admit"이 정답이다.

어휘
tattle v. 고자질하다, 잡담하다 admit v. 인정하다
confess v. 자백하다, 인정하다 lie v. 거짓말 하다

10. 동사 ★★☆ 정답 (a)

해석
A: 지금 엄청난 항의를 받고 있어요. 우리가 만든 장난감들이 제대로 작동하지 못하고 있어요.
B: 알아요. 모든 상품을 회수해야 할 것 같네요.

해설 문맥상 적절한 동사를 묻는 문제이다. A가 '장난감들이 제대로 작동하지 못하고 있다'고 하였다. 따라서 '전체 상품을 회수 해야겠다'라는 의미가 되어야 자연스럽기 때문에 빈칸에 들어가기에 적절한 동사는 "recall"이다.

어휘
malfunction v. 제대로 작동하지 않다
recall v. 회수하다, 취소하다 remorse n. 후회, 양심의 가책
repel v. 쫓아 버리다 reclaim v. 교정하다, 개선하다

11. 숙어 ★★★ 정답 (b)

해석
A: 이 책 빌려줘서 고마워. 오염이 환경에 미치는 영향력에 대해 정말 많은 걸 배웠어.
B: 응, 그 문제에 대한 핵심을 정확하게 알려주지.

해설 빈칸 앞의 'get to the'와 함께 쓰여 자주 사용되는 숙어를 묻는 문제이다. '핵심을 찌르다'라는 의미로 "get to the heart of the matter"라는 숙어를 기억해 두면 정답에 빠르게 접근할 수 있다. 'get to the point'는 '요점을 이야기 하다, 본론으로 들어가다'라는 의미로 사용되는 숙어라는 것도 함께 알아두자.

어휘
get to the heart 핵심을 찌르다, 진상을 규명하다
get to the point 요점을 언급하다
focus n. 초점 impact n. 충격, 영향력
theme n. 주제, 제목

12. 관용표현 ★★☆ 정답 (a)

해석
A: 집들이에 저를 초대해 주셔서 고마워요. 정말 사랑스러운 공간이네요.
B: 와주셔서 고맙습니다. 집 구경 시켜 드릴까요?

해설 빈칸 앞의 형용사 'grand'와 함께 쓰여 적절한 의미를 이루는 명사를 묻는 문제이다. 주어진 보기의 명사들은 모두 '여행, 투어'라는 의미를 갖고 있지만, 문맥에 따라 쓰임에 차이가 있다. 주로 집안을 둘러 볼 때 쓰는 표현으로 'grand tour'가 자주 쓰이므로 "tour"가 정답이 된다.

어휘
house-warming party 집들이
grand tour 구경하기, 가이드가 있는 견학

13. 의미가 유사한 어휘 ★★★   정답 (d)

해석
A: 오늘 밤 연극에서의 Jerry의 연기는 환상적이었어.
B: 완전히 동의해. 그는 무대에서 그 역할을 정말 그럴 듯 하게 했어.

해설 의미가 유사한 보기의 어휘들 중에서 문맥상 적절한 어휘를 묻는 문제이다. 어휘가 가지는 뉘앙스의 차이를 알고 있으면, 보다 쉽게 정답에 접근할 수 있다. 문맥상 A가 'Jerry의 연기가 환상적이었다'라고 하였으므로 이와 어울리는 형용사가 빈칸에 와야 한다. 따라서 '그럴 듯 하다'라는 의미의 "believable"이 정답이다.

어휘
trustworthy a. 신뢰할 수 있는   reliable a. 믿을 수 있는
dependable a. 의존할 수 있는   believable a. 믿을 만한
totally adv. 전적으로, 아주

14. 의미가 유사한 어휘 ★☆☆   정답 (c)

해석 카페 주인은 지난 주에 많은 손님들이 왔기 때문에 굉장히 행복해 했다.

해설 문장의 의미에 따라 적절한 명사를 묻는 문제이다. 주어진 보기는 모두 '고객, 의뢰인'등의 유사한 의미를 가지고 있지만 문장의 내용에 따라 쓰임이 다르다는 것을 알아야 한다. '카페 주인이 행복해 했다'는 의미로 볼 때 문맥상 이와 가장 어울리는 명사는 "customers"이다.

어휘
occupant n. 점유자   client n. 의뢰인
customer n. 고객   user n. 사용자

15. 동사 ★★☆   정답 (b)

해석 그 죄수는 감옥에서 5년의 징역을 마치고, 오늘 석방되었다.

해설 의미에 따라 빈칸에 들어가기에 적절한 동사를 묻는 문제이다. 빈칸 뒤에 이어지는 전치사구 "from jail"과 어울려서 '석방되다'라는 의미가 되어야 자연스럽다. 따라서 이에 적절한 동사 "released"가 정답이다.

어휘
relent v. 마음이 누그러지다   release v. 석방하다
report v. 보고하다   remind v. 상기시키다
serve v. 복역하다   bar n. 창살, 빗장

16. 동사 ★★☆   정답 (a)

해석 거대한 현수교는 강에 가로로 놓이도록 만들어 졌다.

해설 문장의 의미에 따라 빈칸에 들어가기에 적절한 동사를 묻는 문제이다. 따라서 뒤에 이어지는 명사구 'the width of the river'와 함께 '강에 다리를 놓다'라는 의미로 사용되는 동사 "span"이 정답이다.

어휘
span v. (다리를)놓다, (강 등에) 걸치다
connect v. 연결하다, 결합하다   cover v. 덮다, 보호하다
cross v. 건너다   suspension bridge 현수교
width n. 너비, 폭

17. 관용표현 ★★★   정답 (c)

해석 연구에 따르면 규칙적인 운동과 건강한 식습관은 사람의 생명을 더 연장시켜 준다고 한다.

해설 문장의 의미에 따라 빈칸에 들어가기에 적절한 동사를 묻는 문제이다. 문장에서 '규칙적인 운동과 건강한 식습관'이 '사람의 생명을 연장시켜 준다'는 의미가 되는 것이 자연스럽다. 따라서 이에 적절한 동사 "adds"가 정답이다.

어휘
provide v. 제공하다   bestow v. 주다, 수여하다

18. 부사 ★★☆   정답 (b)

해석 그 비즈니스맨은 시종 일관 아침에 지각했기 때문에 높은 임금을 주는 일자리에서 해고당했다.

해설 문맥상 빈칸에 들어가기에 적절한 부사를 묻는 문제이다. '그 비즈니스맨이 해고 당한 이유는 매일 아침마다 지각했기 때문이다'는 내용이다. 따라서 이에 어울리는 부사로 '시종 일관하게'라는 의미의 "consistently"가 정답이다.

어휘
eloquently adv. 웅변으로
consistently adv. 시종 일관하게
momentarily adv. 잠시
disproportionately adv. 불균형하게

19. Collocation ★★★   정답 (c)

해석 그 지도자는 자신의 국민들이 무자비하게 공격받았을 때, 적에게 선전 포고를 하였다.

해설 빈칸 뒤에 이어지는 명사와 함께 쓰이는 'collocation(연어)'을 묻는 문제이다. '선전 포고를 하다'라는 의미로 "declare war"라고 쓰인다는 것을 기억해 두면 정답에 쉽게 접근할 수 있다.

어휘
state v. 진술 하다   assert v. 단언하다
declare v. 공표하다   command v. 명령하다
attack v. 공격하다

20. Collocation ★★☆   정답 (a)

해석 그 물리학 교수의 빅뱅 이론 논문은 답보다 의문점이 많기 때문에 별로 유명하지 않다.

해설 빈칸 뒤의 명사 'questions'와 함께 쓰이는 collocation(연어)를 묻는 문제이다. '문제를 제기하다, 의문을 품다'라는 의미로 'raise question'이 자주 사용되므로 기억해 두자.

어휘
raise v. 일으키다, 올리다   lift v. 올리다
ascend v. 올라가다   elevate v. 올리다
physics n. 물리학

21. 형용사 ★★★   정답 (b)

해석 계산기의 발명으로 인해, 주판은 쓸모없게 된 것이나 마찬가지가 되었다.

해설 문장의 의미에 따라 빈칸에 들어가기에 적절한 형용사를 묻는 문제이다. 문맥상 '계산기의 발명으로 주판은 쓸모없게 되었다'라는 내용이 되어야 자연스럽다. 따라서 '쓸모없게 된, 안 쓰이는'의 뜻으로 쓰이는 형용사 "obsolete"가 정답이다.

어휘
pretentious a. 자만하는, 건방진
obsolete a. 쓸모 없게 된, 안 쓰이는   atrocious a. 극악한
indigenous a. 토착의, 타고난   calculator n. 계산기
abacus n. 주판   nothing more than ~에 지나지 않다

22. 형용사 ★☆☆   정답 (c)

해석 차가 정면충돌하여 완전히 파괴된 이후, 예비 부품들만 멀쩡히 남았다.

해설 문장의 의미에 따라 빈칸에 들어가기에 적절한 형용사를 묻는 문제이다. '정면 충돌로 인하여 완전히 차가 파괴된 후'에 '오직 예비 부품들만 남았다'라는 의미가 되어야 자연스럽다. 따라서 '예비의, 여분의'라는 뜻으로 자주 사용되는 형용사 "spare"가 정답이다.

어휘
loose a. 풀린, 느슨한   spare a. 예비의, 여분의
rough a. 거친, 난폭한   total v. 완전히 파괴하다
head-on collision 정면충돌

23. 동사 ★★☆   정답 (d)

해석 여자는 아침에 잠을 자고 싶었기 때문에, 호텔 문 밖에 '방해하지 마세요'라는 표시를 걸어놓았다.

해설 문맥상 빈칸에 들어가기에 적절한 동사를 묻는 문제이다. 내용상 '『방해하지 마세요』표시가 그녀의 호텔 방 앞에 있었다'라는 의미가 되어야 자연스럽기 때문에 이에 적절한 동사 "disturb"가 정답이다.

어휘
remove v. 없애다, 제거하다
disturb v. 방해하다

24. 형용사 ★★☆   정답 (a)

해석 Ricky와 Shelly는 자신들이 좋아하는 음악가가 자기중심적인 다른 유명한 사람들과는 달리 겸손한 사람인 것을 알고는 안도했다.

해설 빈칸 뒤의 명사 'person'을 의미상 적절하게 수식하는 형용사를 묻는 문제이다. 빈칸 뒤의 내용에서 '다른 유명한 사람들처럼 자기 중심적인 사람이 아니어서' 안도했다라고 했으므로, '자기 중심적인'의 반대되는 형용사가 빈칸에 들어가야 자연스럽다. 따라서 '겸손한, 겸허한'이라는 뜻을 갖는 형용사 "humble"이 가장 적절하다.

어휘
humble a. 겸손한, 겸허한   consequential a. 뽐내는
aloof a. 냉대한   conspicuous a. 눈에 띄는
relieved a. 안도한   self-centered a. 자기중심적인

25. 동사 ★★★   정답 (b)

해석 당연하게도, 학기 말에서 Paul의 저조한 시험 성적이 결국 평균 이하로 떨어져 버렸다.

해설 문장의 의미에 따라 빈칸에 적절한 동사를 묻는 문제이다. 뒤에 이어지는 전치사 'in'과 함께 쓰여 '결국 ~한 상태로 끝이 나다'라는 의미를 만드는 동사 "culminate"가 정답이다. 동사 'culminate'는 전치사 없이 목적어를 받을 때 '극에 달하다'는 뜻으로 쓰이지만, 이 문제에서는 'culminate in'의 형태로 '결국은 ~한 상태로 끝이 나다'는 뜻으로 쓰였다.

어휘
achieve v. 성취하다, 달성하다
culminate v. 드디어~되다, 극에 달하다
terminate v. 끝내다   dissolve v. 해소하다, 없애다
semester n. 학기   below average 평균 이하

Half TEST 04 Vocabulary 정답 & 해설

Part I ~ II	1 (b)	2 (a)	3 (c)	4 (d)	5 (c)	6 (c)	7 (d)	8 (b)	9 (b)	10 (d)
	11 (c)	12 (d)	13 (d)	14 (a)	15 (b)	16 (d)	17 (c)	18 (a)	19 (b)	20 (d)
	21 (d)	22 (b)	23 (c)	24 (c)	25 (d)					

1. 관용 표현 ★★★   정답 (b)

해석
A: 택시 기사가 얼마나 무례했는지 믿을 수 있겠어?
B: 알아. 나의 신경을 정말 거슬리게 한 점은 그가 그러면서 우리에게 팁을 받길 원했다는 거야!

해설 빈칸 뒤의 'on my nerves'와 함께 쓰여, '신경을 거슬리다'라는 뜻으로 쓰이는 'get on someone's nerves'의 관용표현을 묻는 문제이다. 따라서, 정답은 (b)이다.

어휘
suit v. 적응 시키다, 어울리다   fit v. 맞다, 어울리다
rude a. 무례한
get on someone's nerves 남의 신경을 거슬리다, 짜증나게 하다

2. 혼동하기 쉬운 어휘 ★★★   정답 (a)

해석
A: 오늘 저녁에 Martin에게 무슨 일이 있었는지 궁금해. 그는 그냥 멍하니 있었잖아.
B: 나도 봤어. 그는 무엇인가에 몰두한 것처럼 보였어.

해설 형태가 유사한 어휘들 중 빈칸에 들어가기에 적절한 형용사를 묻는 문제이다. A의 말에서 '그가 그냥 멍하니 있었다'라고 하였기 때문에 이어지는 B의 말에서는 '무엇인가에 몰두하는 것처럼 보였다'라는 내용으로 이어지는 것이 적절하다. 따라서 이와 같은 의미를 갖는 분사형 형용사 "preoccupied"가 정답이다.

어휘
preoccupied a. 몰두한, 정신이 팔린
preconceived a. 미리 생각한, 예상한
predisposed a. 미리 처분된
premeditated a. 미리 계획된
stare off into space 멍하게 있다

3. 이어 동사 ★★★   정답 (c)

해석
A: 다음 주에 이사할 때 모든 물건을 가지고 갈 겁니까?
B: 아니요, 아마 버릴게 꽤 있을 거예요.

해설 자주 사용되는 이어동사를 묻는 문제이다. 대화의 내용에서 A가 '모든 물건을 가지고 갈 것이냐'고 물었고, 이에 대하여 B는 '아니다'라고 답하였다. 따라서 이에 이어지는 내용으로 '(물건을) 버리다, 없애다'라는 뜻으로 자주 사용되는 구동사 "do away with"가 적절하다.

어휘
do away with 버리다, 없애다
pass off for ~인체 하다   come around to 겨우 착수하다

4. 형용사 ★★☆   정답 (d)

해석
A: 내일 저녁에 있는 만찬에 자켓과 넥타이를 하고 가야 합니까?
B: 전혀 아닙니다. 꽤 비공식적인 자리가 될 겁니다.

해설 문맥상 빈칸에 들어가기에 적절한 형용사를 묻는 문제이다. A가 복장에 대하여 물으면서 자켓과 타이를 하고 가야 하는지 묻고 있고, 이에 대하여 B의 답변은 그렇게 할 필요가 없다고 하고 있다. 따라서 이에 어울리는 형용사는 '비공식적인'이라는 의미로 '복장'에 대하여 언급할 때 자주 사용되는 "informal"이다.

어휘
straightforward a. 똑바른, 정직한
unofficial a. 비공식적인   familiar a. 잘 알려진, 친숙한
informal a. 비공식의, 형식을 따지지 않는

5. 관용 표현 ★★☆   정답 (c)

해석
A: 왜 오늘 이웃의 뜰에 많은 사람들이 돌아 다니고 있는 거죠?
B: 집을 팔려고 내놨대요. 그리고 오늘 그들은 집을 개방하여 손님을 환대하고 있어요.

해설 관용적으로 쓰이는 표현을 묻는 문제이다. A는 '이웃의 뜰에서 많은 사람들이 돌아 다닌다'고 하였고, B는 '집을 팔려고 한다'고 하였다. 따라서 이에 맞는 관용 표현을 고르면 된다. 보통 집을 개방하고 손님을 초대할 때에 'open house'라고 한다는 것을 알아두자.

어휘
host v. 접대하다   open house 개방 파티
walk around 돌아다니다
put on the market 팔려고 시장에 내놓다

6. 동사 ★★☆   정답 (c)

해석
A: Jack은 오늘 회의실에서 우리가 모두 잘못 생각했다는 것을 알게 해줬어요.
B: 맞아요, 우리는 완전히 그를 잘못 판단하고 있었어요. 그는 심지어 우리보다 더 많은 준비가 되어 있더라구요.

해설 문맥상 빈칸에 들어가기에 적절한 동사를 묻는 문제이다. A는 '우리가 Jack에 대하여 잘못 생각하고 있었다는 것을 알았다'라고 하였고, 이에 이어지는 내용으로 B가 다시 한번 재언급하고 있다. 따라서 문맥상 빈칸에 들어가기에 적절한 동사는 '잘못 판단하다'의 뜻으로 사용되는 "misjudge"이다.

어휘
miscalculate v. 오산 하다   misled v. 오도하다
misjudge v. 잘못 판단하다   misplace v. 잘못 두다

7. 이어 동사 ★★★   정답 (d)

해석
A: Johnny, 오늘 오후에 가사를 좀 도와주면 고맙겠어.
B: 하지만, 오늘은 집안에 있고 싶지 않아. 오늘 같은 날 밖에 나가기 좋잖아.

해설 문맥상 빈칸에 들어가기에 적절한 '이어동사'를 묻는 문제이다. 빈칸 뒤에 이어지는 명사 'chores'와 함께 '오늘 오후에 가사를 좀 도와주면 고맙겠다'라는 내용이 되는 것이 자연스럽다. 따라서 '도와주다, 곁들어 주다'라는 의미로 사용되는 "help out with"가 정답이다.

어휘
run over to ~로 달려가다   lend a hand to 조력하다
make do with 임시변통으로 때우다
help out with 곁들어 주다
appreciate v. 감사하다, 감상하다   chores n. 잡일, 가사

8. 동사 ★★☆   정답 (b)

해석
A: 당신의 새로운 중고차가 마음에 들어요. 고장 나질 않길 바래요.
B: 전 주인이 차가 좋은 상태라는 걸 보증하는 많은 문서들을 보여줘서, 괜찮을 거라고 확신하고 있어요.

해설 문맥상 빈칸에 들어가기에 적절한 동사를 묻는 문제이다. 빈칸 앞의 내용에서 '~showed me a lot of documentation'이라고 하였으므로 이는 '차가 좋은 상태라는 것을 보증한다'는 내용과 자연스럽게 연결된다. 따라서 이에 적절한 동사 "assured"가 정답이다.

어휘
incline v. 기울이다, 구부리다   influence v. 영향을 끼치다
assure v. 확실히 하다, 보증하다   condition n. 상태
regard v. ~로 간주하다
break down 고장 나다

9. 이어 동사 ★★★   정답 (b)

해석
A: Joan, 오늘 왜 그렇게 우울해 보이니?
B: 너무 힘든 한 주였어, Jim. 하지만, 지금은 그 일을 언급하고 싶지 않아.

해설 관용적으로 자주 사용되는 '이어동사'를 묻는 문제이다. 대화의 내용에서 A가 B에게 '왜 그렇게 우울해 보이냐'고 물었고, 이에 대하여 '힘든 한 주(a rough week)'라고 하면서 '지금은 ~하고 싶지 않다'라는 내용으로 이어지고 있다. 따라서 '언급하고 싶지 않다'라는 내용이 되어야 자연스럽기 때문에 정답은 "go into"이다.

어휘
move through 진행하다   go into 언급하다
take on 떠맡다   step in 참가하다, 들어가다
rough a. 거친, 난폭한

10. Collocation ★★★   정답 (d)

해석
A: 나는 해 마다 이맘 때의 해변이 좋아.
B: 나도. 이런 파도소리는 다른 때에 들을 수 없지.

해설 빈칸 뒤의 'waves'와 함께 쓰여, '파도소리'라는 뜻이 되는 연어를 묻는 문제이다. 보기에 주어진 동사들 모두 '소리치다, 외치다'의 의미를 갖지만, 빈칸 뒤의 'waves'와 어울리는 동사를 찾아야 한다. 따라서 정답은 "roaring"이 된다.

어휘
bash v. 강타하다   scream v. 소리치다
bellow v. 고함지르다   roar v. 고함치다, 외치다

11. 동사 ★★☆   정답 (c)

해석
A: 저녁에 혼자 집에 걸어가야 할 때가 많아서 정말 싫어.
B: 너 격투기 수업을 받아야겠다. 만약의 경우에 대비해서, 너 자신은 지킬 수 있어야 하니까.

해설 문맥상 빈칸에 들어가기에 적절한 동사를 묻는 문제이다. 빈칸 앞에서 'You should take a martial arts class.'라고 하였으므로 이와 의미상 자연스럽게 어울리는 동사가 빈칸에 들어가야 한다. 따라서 '방어하다, 지키다'의 의미로 쓰이는 "defend"가 가장 적절하다. 동사 'preserve'는 '손해, 보험등으로부터 지키다, 보호하다'라는 의미일 때 사용된다는 것도 기억하자.

어휘
preserve v. 보호하다, 보존하다   martial arts 격투기
secure v. 확보하다, 안전하게 하다
defend v. 방어하다, 지키다
support v. 지지하다, 받치다

12. 이어 동사 ★★★   정답 (d)

해석
A: 오늘 멋있어 보인다, Mark! 살이 좀 빠졌니?
B: 응. 건강상의 이유로 살을 좀 빼왔어.

해설 빈칸 뒤의 'down'과 함께 어울려서 자연스러운 의미를 만드는 '이어동사'를 묻는 문제이다. 대화에서 A가 B에게 '살이 빠졌냐'고 물었고, 이에 대하여 긍정의 답변을 한 후에 이어지는 내용이다. 따라서 '살을 빼다, 체중을 줄이다'의 의미로 쓰이는 "slim down"이 정답이다.

어휘
slim down 살을 빼다, 마르다   crunch v. 오도독 씹다
tighten v. 죄다, 엄하게 하다
diet v. 식이요법을 하다

13. 혼동하기 쉬운 어휘 ★★★ 　　정답 (d)

해석 George는 이제 슈퍼에서 브랜드가 없는 음식만 산다. 왜냐하면, 브랜드가 있는 회사들은 상품에 비싼 값을 매긴다고 생각하기 때문이다.

해설 형태가 유사한 어휘 중에서 문맥상 빈칸에 들어가기에 적절한 동사를 고르는 문제이다. 문장의 내용에서 '브랜드가 없는 음식(generic food)만 산다고 하였고, 뒤에 이어지는 내용은 이와 반대로 브랜드가 있는 회사들의 상품은 '값이 (부당하게) 높게 책정되다'라는 의미가 되어야 자연스럽다. 따라서 이에 적절한 동사 "overcharge"가 정답이다.

어휘
overprice v. ~에 너무 비싼 값을 매기다
oversell v. 너무 많이 판매하다, 강매하다
overflow v. 넘치다, 범람하다
overcharge v. 부당한 값을 요구하다
generic foods 상품명이 없는 음식

14. 명사 ★★★ 　　정답 (a)

해석 연구 결과 백인들은 백 년 내에 미국에서 소수자가 될 것이라고 한다.

해설 문장의 의미에 따라 빈칸에 들어가기에 적절한 명사를 묻는 문제이다. 빈칸 앞에서 백인들은 '백 년 내에'라는 수식어구가 있으므로 이에 이어지는 내용은 '미국에서 소수가 될 것이다'라는 의미가 되어야 자연스럽다. 따라서 이에 적절한 명사 "minority"가 정답이다.

어휘
minority n. 소수, 소수 민족　　triviality n. 하찮음, 진부함
alternative n. 양자택일, 대안　　margin n. 여백, 여유

15. 형용사 ★★★ 　　정답 (b)

해석 Jenny가 자동차 앞 유리를 교체하고 나서 바로 차 사고를 당한 건 순전히 우연의 일치이다.

해설 문맥상 빈칸에 들어가기에 적절한 형용사를 묻는 문제이다. 문장의 내용으로 볼 때 '자동차 유리를 교체한 시점과 차 사고를 당한 시점이 우연하게 같았다'라는 의미가 되어야 자연스럽다. 따라서 보기의 주어진 형용사 중에서는 "coincidental"이 가장 적절하다.

어휘
ominous a. 불길한, 험악한
coincidental a. 일치하는, 동시에 일어나는
intuitive a. 직관력 있는　　unpredictable a. 예측할 수 없는
purely adv. 순전히, 순수하게
windshield adv. 자동차 앞 유리

16. 관용 표현 ★★★ 　　정답 (d)

해석 비록 Angela가 울 스웨터와 두터운 재킷을 입고 있었지만, 겨울 바람은 여전히 그녀의 뼈 속까지 싸늘하게 만들었다.

해설 자주 사용되는 관용적인 표현을 묻는 문제이다. 빈칸 뒤의 이어지는 'to the bone'과 함께 어울려서 '뼈 속까지 싸늘하다'는 내용이 되어야 자연스럽다. 따라서 이에 어울리는 동사 "chill"이 정답이다.

어휘
chill to the bone 뼈 속까지 싸늘하다
cool v. 식다, 사늘하게 하다　　hurt v. 다치게 하다, 상처를 주다

17. 명사 ★★☆ 　　정답 (c)

해석 국립 도서관에 있는 몇몇 오래된 책들은 페이지가 쉽게 부서지기 때문에 오직 흰 면장갑을 갖고 접촉되어야 한다.

해설 빈칸에 들어가기에 적절한 명사를 묻는 문제이다. 빈칸 뒤에 이어지는 내용에서 '면장갑을 끼고 만져야 한다'고 하였으므로 이에 대한 이유가 빈칸에 들어가는 것이 적절하다. 오래된 책들이 '부스러지기 쉽다'라는 의미가 되어야 자연스럽기 때문에 이에 어울리는 명사 "fragility"가 정답이다.

어휘
inactivity n. 부진　　vitality n. 생명력, 활기
fragility n. 허약, 여림　　sensitivity n. 민감도, 감수성
cotton n. 솜, 무명

18. 혼동하기 쉬운 어휘 ★☆☆ 　　정답 (a)

해석 차가 골목 모퉁이를 안전하게 돌아가자, 아이들은 골목 하키게임을 다시 시작 할 수 있었다.

해설 형태가 유사한 어휘 중에서 문장의 의미에 따라 빈칸에 들어가기에 적절한 동사를 묻는 문제이다. '차가 모퉁이를 안전하게 돌아가자, 아이들은 하키게임을 다시 시작할 수 있었다'라는 의미가 되는 것이 자연스럽다. 따라서 동사 "resume"이 정답이다.

어휘
resume v. 다시 시작하다　　relent v. 마음이 누그러지다
redeem v. 도로 찾다, 상환하다
return v. 되돌아가다

19. 동사 ★★★ 　　정답 (b)

해석 과학자들은 오차 없는 결론을 내기 위하여 실험 데이터를 표로 만든다.

해설 문맥상 빈칸에 들어가기에 적절한 동사를 묻는 문제이다. 빈칸 뒤의 내용 'in order to come to an accurate conclusion(오차 없는 결론을 내기 위하여)'에서 단서를 찾을 수 있다. 따라서 '표로 만들다'라는 의미로 사용되는 동사 "tabulate"가 정답이다.

어휘
instigate v. 유발 시키다　　tabulate v. 표로 만들다
relinquish v. 양도하다, 그만 두다　　conclusion n. 결론, 결정
insulate v. 분리하다, 고립시키다　　experiment n. 실험
in order to ~하기 위하여

20. 명사 ★★☆ 정답 (d)

해석 Jason은 매일 자신의 차를 운전하며 세계 오염에 일조하고 싶지 않기 때문에 통근자 기차를 타고 출근한다.

해설 문맥상 빈칸에 들어가기에 적절한 명사를 묻는 문제이다. 빈칸 뒤의 내용에서 단서를 찾으면, 'by driving his car'라고 하였으므로 '통근하다'라는 동사 "commute"에서 나온 명사 "commuter"가 정답으로 가장 적절하다.

어휘
traveler n. 여행자　　tourist n. 관광객
patron n. 보호자, 단골 손님　　commuter n. 통근자
add to 더하다, 추가하다

21. 혼동하기 쉬운 어휘 ★★★ 정답 (d)

해석 Bobby는 좋아하는 축구 팀이 대회의 예선경기에서 탈락되었을 때 몹시 실망했다.

해설 빈칸은 유사한 형태의 어휘로 혼동을 주는 보기 중에서 문맥상 어울리는 형용사를 고르는 문제이다. 따라서 빈칸 뒤의 명사 'round'와 함께 쓰여 '개막 경기'라는 뜻을 갖는 형용사 "preliminary"가 정답이다.

어휘
predatory a. 약탈하는, 육식하는
preparatory a. 준비의, 예비의
premonitory a. 예고의, 전조의
preliminary a. 준비의, 임시의
preliminary rounds 개막 경기
disappointed a. 실망한, 낙담한
eliminate v. 제거하다, 삭제하다
tournament n. 선수권 대회

22. 혼동하기 쉬운 어휘 ★★★ 정답 (b)

해석 Francis는 농구 코트에서의 첫 게임에서 너무나 많은 에너지를 썼기 때문에, Holly와 재 시합을 할 수 없었다.

해설 형태가 유사한 어휘 중에서 문맥상 적절한 동사를 묻는 문제이다. 빈칸은 문장의 의미로 볼 때 '재 시합을 할 수 없는 이유'가 언급 되어야 한다. 따라서 '힘쓰다, 전력 투구하다'의 의미로 자주 쓰이는 동사 "exert"가 가장 적절하다.

어휘
expel v. 내쫓다　　exert v. 힘쓰다, 진력하다
excel v. 능가하다　　extend v. 뻗다, 연장하다
rematch n. 재 시합

23. 형용사 ★★☆ 정답 (c)

해석 젊은 남자는 술 취한 채 운전을 했기 때문에 체포된 뒤, 감옥에 투옥되었다.

해설 문맥상 빈칸에 들어가기에 적절한 형용사를 묻는 문제이다. 빈칸 앞의 내용에서 '젊은 남자가 체포된 뒤, 감옥에 투옥되었다'고 하였으므로, 이에 대한 이유가 빈칸에 들어가는 것이 적절하다. '술에 취한 채로 운전을 했기 때문에'라는 내용이 들어가는 것이 자연스럽기 때문에 정답은 "intoxicated"이다.

어휘
subdued a. 억제된, 조용한　　arrest v. 체포하다
maneuvered a. 조작된
intoxicated a. 술에 취한, 흥분한
influenced a. 영향 받은
throw in jail 감옥에 투옥하다

24. 명사 ★☆☆ 정답 (c)

해석 진정한 비극은 도둑들이 체포되었을 때, 자선단체가 빼앗긴 돈을 결코 되찾지 못했다는 점이다.

해설 문맥상 빈칸에 들어가기에 적절한 명사를 묻는 문제이다. 문장의 내용으로 볼 때 '부정'의 의미를 갖는 어휘가 들어가는 것이 적절하다. '자선단체가 빼앗긴 돈을 되찾지 못했다'는 것은 'calamity(재난), devastation(황폐)'와는 어울리지 않는다. 따라서 정답은 "tragedy(비극)"이다.

어휘
motive n. 동기　　calamity n. 큰 재난
tragedy n. 비극　　devastation n. 황폐
apprehend v. 체포하다　　charity n. 자선단체
recover v. 되찾다

25. Collocation ★★☆ 정답 (d)

해석 Roma씨는 자신의 제자들을 동물원에 견학시키는 것을 좋아했는데, 그 이유는 그들이 좋은 시간을 보내고 많은 흥미로운 사실들을 배우게 될 것이라는 것을 알았기 때문이다.

해설 뒤에 이어지는 명사구와 함께 쓰이는 연어를 묻는 문제이다. 동사 'relish'는 '(여행, 음식) 즐기다'의 의미로 자주 사용되는 동사이다. 뒤에 'the idea'와 함께 쓰여 '~을 좋아하다'의 의미가 된다는 것을 기억하자.

어휘
relish the idea of ~를 좋아하다　　relish v. 즐기다
implement v. 실시(이행)하다
promote v. 장려하다, 촉진시키다

Half TEST 05 Vocabulary 정답 & 해설

Part I ~ II	1 (a)	2 (b)	3 (a)	4 (d)	5 (c)	6 (d)	7 (d)	8 (a)	9 (d)	10 (c)
	11 (d)	12 (c)	13 (d)	14 (d)	15 (d)	16 (d)	17 (a)	18 (c)	19 (d)	20 (b)
	21 (a)	22 (d)	23 (d)	24 (d)	25 (c)					

1. 동사 ★☆☆ 정답 (a)

해석
A: 나 지금 난처한 상황이야. 내일 생물학 시험인데, 책을 잃어버렸어.
B: 어머, 원한다면 내 책을 빌려가. 어차피 하루 이틀 정도는 필요 없거든.

해설 빈칸에 들어가기에 적절한 동사를 묻는 문제이다. A는 '내일이 생물학 시험인데, 책을 잃어버렸다'고 하였고, 이에 대하여 B는 '그 책이 하루 이틀 정도는 필요 없다'고 하는 상황이다. 따라서 빈칸에 들어가기에 적절한 동사는 '빌려가다'의 뜻으로 사용되는 "borrow"이다.

어휘 biology n. 생물학   for a day or two 하루나 이틀 정도
in trouble 곤경에 빠져서, 난처하여

2. 관용표현 ★★★ 정답 (b)

해석
A: 너희 오빠가 시험을 잘 못 봤다고 해서 놀랐어.
B: 오빠가 똑똑하긴 하지만, 항상 자신이 해야 할 만큼 열중하진 않아.

해설 빈칸 뒤에 이어지는 재귀대명사와 함께 쓰여 관용적인 의미를 만드는 동사를 묻는 문제이다. 대화의 내용으로 볼 때 '똑똑하긴 하지만, 그가 해야 할 만큼 열중하지는 않는다'라는 의미가 되어야 자연스럽다. 따라서 '전념하다, 열중하다'의 의미를 만드는 숙어 "apply oneself"가 정답이다.

어휘 do well 잘하다, 성공하다
apply oneself 전념하다, 열중하다

3. 명사 ★☆☆ 정답 (a)

해석
A: 경찰이 거리에서 무엇을 하고 있나요?
B: 제 생각엔 차 사고의 원인을 결정하려고 하는 것 같아요.

해설 대화의 내용에 따라 빈칸에 들어가기에 적절한 명사를 묻는 문제이다. 빈칸 뒤의 'of 이하의 명사구'가 'a car accident'이므로, 이와 어울리는 명사를 고르는 것이 단서이다. 따라서 '사고의 원인, 이유'라는 의미가 되어야 자연스럽기 때문에 이에 어울리는 명사 "cause"가 정답이다.

어휘 cause n. 원인, 이유   reason n. 이유, 까닭
foundation n. 창설, 기초   launch n. 출시
determine v. 결심하다, 결정하다

4. Collocation ★★☆ 정답 (d)

해석
A: 저 사람 왜 감옥에 있나요?
B: 여러 가지의 죄를 지었어요.

해설 빈칸 뒤의 명사 'crime'과 함께 자연스러운 의미를 만드는 연어를 묻는 문제이다. '죄를 짓다, 범행을 저지르다'의 의미를 만드는 동사는 "commit"이다. 따라서 'commit a crime'으로 기억해 두자.

어휘 commit a crime 죄를 짓다   enact v. (법을) 제정하다
perform v. 이행하다, 수행하다   commit v. 맡기다, 범하다

5. 이어 동사 ★☆☆ 정답 (c)

해석
A: 이 바지들 마음에 안 들어. 그냥 버려야 겠어.
B: 쓰레기통에 버릴 필요는 없잖아. 그냥 자선단체에 갖다 줘.

해설 빈칸에 들어가기에 적절한 이어동사를 묻는 문제이다. B가 '그 옷들을 쓰레기통에 버리지 말고, 자선단체에 보내라'고 하고 있으므로, 빈칸에는 문맥상 '버리다'라는 뜻의 이어동사가 들어가는 것이 자연스럽다. 따라서 정답은 "throw them out"이다.

어휘 fold up 개다, 접다   pull out 빼다, 철수 시키다
throw out 내던지다, 버리다   hand up 넘겨주다
charity n. 자선단체, 보육원

6. 관용 표현 ★☆☆ 정답 (d)

해석
A: 이 레스토랑은 너무 비싸요. 가격을 낮출 필요가 있겠어요.
B: 맞아요. 상식적으로, 가격이 너무 비싸면, 사람들은 다시 오지 않죠.

해설 빈칸 뒤에 이어지는 명사와 함께 쓰여 관용적인 의미를 만드는 형용사를 묻는 문제이다. 따라서 명사 'sense'와 함께 쓰여 '상식'이라는 의미가 되는 "common"이 정답이다.

어휘 common sense 상식   regular a. 보통의, 정기적인
normal a. 표준의, 정상의   average a. 평균의, 보통의
charge v. 청구하다, 부담시키다

7. Collocation ★★☆   정답 (d)

해석
A: Miller and Associates에 전화 주셔서 감사합니다. 어디로 연결해 드릴까요?
B: Anne Hawkings와 연결시켜 주시겠어요?

해설
빈칸 뒤에 이어지는 'your call'과 함께 쓰여 자연스러운 의미를 만드는 연어를 묻는 문제이다. 대화의 내용으로 볼 때, 전화상의 대화임을 알 수 있다. 따라서 '전화를 연결하다'의 의미로 쓰일 때 사용되는 동사 "direct"가 정답이다.

어휘
place v. 두다, 주문하다   point v. 가리키다, 지적하다
guide v. 안내하다, 지도하다   direct v. 안내하다, 감독하다
connect v. 연결하다, 관련시키다

10. 의미가 유사한 어휘 ★★☆   정답 (c)

해석
A: 지하철에 그렇게 많은 사람들이 마스크를 쓰고 있는걸 여태 본적 없어.
B: 나도 마찬가지야. 이번 독감의 공포는 수습 불가능하게 되어버리기 시작했어.

해설
의미가 유사한 어휘들 중에서 문맥상 빈칸에 들어가기에 가장 자연스러운 어휘를 묻는 문제이다. 대화의 내용에서 A가 '많은 사람들이 마스크를 쓰고 있는 것을 본 적이 없다'고 하였으므로 이에 이어지는 말로 '독감의 공포는 수습하기 힘들어지기 시작했다'고 대답하는 것이 자연스럽다. 따라서 이와같은 문맥에서 쓰이는 많은 사람들이 느끼는 '공포'의 의미를 갖는 "scare"가 적절하다.

어휘
fear n. 두려움, 불안   fright n. 공포, 경악
scare n. 공황, 공포   terror n. (심한)공포, 두려움
get out of control 수습할 수 없게 되다

8. 숙어 ★★☆   정답 (a)

해석
A: 새로운 장비를 시험해 볼 지원자가 필요해요.
B: 아무도 하지 않는다면, 제가 당신의 피실험자가 되어야 할 것 같네요.

해설
대화의 내용에 따라 빈칸에 들어가기에 적절한 숙어를 묻는 문제이다. A가 'a volunteer to try out the new equipment(새로운 장비를 시험해 볼 지원자)'가 필요하다고 하였다. 이에 대한 응답으로 '아무도 하지 않는다면, 내가 당신의 피실험자가 되겠다'라는 내용이 되어야 자연스럽다. 따라서 '피실험자'라는 의미로 쓰이는 "guinea pig"가 정답이다.

어휘
guinea pig 피실험자   underdog 패배자, 희생자
sitting duck 쉬운 목표, 봉
try out 엄밀하게 시험하다

11. 혼동하기 쉬운 어휘 ★☆☆   정답 (d)

해석
A: 이제 경찰들이 은행 강도를 잡았으니까, 그를 어떻게 할까?
B: 아마도 그가 다른 범행을 하진 않았는지 알아내기 위해서 심문할거야.

해설
형태가 유사한 어휘 중에서 문맥상 빈칸에 들어가기에 적절한 동사를 묻는 문제이다. 대화의 내용에서 A가 '경찰에게 잡힌 은행강도'에 대하여 B에게 묻고 있다. 따라서 이에 이어지는 내용은 '그를 아마도 심문할 것이다'라고 답하는 것이 자연스럽다. 따라서 이와 같은 의미로 쓰이는 동사 "interrogate"가 정답이다.

어휘
intercept v. 가로채다, 엿듣다
interchange v. 서로 교환하다   intervene v. 중재하다, 끼다
interrogate v. 심문하다, 질문하다
find out 알아내다, 찾아내다   commit a crime 죄를 범하다

9. 동사 ★★☆   정답 (d)

해석
A: 네 쿠키를 먹은 사람을 찾았니?
B: Tara가 부정하지만, 그 말을 믿지 않아. Tara의 셔츠에 부스러기가 있었어.

해설
대화의 내용에 따라 빈칸에 들어가기에 적절한 동사를 묻는 문제이다. A가 '쿠키를 먹은 사람을 찾았냐'고 묻는 질문에 B는 'Tara가 그것을 ~하지만, 나는 그것을 믿지 않는다'라고 하였다. 따라서 '부정하다'라는 의미가 들어가는 것이 문맥상 자연스럽기 때문에 정답은 "denied"이다.

어휘
regret v. 후회하다   clarify v. 뚜렷하게 하다
contradict v. 부정하다, 모순되다   deny v. 부정(부인) 하다
crumbs n. 부스러기

12. 동사 ★☆☆   정답 (c)

해석
A: James는 타고난 운동선수입니다. 당신이 그를 팀에서 뛸 수 있게 허용해 주었으면 좋겠어요.
B: 저도 그러고 싶지만, 그래도 여전히 그의 성적은 팀에 들어올 만큼 높지 않습니다.

해설
대화의 내용에 따라 빈칸에 적절하게 들어갈 수 있는 동사를 묻는 문제이다. A가 B에게 James에 대하여 칭찬하고 있는 상황이다. 이에 대하여 B는 '그렇게 하고 싶지만'이라고 답변을 시작하고 있다. 따라서 빈칸 뒤에 이어지는 내용은 '그의 성적은 여전히 높지 않다'라는 의미가 되는 것이 자연스럽다. 주어진 동사들 모두 '남다, 유지하다'의 의미가 있지만 '~한 사실이 여전히 ~하다'라는 의미로 쓰일 때는 동사 "remain"을 쓴다는 것을 기억하자.

어휘
gifted a. 타고난
the fact remains that~ 그래도 여전히 ~하다

13. 형용사 ★★☆   정답 (d)

해석 A: 왜 너의 컴퓨터를 상점에 반환했니?
B: 디스크 드라이브가 불량했어. 어떤 CD도 읽지 않았거든.

해설 대화의 내용에 따라 빈칸에 들어가기에 적절한 형용사를 묻는 문제이다. A가 B에게 '컴퓨터를 되돌려 준 이유'를 묻고 있고, 이에 대한 이유로 '디스크 드라이브의 상태'를 묘사하는 형용사가 들어가야 한다. 따라서 이에 적절한 형용사로 '불량의, 불완전한'이라는 의미를 갖는 "defective"가 가장 적절하다.

어휘 mistaken a. 틀린, 오해한   erroneous a. 잘못된, 틀린
invalid a. 무효의, 실효성이 없는
defective a. 불량의, 불완전한

16. 형용사 ★★★   정답 (d)

해석 보안 업데이트가 모든 컴퓨터에 설치된 이후, 회사의 사기 주문이 감소했다.

해설 문장의 의미에 따라 빈칸에 들어가기에 적절한 형용사를 묻는 문제이다. 빈칸은 뒤에 이어지는 명사 'order'를 수식하는 형용사 자리이다. 빈칸 앞의 '컴퓨터에 보안 업데이트가 설치된 이후에'라는 내용과도 잘 어울리는 형용사로서 '사기의, 부정의'라는 의미를 갖는 형용사 "fraudulent"가 정답이다.

어휘 temporal a. 일시적인, 현세의   forthcoming a. 다가오는
outstanding a. 현저한, 미해결의   install v. 설치하다
fraudulent a. 사기의, 부정의
decline n. 기움, 쇠퇴

14. 형용사 ★★☆   정답 (d)

해석 주지사는 그의 아들의 문제를 사적인 일이라며 그에 대해 진술하기를 거부했다.

해설 문장의 내용에 따라 빈칸에 들어가기에 적절한 형용사를 묻는 문제이다. 빈칸 앞에서 'his son's troubles'라고 하였으므로 이것은 '사적인 문제'라는 의미와 잘 어울린다. 따라서 이에 적절한 형용사 "personal"이 정답이다.

어휘 social a. 사회적인   solitary a. 혼자의, 외로운
public a. 공공의   personal a. 사적인, 개인적인
decline v. 거절하다   comment v. 진술하다, 논평하다

17. 동사 ★★★   정답 (a)

해석 비록 상원의원이 세금인상을 절대 제안하지 않을 것이라 맹세했지만, 그는 수요일 날 그 입장을 변경했다.

해설 문장의 의미에 따라 빈칸에 들어가기에 적절한 동사를 묻는 문제이다. 빈칸 뒤의 문장의 내용에서 '상원의원이 수요일에 그의 입장을 바꾸었다'라고 하였으므로 앞의 동사는 이 내용과 상반되는 것이 들어가는 것이 적절하다. 따라서 이에 어울리는 의미로 '맹세하다, 단언하다'라는 뜻을 갖는 "vow"가 정답이다.

어휘 vow v. 맹세하다   state v. 진술하다, 말하다
support v. 지지하다   affirm v. 단언하다, 확인하다
senator n. 상원 의원   reverse v. 번복하다, 뒤집다
position n. 입장, 태도

15. 동사 ★★☆   정답 (d)

해석 비록 몇몇 환자들은 완전히 회복될 수 없지만, 물리 요법은 상해 이후 근육을 강화시킬 수 있다.

해설 문장의 의미에 따라 빈칸에 들어가기에 적절한 동사를 묻는 문제이다. 문장의 주어가 'physical therapy'이고, 빈칸에 들어갈 동사의 목적어는 'muscles'이다. 따라서 이에 적절한 동사를 의미에 따라 찾으면 '강화하다, 강하게 하다'라는 뜻을 갖는 "strengthen"이 정답이 된다.

어휘 breed v. 낳다, 기르다   embellish v. 꾸미다, 미화하다
stabilize v. 안정시키다   strengthen v. 강하게 하다
therapy n. 치료법   injury n. 상해, 손상
recover v. 회복하다, 소생하다

18. 동사 ★☆☆   정답 (c)

해석 모든 직원들은 첫날에 배지와 유니폼을 공급 받을 것이다.

해설 문장의 의미에 따라 빈칸에 들어가기에 적절한 동사를 묻는 문제이다. 문장의 주어는 'all employees'이고, 그들에게 '배지와 유니폼을 ~될 것이다'라는 내용이다. 따라서 주어진 보기의 동사 중에서 이에 어울리는 동사로 '제공하다, 공급하다'의 의미로 쓰이는 "supply"가 정답이다.

어휘 include v. 포함하다   incorporate v. 통합시키다
supply v. 공급하다, 주다
accompany v. 동반하다, 수반하다

19. 관용 표현 ★★★ 정답 (d)

해석 자료를 수집하는데 쓰인 방법들이 다소 비과학적이었기 때문에, 조사의 결과가 불확실하다.

해설 빈칸 앞의 전치사 'in'과 함께 쓰여 관용적인 의미가 되는 명사를 묻는 문제이다. 빈칸 뒤에서 '방법들이 다소 비과학적 (unscientific)'이라는 내용으로 이어지고 있다. 따라서 이와 함께 쓰여 '의심의, 불확실한'이라는 의미가 되는 "in doubt"가 정답이다.

어휘
hypothesis n. 가설, 가정   manner n. 방법, 예절
conclusion n. 결론, 결정   doubt n. 의심, 회의
method n. 방법, 수단   collect v. 모으다, 수집하다
unscientific a. 비과학적인

20. 명사 ★★★ 정답 (b)

해석 문화를 가로질러, 공통적으로 모녀 사이는 깊은 밀접한 관계가 있다.

해설 의미상 빈칸에 들어가기에 적절한 명사를 묻는 문제이다. 문장의 내용을 보면, '어느 문화에서나 공통적으로 모녀 사이에는 깊은 관계가 있다'라는 내용이 되어야 자연스럽다. 따라서 '밀접한 관계'라는 뜻의 "affinity"가 적절하다.

어휘
commotion n. 동요, 소동   affinity n. 밀접한 관계, 애호
causality n. 인과관계   union n. 결합, 연합
common a. 공통의, 공유의

21. 형용사 ★☆☆ 정답 (a)

해석 시험 재료들은 오직 보증된 모니터 요원들에 의해 학생들에게 배분되어야 한다.

해설 빈칸 뒤의 'test monitor'를 적절하게 꾸며주는 형용사를 묻는 문제이다. 문맥상 '보증된 모니터 요원'이 되어야 자연스럽다. 따라서 '보증된'이라는 뜻의 "certified"가 정답이다.

어휘
certified a. 보증된, 증명된   definite a. 명확한
ambiguous a. 애매모호한   intuitive a. 직관력 있는
distribute v. 분배하다

22. 동사 ★★★ 정답 (d)

해석 피고는 그가 직면한 비난의 혹독함을 파악하고 있지 않는 것처럼 보였다.

해설 빈칸에 들어가기에 적절한 동사를 묻는 문제이다. 문맥상 '피고는 자신이 직면한 비난의 혹독함을 파악하지 못하고 있는 것 같다'라는 내용이 되어야 자연스럽다. 따라서 '파악하다, 이해하다'라는 뜻의 동사 "grasp"이 정답이다.

어휘
decide v. 결정하다   find v. 발견하다, 알다
seek v. 찾다, 추구하다   grasp v. 파악하다, 이해하다
defendant n. 피고   severity n. 엄격, 혹독
charge n. 혐의, 요금
face v. 직면하다

23. 의미가 유사한 어휘 ★★☆ 정답 (d)

해석 상태가 나쁜 빌딩이라면, 과연 투자자가 구매하거나 수리할 지 의문스럽다.

해설 의미가 유사한 어휘 중 빈칸에 들어가기에 적절한 어휘를 묻는 문제이다. 보기의 어휘들 모두 '상태'를 뜻하는 명사인데, 건물의 상태를 묘사할 때는 "condition"을 쓰는 것이 자연스럽다. 따라서 정답은 (d)이다.

어휘
situation n. 위치, 입장   status n. 지위, 신분
state n. 상태, 사정   condition n. 상태, 상황
doubtful a. 의심스러운   investor n. 투자자
purchase v. 구매하다   repair v. 수선(수리)하다

24. 형용사 ★★☆ 정답 (d)

해석 그녀의 많은 헌신적인 지지자들이 있었음에도 불구하고, Maria Reynolds는 선거에서 라이벌에게 낙선했다.

해설 빈칸 뒤의 "supporters"를 적절하게 꾸며주는 형용사를 묻는 문제이다. 문맥상 '헌신적인 지지자들이 있었음에도 불구하고'라는 의미가 되어야, 뒤의 내용과 자연스럽게 이어진다. 따라서 주어진 형용사 중에서 가장 적절한 "dedicated"가 정답이다.

어휘
elongated a. 길게 된   concentrated a. 집중된
infrequent a. 드문   dedicated a. 헌신적인
election n. 선거

25. 형용사 ★★☆ 정답 (c)

해석 이번 소송사건을 기소했던 변호사 조차 가혹한 판결이 지나치고 불필요했다고 생각했다.

해설 빈칸에 들어가기에 적절한 형용사를 묻는 문제이다. 빈칸 뒤의 등위 접속사 'and'와 뒤에 이어지는 형용사 'unnecessary'가 단서이다. 따라서 문맥상 '과도한, 지나친'이 되어야 자연스럽기 때문에 (c)가 정답이다.

어휘
impressive a. 인상 깊은   harsh a. 거친, 난폭한
progressive a. 전진하는, 진보하는
unnecessary a. 불필요한   prominent a. 현저한
excessive a. 과도한, 지나친
prosecute v. 기소하다
sentence n. 판결, 처벌

Half TEST 06 Vocabulary 정답 & 해설

Part I ~ II	1 (a)	2 (c)	3 (a)	4 (b)	5 (b)	6 (a)	7 (c)	8 (a)	9 (a)	10 (c)
	11 (c)	12 (d)	13 (a)	14 (a)	15 (a)	16 (d)	17 (c)	18 (a)	19 (d)	20 (a)
	21 (c)	22 (d)	23 (b)	24 (b)	25 (d)					

1. 명사 ★★☆ 정답 (a)

해석
A: 너의 형이 여행을 하지 못해서 유감스럽구나.
B: 나도 형 볼 생각에 신났었는데. 하지만 휴가때 만날 거야.

해설 문맥상 빈칸에 들어가기에 알맞은 명사를 묻는 문제이다. B의 대답에서 '그를 볼 생각에 신났었는데'라면서 유감을 나타내는 표현이 들어가는 것이 적절하다. 따라서 '안타깝다', '유감스럽다'의 표현인 "It's a shame"이 되어야 하므로 정답은 (a)가 된다.

어휘
shame n. 유감스러운 일, 창피   dishonor n. 불명예, 굴욕
disgrace n. 불명예, 망신   humiliation n. 창피 줌, 굴욕

2. 관용표현 ★★★ 정답 (c)

해석
A: 지난 주말에 뭐 했어?
B: 그냥 평소처럼 쇼핑 좀 하고 심부름을 했어.

해설 '지난주에 무엇을 했냐'는 질문에 대한 적절한 답변을 고르는 문제이다. 빈칸 뒤에 이어지는 내용에서 '쇼핑하고, 심부름을 했다'고 하고 있으므로, 평소에 하던 것을 했다는 내용이 들어가는 것이 문맥상 자연스럽다. 따라서 '평소에 하는 일' 이라는 문맥을 이루는 명사 "usual"이 정답이 된다.

어휘
average n. 평균, 표준   common n. 공유지, 공원
usual n. 평소 정해진 일   familiar n. 친구, 친한 사람
run errand 심부름 가다

3. 이어 동사 ★☆☆ 정답 (a)

해석
A: 오늘 내가 누굴 맞났는지 넌 믿지 못할 거야. 슈퍼에서 Joan Mitchell을 우연히 만났어.
B: 우와, 나 걔랑 말 못해 본지 몇 년 됐네. 어떻게 지내고 있대?

해설 빈칸에 들어가기에 알맞은 이어 동사를 묻는 문제이다. 대화의 내용을 보면 A가 자신이 오늘 누굴 만났는지 믿지 못할 것이라고 하고, 그에 대해 B가 그녀와 말 못해 본지 몇 년이 되었다고 하고 있으므로, A가 Joan Mitchell이라는 사람을 우연히 만났다는 것을 알 수 있다. 따라서 '~를 우연히 만나다' 의 뜻인 이어 동사 "ran into"가 가장 적절하다.

어휘
run into 우연히 만나다   hand in 넘겨주다, 제출하다
look after 주의하다, 보살 피다   try out 시험해 보다

4. 이어 동사 ★★☆ 정답 (b)

해석
A: 월례회의의 참석자들이 줄어 들기 시작했어요. 어떻게 하죠?
B: 글쎄요. 우리가 그들에게 통지 한다면 회의에 사람들이 더 오겠죠.

해설 문맥상 빈칸에 들어가기에 적절한 이어 동사를 묻는 문제이다. B의 답변을 보면 통지를 한다면 더 많은 사람들이 회의에 올 것이라고 하고 있다. 따라서 A는 회의의 참석자수가 줄기 시작했다고 해야 문맥상 자연스럽다. 보기의 주어진 이어동사들 중에서 '줄다, 없어지다'의 뜻을 갖는 "drop off"가 정답으로 적절하다.

어휘
follow up 철저히 추적하다   drop off 줄다, 없어지다
take over 인계하다, 대신하다
get through 빠져나가다, 통과하다

5. 숙어 ★★☆ 정답 (b)

해석
A: 왜 저 두 학생들이 특별한 가운을 입고 있는 거니?
B: 저들이 가장 높은 점수를 받았어. 학생들 중에 최고라고 할 수 있지.

해설 빈칸 앞의 'the cream of the'와 함께 적절한 숙어를 이루는 명사를 고르는 문제이다. 대화의 내용을 보면 '특별한 가운을 입은 학생들은 가장 높은 점수를 받은 학생들이기 때문에, 최고라고 할 수 있다'가 되어야 한다. 따라서 '최고의'라는 뜻의 숙어 'the cream of the crop'에서 "crop"이 정답이다.

어휘
cream of the crop 최고의, 가장 좋은 것
crowd n. 군중, 인파

6. 명사 ★☆☆ 정답 (a)

해석
A: 네가 준 책을 방금 막 다 읽었어. 혹시 책 맨 앞에 편집자의 서문 봤어?
B: 아니, 나는 책의 주요 내용만 읽어. 중요한 거였어?

해설 빈칸에 들어가기에 적절한 명사를 묻는 문제이다. A가 한 말에서 'at the front of the book'이 단서가 되어, '책 앞에 있는 편집자의 서문을 읽었냐'고 묻는 것이 문맥상 적절하다. 따라서 정답은 "preface"가 된다.

어휘
preface n. 머리말   appendix n. 부록
chapter n. 장   epilogue n. 후기, 끝말

24

7. 숙어 ★★☆ 정답 (c)

해석
A: 그래서 제 보고서를 재검토 할 기회가 있었나요?
B: 네, 봤어요. 올바른 방향으로 가는 것처럼 보여요.

해설
빈칸 앞의 'on the right'과 함께 쓰여 숙어적 의미를 이루는 표현을 묻는 문제이다. '보고서를 봤냐'는 A의 질문에 B가 '보고서를 봤고, 올바른 방향으로 가는 것처럼 보인다'고 대답하는 것이 문맥상 자연스럽다. 따라서 '올바른 방향을 향하여'라는 뜻으로 쓰이는 숙어 "on the right track"에서 "track"이 정답이 된다.

어휘
on the right track 올바른 방향으로 향하여, 타당하여
path n. 작은 길   review v. 다시 조사하다

8. 관용표현 ★★★ 정답 (a)

해석
A: Jackson씨가 압박을 꽤 잘 견뎌냈어요. 아마 저 같았으면 고함치고 소리질렀을 거예요.
B: 동감이에요. 그는 기품과 위엄있게 처신했어요.

해설
관용표현을 묻는 문제이다. A가 그는 압박을 꽤 잘 견뎌냈다고 했으므로, B는 그가 스스로 기품과 위엄이 있게 처신 했다고 답해야 자연스럽다. 따라서 '처신 하다, 행동하다'의 'conduct oneself'로 문장을 완성해야 적절하다.

어휘
conduct v. 행동하다, 처신하다   behave v. 행동하다
respond v. 응답하다   stage v. 상연하다
handle v. 처리하다, 다루다   pressure n. 압박
scream v. 소리치다   yell v. 고함지르다
grace n. 얌전함, 기품   dignity n. 존엄, 위엄

9. 이어 동사 ★☆☆ 정답 (a)

해석
A: 이 발표를 하고 싶지 않아요. 너무 떨려요.
B: 미안하지만, 손떼기는 너무 늦었어요. 계속 하셔야 합니다.

해설
빈칸 뒤의 'out'과 함께 이어 동사를 이루는 적절한 동사를 묻는 문제이다. 대화의 내용을 보면 A가 너무 떨려서 발표하기 싫다고 하고 있고, 그것에 대한 답변으로 B가 손떼기에는 너무 늦었다고 하는 것이 문맥상 자연스럽기 때문에 '손떼다'의 뜻인 이어 동사 'back out'이 되어야 하므로, 동사 "back"이 정답이 된다.

어휘
leave v. 떠나다   hide v. 숨다
flee v. 달아나다   presentation n. 발표
back out 손떼다   go on 계속하다

10. 동사 ★★☆ 정답 (c)

해석
A: 오늘 또 속도위반 딱지를 받았어요. 벌금이 200달러나 되요!
B: 아마 그게 이제부터 속도 제한에 주의 하도록 깨닫게 해주겠죠.

해설
빈칸에 들어가기에 적절한 동사를 묻는 문제이다. 빈칸 뒤의 'the speed limit'이 있으므로 '속도 제한에 주의를 기울이게 하려는 것이다'라는 의미가 되어야 자연스럽다. 따라서 주어진 동사 중에서 "observe"가 가장 적절하다.

어휘
heed v. 주의 하다   detect v. 탐지하다
observe v. 주의를 기울이다, 관찰하다   conform v. 따르다

11. 이어 동사 ★☆☆ 정답 (c)

해석
A: 우리 회사가 큰 손실을 입었다고 들었어요.
B: 네 사실이에요. 그들이 직원들을 더 해고해야 할 지도 몰라서 두려워요.

해설
빈칸 뒤의 'off'와 함께 적절한 의미의 이어 동사를 만드는 동사를 묻는 문제이다. B의 말에서 '더 많은 직원들을 해고해야 할 지도 모른다'는 의미가 되어야 자연스럽다. 따라서 빈칸에는 '해고하다'라는 뜻의 이어 동사 'lay off'가 들어가야 적절하므로, 정답은 "lay"가 된다.

어휘
lay off 해고하다   afraid a. 두려워하는

12. 이어 동사 ★★★ 정답 (d)

해석
A: 짧은 대화였네요. 전화한 사람 누구였어요?
B: 모르겠어요. 누구든 간에 제가 여보세요 라고 말했을 때 바로 끊어버렸어요.

해설
빈칸에 들어가기에 적절한 이어동사를 묻는 문제이다. A가 전화 통화가 짧았다면서, 누구냐는 질문에 B는 자신도 모른다며 바로 끊겼다고 대답하고 있다. 따라서 '전화가 끊기다'의 뜻으로 쓰이는 "hung up on"이 정답이 된다.

어휘
come down on 덤벼 들다   give up on 단념하다, 포기하다
hang up on 전화를 끊다

13. 동사 ★★☆ 정답 (a)

해석
쓰레기가 월요일 아침에 운반된다고 생각하는 시민들은 그것이 월요일 저녁까지 치워지지 않고, 그대로인 것을 보고 놀랐다.

해설
빈칸에 들어가기에 적절한 동사를 묻는 문제이다. 문맥상 '월요일 아침에 쓰레기가 치워진다고 생각하는 사람들'이 되어야 자연스럽다. 따라서 주어진 보기의 동사들 중에서 '생각하다, 추측하다'의 의미를 갖는 "assumed"가 정답이 된다.

어휘
assume v. 당연한 일로 생각하다, 추측하다
imply v. 포함하다, 암시하다   suggest v. 제시하다, 제안하다
declare v. 선언 하다   pick up 줍다

14. 동사 ★★☆ 정답 (a)

해석 편안한 업무 환경이 효율성과 생산성 증가에 도움이 된다고 여겨진다.

해설 빈칸에 들어가기에 적절한 동사를 고르는 문제이다. 문맥상 '편안한 업무 환경이 효율성과 생산성 증가에 도움이 된다'는 의미가 되어야 자연스럽다. 따라서 빈칸 뒤의 전치사 "to"와 함께 쓰여 '~에 기여하다, 도움이 되다'라는 문맥을 이루는 동사 "contribute"가 정답으로 적절하다.

어휘
contribute v. 기여하다   insert v. 삽입하다
regard v. 유의하다, 바라보다   apply v. 적용되다
increase v. 증가하다   efficiency n. 능률
production n. 생산

15. 동사 ★★☆ 정답 (a)

해석 사람들의 생각과는 달리, 둥근 지구의 개념은 콜럼버스가 대서양을 항해하기 오래 전부터 사실로 받아들여졌었다.

해설 빈칸에 들어가기에 적절한 동사를 묻는 문제이다. 문맥상 '둥근 지구의 개념은 오래 전부터 사실로 받아들여졌다'가 되어야 자연스럽다. 따라서 '~로 받아들여 지다'의 뜻인 'be accepted as'가 되어야 적절하다.

어휘
accept v. 받아들이다, 인정하다   belief n. 믿음, 신념
concept n. 개념   the Atlantic 대서양

16. 동사 ★★★ 정답 (d)

해석 모든 국가들이 오늘날 사업을 서로 해야 하기 때문에, 몇몇 경제학자들은 세계 경제를 받아들이지 않는 국가들은 실패할 것이라고 말한다.

해설 빈칸에 들어가기에 적절한 동사를 묻는 문제이다. 빈칸 뒤의 내용에서 '모든 국가들이 서로 사업을 해야 한다'고 하였다. 따라서 문맥상 '세계 경제를 받아들이지 않는 국가들은 실패할 것이다'라는 문장을 완성해야 자연스럽기 때문에 주어진 보기의 동사들 중에서 '~를 받아들이다'의 "embrace"가 정답으로 적절하다.

어휘
enlist v. 모병하다, 협력하다   avoid v. 피하다
ignore v. 무시하다   embrace v. 받아들이다, 포옹하다
fail v. 실패하다

17. 동사 ★★☆ 정답 (c)

해석 리우데자네이루는 전세계의 여행객들을 위한 인기 있는 행선지로 남아있다.

해설 빈칸에 들어가기에 적절한 동사를 묻는 문제이다. 문맥상 '리우데자네이루는 인기 있는 행선지로 남아 있다'가 되어야 자연스럽다. 따라서 주어진 보기의 동사들 중에서 '남다, 머무르다'의 "remains"가 적절하다.

어휘
reside v. 거주하다, 존재하다   remain v. 남다, 머무르다
possess v. 소유하다   destination n. 목적지

18. 명사 ★★☆ 정답 (a)

해석 모든 아이들이 같은 양을 받을 수 있도록 케이크는 같은 몫으로 잘라졌다.

해설 빈칸에 들어가기에 적절한 명사를 묻는 문제이다. 케이크의 일부, 부분을 나타내는 적절한 명사는 "portion"이다. 따라서 정답은 (a)가 된다.

어휘
portion n. 일부, 몫   division n. 분할, 구분
category n. 범주, 분류   receive v. 받다
amount n. 총액, 양

19. 명사 ★★★ 정답 (d)

해석 경마장에서 내기를 거는 것이 어쩌면 큰 수익을 가져다 줄 수 있지만 대부분의 사람들은 돈을 잃는다.

해설 빈칸에 들어가기에 적절한 명사를 묻는 문제이다. 주어진 보기의 명사들 모두 '내기, 노름'의 의미를 갖는 명사이다. 경마장에서의 내기를 표현할 때에는 "wager"를 쓴다. 따라서 정답은 (d)가 된다.

어휘
chance n. 기회   lottery n. 복권
gamble n. 노름   wager n. 내기, 노름
racetrack n. 경마장   potentially adv. 잠재적으로, 어쩌면
payoff n. 수익

20. Collocation ★★☆   정답 (a)

해석 광장에 가려면, Haymarket역으로 가서 브로드웨이의 남동쪽 길 코너이를 돌아 가세요.

해설 길을 안내할 때 쓰이는 연어를 묻는 문제이다. 빈칸 뒤에 'corner'가 단서가 되어 '모퉁이를 돌다'의 뜻인 'go round a corner'로 문장을 완성해야 하므로 빈칸에는 "round"가 들어가야 적절하다.

어휘
round v. 돌다, 일주하다   exit v. 나가다, 퇴장하다
flip v. 튀기다, 살짝 누르다   veer v. 방향을 바꾸다

21. 혼동하기 쉬운 어휘 ★★★   정답 (c)

해석 고고학자들은 이 동굴 벽화가 알려진 다른 모든 인간 거주지들보다 더 시기적으로 앞서고 있다는 것을 발견하고 충격을 받았다.

해설 보기의 혼동하기 쉬운 어휘들 중 빈칸에 들어가기에 가장 알맞은 어휘를 고르는 문제이다. 문맥상 '동굴 벽화가 다른 모든 인간 거주지들 보다 시기적으로 앞서다'가 되어야 하므로, '~보다 앞서다'라는 뜻의 "predates"가 정답으로 적절하다.

어휘
prefer v. 선호하다   predict v. 예언하다, 예고하다
predate v. ~보다 앞서다   preclude v. 제외하다
archaeologist n. 고고학자   shocked a. 충격 받은
discover v. 발견하다   settlement n. 정착

22. 동사 ★★★   정답 (d)

해석 수백 명의 사람들의 집이 불에 타 훼손된 이후, 그들은 이동 하지 않을 수 없었다.

해설 빈칸에 들어가기에 적절한 동사를 묻는 문제이다. 문맥상 '집들이 불에 타버려서 그들은 이동할 수 밖에 없었다'로 문장을 완성해야 자연스럽기 때문에 '이동하다, 이전하다'의 "relocate"가 정답이 된다.

어휘
eject v. 쫓아 내다   remove v. 없애다, 제거하다
displace v. 바꾸어 놓다   relocate v. 이전하다, 이동하다
destroy v. 파괴하다   wildfire n. 소이제, 연소불

23. 명사 ★★☆   정답 (b)

해석 지질학자들은 몇몇의 암석과 흙의 층 아래에서 고대의 화석을 발견했다.

해설 빈칸 뒤의 'of rock and clay'와 어울리는 명사를 고르는 문제이다. 암석과 흙과 어울리는 명사는 "layers(층)"가 되므로, 정답은 (b)가 된다.

어휘
level n. 수평, 평면   layer n. 층, 쌓는 켜
story n. (건물의) 층   degree n. 정도, 등급
geologist n. 지질학자   clay n. 점토, 흙

24. 명사 ★★☆   정답 (b)

해석 건조한 지역에서 관개는 사용되었고, 사막에도 농작물에 물을 주면서 몇 세기 동안 증진되었다.

해설 빈칸에 들어가기에 적절한 명사를 묻는 문제이다. 빈칸에 대한 설명은 빈칸 뒤에 나오는데, '건조한 지역에 사용되었고, 사막에 있는 농작물에 물을 주었다'라는 내용으로 보아, "관개(irrigation)"을 말한다는 것을 알 수 있다. 따라서 정답은 (b)가 된다.

어휘
plumbing n. 납공업   irrigation n. 관개
deliverance n. 구출, 구조   rainfall n. 강우
improve v. 개선하다   provide v. 주다, 제공하다
crop n. 농작물, 수확물

25. 동사 ★★☆   정답 (d)

해석 광고업체의 경영진은 마케팅부의 장에게 광고 캠페인에 대한 몇몇 다른 옵션을 내놓았다.

해설 빈칸에 들어가기에 적절한 동사를 고르는 문제이다. 문맥상 '경영진이 광고 업체에 몇몇 다른 옵션을 내놓았다'가 되어야 자연스럽기 때문에, '내놓다'의 "present"가 정답으로 적절하다.

어휘
brandish v. 휘두르다, 과시하다   present v. 내놓다, 표하다
expose v. 드러내다, 노출시키다   agency n. 대리, 대행
exhibit v. 전시하다, 나타내다
executive n. 임원

Half TEST 07 Vocabulary 정답 & 해설

Part I ~ II	1 (d)	2 (a)	3 (c)	4 (d)	5 (b)	6 (a)	7 (d)	8 (a)	9 (c)	10 (c)
	11 (b)	12 (d)	13 (a)	14 (d)	15 (c)	16 (b)	17 (b)	18 (c)	19 (d)	20 (a)
	21 (b)	22 (a)	23 (b)	24 (a)	25 (c)					

1. 관용 표현 ★★☆ 정답 (d)

해석
A: Adam이 오는데 너무 오래 걸리네!
B: 걱정마. 머지않아 도착 할 거야.

해설 'enough'와 함께 쓰이는 관용표현을 묻는 문제이다. Adam이 너무 안 온다는 A의 말에 B가 그가 머지 않아 도착할 것이라고 답하는 것이 자연스럽다. 따라서 '머지 않아, 곧'이라는 관용 표현인 "soon enough"가 정답으로 적절하다.

어휘
quite adv. 아주 완전히   fair a. 공정한, 공평한
soon adv. 곧, 이내   take forever 오랜 시간이 걸리다

2. 명사 ★★☆ 정답 (a)

해석
A: Jane은 항상 저녁 먹고 어지른 채 가더라.
B: 맞아, 하지만 걔의 뒤처리를 하는 건 내 임무가 아니야.

해설 빈칸에 들어가기에 적절한 명사를 묻는 문제이다. Jane은 항상 어지른 채 간다는 A의 말에 대한 B의 답변으로 그녀의 뒤처리를 하는 건 자신의 임무가 아니라고 해야 자연스럽다. 따라서 임무를 뜻하는 "duty"가 정답으로 적절하다.

어휘
duty n. 임무, 의무   assignment n. 할당, 숙제
labor n. 노동, 수고   mess n. 난잡, 엉망진창
clean up 청소하다, 치우다

3. 관용 표현 ★★★ 정답 (c)

해석
A: 우리는 다른 프로젝트를 추가할까 합니다. 어떻게 생각하세요?
B: 좀 생각해 봐도 될까요? 제가 그 도전을 할 능력이 있는지 확실하지 않아서요.

해설 빈칸 앞의 'be up to the'와 함께 하나의 관용표현을 이루는 명사를 고르는 문제이다. 문맥상 '그 도전을 할 능력이 있는 지 확실하지 않다'가 되어야 자연스럽기 때문에 'be up to the challenge'의 "challenge"가 정답이 된다.

어휘
extent n. 정도, 한도   minute n. 분, 순간
challenge n. 도전   capacity n. 수용력, 재능
add v. 추가하다, 더하다
be up to ~하려고 하다, ~할 능력이 있다

4. 의미가 유사한 어휘 ★★☆ 정답 (d)

해석
A: 난 이 애플파이를 만들어 보려고 하는데, 조리법이 정말 복잡해.
B: 글쎄, 어떤 재료들이 필요한 거야?

해설 의미가 유사한 어휘들 중 빈칸에 들어가기에 적절한 명사를 고르는 문제이다. 음식 재료를 언급할 때에는 "ingredients"가 쓰인다는 것을 알아두자.

어휘
resource n. 자원, 자력   component n. 구성 요소
material n. 물질, 재료   complicated a. 복잡한
ingredient n. (안으로 들어가는 것) 성분, 재료
recipe n. 요리법, 조리법
call for 필요로 하다

5. 동사 ★☆☆ 정답 (b)

해석
A: National Bank에 전화해 주셔서 감사합니다. 어떻게 도와 드릴까요?
B: 안녕하세요, 제 신용카드 분실을 보고하고 싶어서요.

해설 빈칸에 들어가기에 적절한 동사를 묻는 문제이다. 은행에 전화한 B는 자신의 신용카드가 도난 당했다고 알리는 것이 문맥상 자연스럽기 때문에 '보고하다, 알리다'의 "report"가 정답으로 적절하다.

어휘
apply v. 적용하다, 충당하다   report v. 보고하다, 알리다
call v. 부르다   add v. 더하다, 추가하다
stolen a. 훔친

6. 형용사 ★★☆ 정답 (a)

해석
A: 나는 Jim이 저녁식사에 늦게 도착 하는 게 너무 싫어. 짜증이 난다니까.
B: 맞아. 나도 그가 좀더 시간을 잘 지켰으면 좋겠어.

해설 빈칸에 들어가기에 적절한 형용사를 묻는 문제이다. A가 저녁 식사에 늦는 Jim에 대해서 불평하고 있다. 따라서 B는 그가 더 시간을 잘 지켰으면 좋겠다고 해야 문맥상 자연스럽다. 따라서 '시간을 잘 지키는'의 뜻인 "punctual"이 정답으로 적절하다.

어휘
punctual a. 시간을 잘 지키는   jovial a. 명랑한, 즐거운
subtle a. 민감한   futile a. 헛된, 쓸모 없는
annoying a. 짜증나는

7. Collocation ★★★ 정답 (d)

해석
A: 우리 내일로 회의 일정을 잡을 수 있나요?
B: 아니요. 내일은 노동절이에요. 우린 휴일을 준수하기 위해 휴업합니다.

해설 빈칸 뒤의 'the holiday'와 함께 자주 쓰이는 연어를 묻는 문제이다. 'observe the holiday'는 '휴일을 준수하다'의 의미로 자주 사용되는 표현이다. 따라서 정답은 "observe"이다.

어휘
monitor v. 상태를 체크하다, 감시하다
detect v. 발견하다, 간파하다 watch v. 지켜보다
observe v. 준수하다, 지키다 schedule v. 예정에 넣다

8. 명사 ★★☆ 정답 (a)

해석
A: 우리는 당신의 환경에 대한 행동주의적 노력에 대해 이 상을 드리고 싶습니다.
B: 정말 감사합니다. 저는 녹색 문제에 대한 인식을 일으키기 위해 많은 노력을 해왔어요.

해설 빈칸에 들어가기에 적절한 명사를 묻는 문제이다. 문맥상 '녹색 문제에 대한 인식'이 되어야 하므로 "awareness"가 정답이 된다.

어휘
awareness n. 인식 realization n. 이해, 실현
acceptance n. 용인, 수납 appreciation n. 감상, 감사
present v. 바치다, 주다 environmental a. 환경의
activism n. 행동주의
green issue 녹색 문제, 환경보호 문제

9. 형용사 ★★☆ 정답 (c)

해석
A: 네가 학교 신문에 글을 쓴 줄 몰랐네!
B: 응, 여가 시간에 매주 쓰는 칼럼을 썼어.

해설 빈칸에 들어가기에 적절한 형용사를 묻는 문제이다. 학교 신문에 글을 쓰는 줄 몰랐다는 A의 말에 B는 매주 칼럼을 쓴다고 응답하는 상황이다. 빈칸 자리는 빈칸 뒤의 'time'을 적절히 꾸며주는 형용사 자리이다. 문맥상 '여가 시간'이 되어야 자연스럽기 때문에 '여분의, 여가의'라는 뜻의 "spare"가 정답이다.

어휘
standby a. 대기의 present a. 현재의, 출석한
spare a. 예비의, 여분의 unused a. 사용하지 않은
weekly a. 매주의

10. Collocation ★☆☆ 정답 (c)

해석
A: 이번 주에 영화 보러 가지 않을래?
B: 물론이지! 새로운 액션 영화가 내일 개봉해.

해설 빈칸 뒤의 'a movie'와 함께 쓰여 '영화 보러 가다'라는 표현으로 자주 사용되는 연어를 묻는 문제이다. 따라서 정답은 "catch"이다.

어휘
catch a movie 영화 보러 가다 capture v. 붙잡다
flick n. 영화(한 편)

11. 동사 ★★★ 정답 (b)

해석
A: 우리 회사가 내 일자리를 해외로 보낸다니 믿을 수 없어. 여행하는 거 너무 싫은데!
B: 알아. 그렇지만, 너도 변화를 받아들이는 것을 배워야 해.

해설 빈칸에 문맥상 알맞은 동사를 묻는 문제이다. A의 업무가 해외로 바뀌었다며 투덜거리고 있는 상황에서 B가 '변화를 받아들이는 것을 배워보라'는 것이 자연스럽기 때문에 "embrace"가 정답이다.

어휘
dispense v. 분배하다 embrace v. 받아들이다, 포착하다
indulge v. 빠지다, 탐닉하다 contain v. 포함하다
oversea a. 해외의 change n. 변화

12. 관용 표현 ★★☆ 정답 (d)

해석
A: 오늘 밤 콘서트 티켓이 하나 더 있는데, 가고 싶니?
B: 아니 괜찮아. 나 다음 주까지 해야 할 과제가 있고, 본격적으로 쓰기 시작해야 해서.

해설 빈칸 앞의 'get'과 빈칸 뒤의 'to business'와 함께 쓰이는 관용 표현을 묻는 문제이다. '본격적으로 일에 착수하다'라는 의미인 관용표현은 'get down to business'이다. 따라서 "down"이 정답이다.

어휘
get down to business 본격적으로 일에 착수하다, 본론에 들어가다

13. 형용사 ★★☆ 정답 (a)

해석
A: 어린 Tommy는 항상 질문을 해.
B: 맞아. 그는 매우 질문을 좋아하는 아이야.

해설 빈칸에 들어가기에 적절한 형용사를 묻는 문제이다. A는 Tommy가 질문을 많이 한다고 언급한다. 따라서 Tommy를 설명해주는 형용사는 '질문을 좋아하는' 즉, "inquisitive"가 되어야 대화의 흐름상 자연스럽다. 따라서 정답은 (a)이다.

어휘
inquisitive a. 질문을 좋아하는, 호기심 많은
genuine a. 진짜의 offensive a. 불쾌한, 무례한
temperate a. 절제하는, 삼가는

14. 명사 ★★☆ 정답 (d)

해석 회사의 최고 경영자는 경기 침체 이후에는 완전한 회복을 희망한다고 진술 했다.

해설 빈칸에 들어가기에 적절한 명사를 묻는 문제이다. 문맥상 '그는 경기 침체 이후에는 완전한 회복을 바란다'가 되어야 자연스럽기 때문에 '회복'이라는 뜻의 "recovery"가 정답으로 적절하다.

어휘
recapture n. 탈환, 회복 deficiency n. 부족, 결핍
benefit n. 이득, 이익 recovery n. 회복
state v. 진술하다 downturn n. 침체, 하강

15. 관용 표현 ★★★　　　　　정답 (c)

해석 직원들은 거수로 회사의 휴가 정책 변화를 위해 투표했다.

해설 빈칸 뒤의 'of hands'와 함께 쓰여 '거수로'의 뜻을 이루는 관용 표현을 묻는 문제이다. 따라서 정답은 "show"가 된다.

어휘 show of hands 거수로　vote v. 투표하다

16. 명사 ★★☆　　　　　정답 (b)

해석 중국의 쓰촨성 지역으로 가는 관광객들은 그 지역의 진미인 매운 칠리를 맛볼 수 있다.

해설 빈칸 앞의 'local'과 함께 자주 쓰이는 명사를 고르는 문제이다. 문맥상 '지역의 진미'가 되어야 하므로 '진미'의 뜻을 가진 "delicacy"가 정답이다.

어휘 taste n. 맛, 취미　delicacy n. 진미, 섬세함
bounty n. 박애, 관대　trade n. 무역
region n. 지역

17. 혼동하기 쉬운 어휘 ★★☆　　　　　정답 (b)

해석 만약 직원이 징계를 받는다면, 그 혹은 그녀는 감봉 당할 것이다.

해설 보기의 혼동하기 쉬운 어휘들 중 빈칸에 들어가기에 가장 알맞은 어휘를 고르는 문제이다. 문맥상 '직원이 징계를 받는다면, 그는 감봉 당할 것이다'라는 내용이 되어야 자연스럽다. 따라서 (b)가 정답이다.

어휘 disarmed a. 비 무장한　discharged a. 배출된
disciplined a. 징계 받은, 훈련 받은
disclosed a. 드러난
receive v. 받다

18. 동사 ★★☆　　　　　정답 (c)

해석 많은 기자들이 오늘날 우리나라의 노숙자 문제를 폭로하기 위해 일한다.

해설 빈칸에 들어가기에 적절한 동사를 묻는 문제이다. 문맥상 '많은 기자들은 노숙자 문제들을 폭로하기 위해 일한다'라는 내용이 되어야 자연스럽다. 따라서 '폭로하다, 드러내다'라는 뜻의 "expose"가 정답이다.

어휘 imply v. 포함하다, 암시하다　release v. 석방하다, 풀어 놓다
expose v. 폭로하다, 드러내다　encounter v. 만나다
homelessness n. 집 없는 사람들

19. Collocation ★★☆　　　　　정답 (d)

해석 시장이 재직 중 가장 첫 번째로 한 일은 더 엄격한 음주법을 제정한 것이었다.

해설 빈칸 뒤의 'law'와 함께 쓰여 '법을 제정하다'라는 표현으로 자주 사용되는 연어를 묻는 문제이다. 따라서 '제정하다'의 뜻의 동사 'enact'가 정답으로 적절하다.

어휘 forbid v. 금지하다　judge v. 판단하다, 심사하다
assemble v. 모으다, 조립하다　enact v. (법을) 제정하다
strict a. 엄격한

20. 형용사 ★★☆　　　　　정답 (a)

해석 불모의 산과 구름 낀 하늘은 엄숙하고, 우중충한 풍경을 자아냈다.

해설 빈칸에 들어가기에 적절한 형용사를 묻는 문제이다. 문장에서 쓰인 형용사들 'barren, cloudy, grey'로 미루어 보아, 엄숙한 분위기 임을 알 수 있다. 따라서 "austere"가 정답이다.

어휘 austere a. 엄숙한, 간소한　intensive a. 집중적인, 강한
exponential a. 전형의　implicit a. 맹목적인, 함축적인
barren a. 불모의　landscape n. 풍경, 경치

21. 혼동하기 쉬운 어휘 ★★★ 정답 (b)

해석 연구비의 부족은 여전히 암에 대한 치료법을 찾겠다는 과학자들의 결의를 약화시키지 못한다.

해설 보기의 혼동하기 쉬운 명사들 중 빈칸에 들어가기에 가장 알맞은 명사를 고르는 문제이다. 문맥상 '과학자들의 결의를 약화시키지 못한다'가 되어야 하므로, '결의, 결심'의 뜻의 명사인 "resolve"가 정답이다.

어휘
reservation n. 예약
retribution n. 응보, 보복
weaken v. 약화 시키다
resolve n. 결의, 결심
reconciliation n. 화해, 조화
cure n. 치료

22. 동사 ★☆☆ 정답 (a)

해석 일단 공식적으로 고용이 되면, 인사부는 당신에게 직원 신분증을 발행해 줄 것이다.

해설 빈칸에 들어가기에 적절한 동사를 묻는 문제이다. 빈칸 뒤의 목적어로 'your employee ID card'가 있으므로 문맥상 '직원 신분증을 발행하다'가 되어야 자연스럽기 때문에 '발행하다'의 뜻을 가진 동사 "issue"가 정답이다.

어휘
issue v. 발행하다, 간행하다
display v. 전시하다
officially adv. 공무상
waive v. 포기하다, 보류하다
withdraw v. 빼다, 철회하다

23. 명사 ★★☆ 정답 (b)

해석 출입국 신고서를 본 이후에도, Jenny는 어떤 범주에서 그녀의 비자가 떨어졌는지 확실하게 알지 못했다.

해설 빈칸에 들어가기에 적절한 명사를 묻는 문제이다. 문맥상 '어떤 범주에서 비자가 떨어졌는지 알지 못했다'가 되어야 하므로 '범주, 범위'를 뜻하는 "category"가 정답이다.

어휘
catalogue n. 목록, 카달로그
grade n. 등급, 성적
immigration n. 이주, 이민
category n. 범주, 범위
rank n. 계급, 신분
fall v. 떨어지다

24. 명사 ★☆☆ 정답 (a)

해석 빌딩 확장의 계획은 더 넓은 직원 라운지와 더 넓은 창고 공간, 그리고 더 넓은 로비를 필요로 한다.

해설 빈칸에 들어가기에 적절한 명사를 묻는 문제이다. 더 큰 직원 라운지와 더 큰 창고 공간, 더 넓은 로비라는 내용이 이어지므로, 빌딩의 확장을 말하고 있다는 것을 알 수 있다. 따라서 "expansion"이 정답이다.

어휘
expansion n. 확장, 확대
exclusion n. 제외
desolation n. 황폐함, 쓸쓸함
call for 필요로 하다
consolidation n. 합동, 합병

25. 동사 ★★☆ 정답 (c)

해석 더 넓은 시장에 호소하기를 바라며, 컴퓨터 회사는 올해 글로벌 컨벤션에서 최신 휴대 상품을 발표했다.

해설 빈칸에 들어가기에 적절한 동사를 묻는 문제이다. 빈칸 뒤의 동사의 목적어로 'its latest mobile product'가 있으므로, 문맥상 '컴퓨터 회사는 최신 휴대상품을 발표했다'라는 내용이 되어야 자연스럽기 때문에, '발표하다'인 "unveiled"가 정답으로 적절하다.

어휘
construct v. 건설하다, 세우다
unveil v. 밝히다, 발표하다
appeal v. 호소하다, 간청하다
convention n. 집회, 회의
depict v. 그리다, 묘사하다
generate v. 일으키다, 발생하다
latest a. 최신의

Half TEST 08 Vocabulary 정답 & 해설

Part I ~ II	1 (a)	2 (d)	3 (c)	4 (c)	5 (c)	6 (a)	7 (a)	8 (d)	9 (a)	10 (a)
	11 (b)	12 (a)	13 (a)	14 (a)	15 (a)	16 (d)	17 (b)	18 (b)	19 (c)	20 (d)
	21 (b)	22 (b)	23 (b)	24 (c)	25 (a)					

1. 혼동하기 쉬운 어휘 ★★☆ 　　정답 (a)

해석
A: 나 어제 끔찍한 날을 보냈어. 내 컴퓨터가 부숴졌거든!
B: 어머나, 수리점에서는 너의 하드 드라이브에 있는 데이터 중 일부라도 되찾을 수 있을까?

해설 보기의 동사들 중 의미상 빈칸에 들어가기에 가장 알맞은 동사를 고르는 문제이다. 컴퓨터가 부숴졌다는 A의 말에 이어 B가 '하드 드라이브에 있는 데이터를 되찾을 수 있을까?'라고 반문하는 내용이므로, '되찾다, 만회하다'의 뜻을 가진 동사 "retrieve"가 정답이다.

어휘
retrieve v. 되찾다, 만회하다　　retaliate v. 보복하다
retreat v. 퇴각하다　　retain v. 계속 유지하다
terrible a. 엄한, 무서운　　crash v. 부서지다

2. Collocation ★★★ 　　정답 (d)

해석
A: 할말이 있어요. 당신이 제가 요청한 서류 정리를 하지 않았어요.
B: 죄송해요. 그건 정말 솔직히 실수였어요.

해설 빈칸 뒤의 'mistake'와 함께 쓰이는 연어를 묻는 문제이다. 'honest mistake'는 '솔직한 실수'라는 의미로 자주 쓰이는 연어이다. 따라서 "honest"가 정답이다.

어휘
frank a. 솔직한　　sincere a. 성실한, 참된
blunt a. 무딘　　honest a. 거짓 없는, 정직한
have a bone to pick with 따질 일이 있다, 할말이 있다
organize v. 조직하다, 계획하다

3. 숙어 ★★★ 　　정답 (c)

해석
A: 정말 화나요. Aaron이 이번 프로젝트에 임무를 다하고 있지 않아요.
B: 무슨 뜻인지 알겠어요. 하지만 그룹으로 일하면 그렇게 되더라구요.

해설 빈칸 뒤의 'his own weight'와 함께 쓰이는 표현을 묻는 문제이다. 'pull one's weight'는 '역할을 하다'의 뜻으로 빈칸에 "pulling"을 써야 적절하다.

어휘
furious a. 몹시 화가 난
pull one's weight 역할(임무)을 다하다
gain v. 얻다, 획득하다
shift v. 바꾸다

4. 형용사 ★★☆ 　　정답 (c)

해석
A: 이사회가 우리 프로젝트에 자금을 제공한다니 믿을 수가 없어!
B: 정말 대단하지 않아? 만장일치로 내린 결정이었대.

해설 빈칸에 들어가기에 적절한 형용사를 묻는 문제이다. 빈칸 뒤의 'decision'과 함께 어울려 '만장 일치의 결정'이 되어야 자연스럽기 때문에, '만장 일치의'라는 뜻을 가진 형용사 "unanimous"가 정답이다.

어휘
hasty a. 급한, 경솔한　　common a. 공통의
unanimous a. 만장 일치의　　poor a. 초라한, 부족한
board n. 위원회

5. 숙어 ★★★ 　　정답 (c)

해석
A: 이 계산 때문에 애를 먹고 있어요. 어떻게 해야 하죠?
B: 사장님께 가서 말해보세요. 그는 정말 친절해요. 그는 어느 누구와도 대화할 자세가 되어있어요.

해설 A가 계산 때문에 애를 먹고 있다고 하자, B는 사장은 굉장히 친절하다고 말하고 있다. 따라서 '그는 어느 누구와도 대화할 자세가 되어 있다'고 문장을 완성해야 문맥상 자연스럽기 때문에 '대화할 자세가 되어 있는'이라는 숙어 'have a open-door policy'가 정답으로 적절하다. 따라서 (c)가 정답이다.

어휘
opportunity n. 기회　　reliability n. 신뢰도, 믿음직함
policy n. 정책　　strategy n. 전략, 전술
calculaton n. 계산　　open-door a. 기회 균등의

6. 관용표현 ★★☆ 　　정답 (a)

해석
A: 어제 밤에 집이 너무 추웠어.
B: 맞아, 차가운 틈새 바람이 들어오는 걸 느낀 것 같아.

해설 빈칸 뒤의 'of cold air'와 함께 쓰이는 관용표현을 묻는 문제이다. '차가운 틈새 바람'은 'a draft of cold air'이므로, 빈칸에는 "draft"가 들어가야 적절하다.

어휘
draft n. 틈새 바람, 통풍　　gulp n. 꿀꺽꿀꺽 마심
breath n. 숨, 호흡　　load n. 짐, 부담
chilly a. 차가운, 쌀쌀한

7. 부사 ★☆☆ 정답 (a)

해석
A: 난 이 옷을 사서 다음 주말 저녁식사 때 입어야겠어.
B: 격식 차린 저녁식사 자리니까, 그 검정 셔츠가 잘 어울릴 거야.

해설 빈칸에 들어가기에 적절한 부사를 묻는 문제이다. A는 '이 옷을 사서 다음 주말 저녁식사때 입어야겠다'고 하고 이 말에 대한 B의 적절한 응답을 골라야 한다. 문맥상 '검정 셔츠가 너무나 잘 어울릴 것이다'가 되어야 자연스럽기 때문에 '잘, 훌륭하게'라는 뜻의 부사 "nicely"가 정답으로 적절하다.

어휘
nicely adv. 잘, 훌륭하게　　happily adv. 행복하게
profitably adv. 유익하게　　usefully adv. 유용하게
outfit n. 의상 한 벌　　formal a. 격식 차린, 공식적인

8. 동사 ★★★ 정답 (d)

해석
A: 좋아요, 이것이 끝입니다. 우린 의제의 모든 부분을 다뤘어요.
B: 모두 수고 하셨어요. 미팅은 휴회되었습니다. 즐거운 저녁 되세요.

해설 빈칸에 들어가기에 적절한 동사를 묻는 문제이다. 문맥상 '회의가 휴회되다'라는 내용이 되어야 자연스럽기 때문에 "adjourned"가 정답이다.

어휘
confer v. 수여하다, 주다　　resume v. 다시 시작하다
postpone v. 연기하다　　adjourn v. 휴회하다, 연기하다
wrap up 매듭짓다　　cover v. 다루다

9. 명사 ★★★ 정답 (a)

해석
A: 그 은행원이 어제 거의 감옥에 갈 뻔 했다는걸 알아?
B: 응. 그들이 그를 사기 진술 혐의로 기소하려고 했다고 들었어.

해설 빈칸에 들어가기에 적절한 명사를 묻는 문제이다. 빈칸 뒤의 'of fraud'와 어울려 쓸 수 있는 명사는 '주장, 진술'의 뜻인 "allegations"으로, 함께 쓰였을 때 '사기 진술'이라는 뜻이 된다. 따라서 정답은 (a)가 된다.

어휘
allegation n. 주장, 진술　　indication n. 지시, 징조
connotation n. 함축, 내포　　proposal n. 제안, 신청
fraud n. 사기

10. 이어 동사 ★★★ 정답 (a)

해석
A: 기상예보 봤어? 심한 폭풍이 오고 있대.
B: 괜찮아. 어쨌든 우리는 휴가 계획을 계속 추진 할거야.

해설 빈칸에 들어가기에 적절한 이어 동사를 묻는 문제이다. 심한 폭풍이 오고 있다는 A의 말에, B는 괜찮다고 하였으므로, 휴가 계획을 어쨌든 추진 할 것이라는 내용이 되어야 자연스럽다. 따라서 '추진하다'의 뜻인 이어 동사 "push forward"가 정답이 된다.

어휘
push forward 추진하다　　move upward 위로 이동하다
go together 어울리다, 조화되다　　move in 다가오다
bid farewell 작별을 고하다
plan n. 계획

11. Collocation ★★☆ 정답 (b)

해석
A: 너 생각에는 왜 Lisa가 자기가 하는 모든 일에 대해서 나에게 의견을 물어보는 것 같니?
B: 모르겠어. 하지만 그녀는 다른 사람들의 승인을 얻기 위해 너무 무리하는 것 같아.

해설 빈칸 뒤의 'the approval'과 함께 쓰여 '승인을 얻다'라는 표현으로 자주 쓰이는 연어를 묻는 문제이다. 따라서 보기의 주어진 동사 중에서 적절한 동사를 고르면 "seek"이 정답이다.

어휘
grasp v. 붙잡다, 파악하다　　seek v. 찾다, 추구하다
affront v. 모욕하다　　catch v. 잡다, 발견하다
approval n. 승인, 찬성

12. 형용사 ★★★ 정답 (a)

해석
A: 너 BRI 핸드폰 회사의 새로운 광고 봤어? 정말 좋은 노래를 썼던데.
B: 응, 젊은 소비자들에게 호소하려는 계획적인 시도라고 들었어.

해설 문맥상 빈칸에 들어가기에 적절한 형용사를 묻는 문제이다. B의 대답으로 '젊은 소비자들에게 호소하려는 계획적인 시도'가 되어야 자연스럽다. 따라서 보기의 주어진 형용사 중에서 '고의적인, 계획적인'이라는 뜻의 형용사 "deliberate"가 정답이다.

어휘
deliberate a. 고의의, 계획적인　　attempt n. 시도
foregone a. 앞선, 이전의　　punitive a. 벌의, 가혹한
consensual a. 합의의
appeal v. 호소하다, 간청하다

13. 숙어 ★★★   정답 (a)

해석 나이 드신 교수가 대단한 존경을 받았기 때문에 그는 국가 학회상을 받았다.

해설 빈칸 앞의 'held in high'와 함께 쓰여 '존경을 받다'라는 표현을 이루는 숙어를 묻는 문제이다. 따라서 빈칸 뒤의 명사는 '존경, 존중'이란 의미의 명사 "esteem"이 들어가야 하므로 정답은 (a)이다.

어휘 hold a person in high esteem ~을 존경(존중)하다
respect n. 존경, 경의   rationale n. 이론적 해석
trust n. 신뢰   aging n. 나이 먹음, 노화
esteem n. 존경, 존중

14. 이어 동사 ★★☆   정답 (a)

해석 비록 우리의 광고주들이 처음에는 새로운 광고 캠페인을 좋아하지 않았지만, 결국에는 의견에 동조했다.

해설 빈칸에 들어가기에 적절한 이어 동사를 묻는 문제이다. Although가 포함된 양보 부사절에서 '광고주들이 처음에는 광고 캠페인을 좋아하지 않았다'는 내용이므로 주절에는 이와 반대되는 내용이 들어가야 적절하다. 문맥상 빈칸 뒤의 'to the idea'와 함께 '의견에 동조했다'라는 내용으로 문장을 완성해야 자연스럽기 때문에 "came around"가 정답이다.

어휘 come around to the idea 의견에 동조하다
show off 과시하다, 자랑하다   add up 합계하다
grow on 자라다   initially adv. 처음에
eventually adv. 결국

15. 명사 ★★☆   정답 (a)

해석 비록 간호사는 환자가 회복했다고 느꼈지만, 오직 의사만이 그를 병원에서 퇴원시킬 수 있는 권한을 가지고 있었다.

해설 빈칸에 들어가기에 적절한 명사를 묻는 문제이다. 문맥상 '오직 의사만이 병원에서 그를 퇴원시킬 수 있는 권한이 있다'는 내용이 되어야 자연스럽기 때문에 '권한'이라는 뜻의 "authority"가 정답이다.

어휘 authority n. 권한, 권위   influence n. 영향
promise n. 약속, 전망   aptitude n. 경향, 적성
recuperate v. 회복하다   discharge v. 발사하다, 배출하다

16. 동사 ★★★   정답 (d)

해석 두 달간 임대료를 내지 않자, 그 학생은 아파트에서 쫓겨났다.

해설 빈칸에 들어가기에 적절한 동사를 묻는 문제이다. 빈칸 앞에서 '임대료를 내지 않았다'고 하였으므로 문맥상 '그 학생은 아파트에서 쫓겨났다'는 내용이 되어야 자연스럽다. 따라서 '쫓겨나다'의 "evicted"가 정답이다.

어휘 exasperate v. 화나게 하다   evacuate v. 철수하다, 비우다
disqualify v. 실격시키다   evict v. 축출하다

17. 관용 표현 ★★☆   정답 (b)

해석 윌리암스버그의 거주자들은 9월에 이른 눈보라가 있자 깜짝 놀랐다.

해설 빈칸 앞의 be동사와 빈칸 뒤의 'by'와 함께 사용되는 관용표현을 묻는 문제이다. 문맥상 '거주자들은 깜짝 놀랐다'가 되어야 자연스럽기 때문에 '깜짝 놀라다'라는 관용 표현인 "be taken by surprise"를 사용하여 빈칸을 완성하는 것이 적절하다. 따라서 정답은 (b)이다.

어휘 be taken by surprise 깜짝 놀라다
snowstorm n. 눈보라

18. 숙어 ★★★   정답 (b)

해석 Watson씨는 이번 분기의 영업 실적이 좋아서 이 회사의 미래를 솔선할 수 있을 거라 확신했다.

해설 빈칸 뒤의 'the way'와 함께 쓰여 '앞장서다, 솔선하다'의 숙어를 이루는 표현을 묻는 문제이다. 따라서 주어진 동사들 중에서 가장 적절한 동사 "lead"가 정답이다.

어휘 lead the way 앞장서다, 솔선하다   quarter n. 분기, 4분의 1

19. 이어 동사 ★★☆   정답 (c)

해석 임박하는 합병을 위한 준비로서, 우리는 직원 복지에 대한 노동 조합의 요구를 어떻게 처리할 것인지 계획을 세워야 한다.

해설 빈칸에 들어가기에 적절한 이어 동사를 묻는 문제이다. 빈칸 뒤에 'plans'와 함께 '계획을 세우다'라는 뜻의 이어동사가 들어가는 것이 적절하다. 따라서 "draw up"이 정답이다.

어휘 pencil in 일단 예정에 넣다   write off 술술 쓰다
draw up 계획을 세우다   speak out 터 놓고 말하다
impending a. 임박한   merger n. 합병
handle v. 다루다, 처리하다   demand n. 요구
benefit n. 혜택, 이득

20. 동사 ★★☆   정답 (d)

해석 원고는 자신이 범행하지 않은 죄목에 대해서 잘못 고소 받고 감옥에서 10년을 보냈다.

해설 빈칸에 들어가기에 적절한 동사를 묻는 문제이다. 문맥상 '원고는 잘못 고소를 받다'는 내용으로 문장을 완성해야 자연스럽기 때문에, "accused"가 정답이다.

어휘 plead v. 변호하다   arraign v. 죄상의 시인 여부를 묻다
exonerate v. 해방시키다, 면제하다
accuse v. 고발(고소)하다
plaintiff n. 원고

21. 동사 ★★☆   정답 (b)

해석 만약 예상치 못한 상황이 발생한다면, 즉시 지역 책임자에게 연락하여 지시를 받으세요.

해설 빈칸에 들어가기에 적절한 동사를 묻는 문제이다. 종속절에 '즉시 지역 책임자에게 연락하여 지시를 받으라'는 내용이 나오므로, 주절에는 '만약 예상치 못한 상황이 발생한다면'이 되어야 문맥상 자연스럽다. 따라서 '일어나다, 생기다'의 "arises"가 정답으로 적절하다.

어휘
lift v. 올라가다
assume v. 추정하다
unexpected a. 예기치 않은
instructions n. 지시, 명령
arise v. 일어나다, 생기다
integrate v. 통합하다, 완성하다
immediately adv. 곧, 즉시

22. 형용사 ★★☆   정답 (b)

해석 새로운 샴푸는 슈퍼에서 입수할 수 있게 될 때까지 광범위한 소비자 테스트를 받을 것이다.

해설 빈칸에 들어가기에 적절한 형용사를 묻는 문제이다. 빈칸 뒤의 'consumer testing'을 수식하기에 의미상 가장 적절한 형용사를 골라야 한다. 따라서 보기의 주어진 형용사 중에서 "extensive"(광범위한)가 정답이다.

어휘
affirmative a. 긍정의, 단언적인
extensive a. 넓은, 광범위한
retentive a. 보유하는, 기억력이 좋은
conductive a. 전도성의
undergo v. 받다, 겪다
available a. 이용할 수 있는

23. 형용사 ★★☆   정답 (b)

해석 Mary가 자신의 사장에게 접근 할 만큼 자기 주장이 강했기 때문에, 승진의 기회를 얻을 수 있었다.

해설 빈칸에 들어가기에 적절한 형용사를 묻는 문제이다. '그녀의 주장이 강했기 때문에 승진의 기회를 얻을 수 있었다'는 내용이 되어야 자연스럽기 때문에, '자신있는, 자기 주장이 강한'의 뜻인 "assertive"가 정답이다.

어휘
versatile a. 다재 다능한
assertive a. 자신 있는, 자기 주장이 강한
tumultuous a. 떠들썩한
approach v. 접근하다, 다가가다
attentive a. 주의 깊은, 세심한
promotion n. 승진

24. Collocation ★☆☆   정답 (c)

해석 오늘의 보고에 따르면, 거대 전자업체인 CNM회사는 내일 외국 회사로부터 적대적인 인수 입찰에 당면할 것이다.

해설 빈칸 뒤의 'takeover bid'와 함께 쓰이는 연어를 묻는 문제이다. '적대적 인수 입찰'이라는 연어는 "hostile takeover bid"이다. 하나의 표현으로 함께 기억해 두자.

어휘
hostile takeover bid 적대적 인수 입찰
persistent a. 고집 센, 완고한
hostile a. 적대적인
face v. 직면하다, 향하다
grueling a. 엄한
adverse a. 거스르는

25. 형용사 ★★★   정답 (a)

해석 팝 음악의 슈퍼스타 Kid M은 지난달 자신의 새로운 앨범에 대한 Music Magazine의 냉혹한 비평에 실망했다.

해설 빈칸 뒤의 'review'를 적절하게 꾸며주는 형용사를 묻는 문제이다. 문맥상 '냉혹한 비평'이 되어야 하므로, '냉혹한'의 뜻을 가진 "scathing"이 정답이 된다.

어휘
scathing a. 냉혹한, 가차없는
tenuous a. 희박한, 중요치 않은
obsequious a. 순종적인
palliative a. 경감하는

Actual TEST 01 Vocabulary 정답 & 해설

Part I ~ II	1 (c)	2 (b)	3 (d)	4 (c)	5 (b)	6 (c)	7 (d)	8 (c)	9 (b)	10 (c)
	11 (a)	12 (b)	13 (a)	14 (b)	15 (a)	16 (b)	17 (c)	18 (c)	19 (b)	20 (c)
	21 (b)	22 (b)	23 (d)	24 (a)	25 (d)	26 (c)	27 (d)	28 (b)	29 (d)	30 (b)
	31 (b)	32 (c)	33 (c)	34 (a)	35 (b)	36 (c)	37 (d)	38 (c)	39 (a)	40 (d)
	41 (c)	42 (c)	43 (a)	44 (b)	45 (c)	46 (d)	47 (d)	48 (b)	49 (a)	50 (c)

1. 이어동사 ★☆☆ 　　　　정답 (c)

해석
A: 나 아직 네가 추천해준 액션 영화 못 봤어.
B: 정말? 야, 개봉 한지 거의 1년이 다 됐어.

해설 빈칸 뒤의 'out'과 함께 문맥상 자연스러운 이어동사를 묻는 문제이다. 두 사람은 영화에 대하여 이야기를 나누고 있고, B의 대답에서 '그 영화가 개봉한지 거의 1년이 다 되었다'는 내용이 되어야 자연스럽다. 따라서 주어진 보기의 동사들 중에서 빈칸 뒤의 'out'과 함께 '개봉하다'의 뜻을 만드는 'came'이 정답이다.

어휘 come out 개봉하다, 출시 되다
recommend v. 추천하다

2. 관용표현 ★★☆ 　　　　정답 (b)

해석
A: Johnson씨, 우리 새로운 직원에게 사무실 구경 시켜줄 시간 있으세요?
B: 죄송해요. 지금 보고서를 마무리하는 중이라서요.

해설 빈칸 앞의 전치사구와 함께 '~의 도중에'라는 의미가 되어야 문맥상 자연스럽다. 대화의 내용을 보면 '새로운 직원에게 사무실 구경을 시켜줄 시간이 있냐'는 A의 물음에 B는 '보고서를 마무리하는 도중이다'라고 대답해야 자연스럽다. 따라서 이러한 의미를 만드는 'middle'이 정답이다.

어휘 in the middle of ~의 도중에
available a. 시간이 있는
give a tour 안내하다

3. 이어동사 ★★☆ 　　　　정답 (d)

해석
A: 면접을 보러 가고 싶지 않아. 난 그들이 나를 거절 할까봐 두려워.
B: 가끔씩 넌 위험을 감수할 필요가 있어. 네가 해보지 않고선, 모르는 일이야.

해설 빈칸에 들어가기에 적절한 이어동사를 묻는 문제이다. 대화의 내용을 보면 A의 말에 대하여 B는 '너는 가끔 위험을 감수해야 한다'라고 하였다. 따라서 '거절 당할까봐 두렵다'가 들어가는 것이 문맥상 자연스럽기 때문에 'turn me down'이 정답이다.

어휘 change one's mind 의견을 바꾸다
take someone out 데려가다
make one's day ~을 즐겁게 하다
turn someone down 거절하다

4. 이어동사 ★★☆ 　　　　정답 (c)

해석
A: 당신의 동네가 폭풍우로 심한 피해를 입었다고 들었어요. 미팅을 취소 할까요?
B: 괜찮으시다면요. 눈길을 헤치고 나가는데 패나 시간이 걸릴 것 같아서요.

해설 빈칸에 들어가기에 적절한 이어동사를 묻는 문제이다. 빈칸 앞의 문장을 보면, '폭풍우로 인하여 피해를 입었다'는 내용이다. 따라서 문맥상 '미팅을 취소하다'라는 내용이 이어지는 것이 자연스럽기 때문에 '취소하다'라는 의미의 이어동사 "call off"가 정답으로 적절하다.

어휘 call off 취소하다 　　shovel out 눈길을 헤치고 나가다

5. 명사 ★☆☆ 　　　　정답 (b)

해석
A: 기다려 주셔서 감사합니다. 어떻게 도와드릴까요?
B: 네, 오늘 저녁 당신의 레스토랑에 두 자리를 예약하고 싶습니다.

해설 빈칸에 들어가기에 적절한 명사를 묻는 문제이다. 문맥상 뒤에 이어지는 전치사구 'your restaurant'과도 의미상 어울리는 표현이 들어가야 한다. 따라서 빈칸 앞의 동사와 함께 쓰여 '예약하다'라는 어구를 이루는 "reservation"이 정답이다.

어휘 make a reservation 예약하다 　cancellation n. 취소
impression n. 인상, 감명 　requisition n. 요구, 청구

6. 명사 ★☆☆ 　　　　정답 (c)

해석
A: 죄송합니다만, 지금 현금이 없어서요. 가게 수표도 받으시나요?
B: 물론입니다. 당신의 신원 확인만 할 수 있다면 가능합니다.

해설 의미상 빈칸에 들어가기에 적절한 명사를 묻는 문제이다. 빈칸 앞의 내용에서 '현금이 없다'고 하였다. 또한 빈칸 앞의 'personal'과 적절하게 어울리는 명사를 골라야 한다. 따라서 '가게 수표'라는 의미를 만드는 명사 "check"가 정답이다.

어휘 personal check 가게 수표 　bill n. 계산서
invoice n. 송장 　take a peek 들여다 보다

7. 명사 ★★☆ 정답 (d)

해석
A: 오늘 저녁에 있는 공연 티켓 남은 것 있나요?
B: 아니요. 죄송하지만 없습니다. 하지만, 누군가 오지 않을 경우에 대비해서 당신을 대기자 명단에 올려드릴 수 있어요.

해설 의미상 들어가기에 적절한 명사를 묻는 문제이다. 빈칸 뒤의 명사 'list'와 함께 쓰이는 복합명사로, '대기자 명단'이라는 의미의 'waiting list'가 정답이다. 문맥적으로 접근하면 '누군가 참석하지 않으면 당신을 대기자 명단에 올리겠다'라는 내용이 되어야 자연스럽다. 따라서 정답은 (d)이다.

어휘 waiting list 대기자 명단   performance n. 공연
show up 나타나다

10. Collocation ★★★ 정답 (c)

해석
A: 25센트가 없어요. 여기 1달러를 잔돈으로 바꿔 주실 수 있으세요?
B: 정말 죄송합니다, 손님. 저희는 정확한 금액의 돈만 받습니다.

해설 빈칸 뒤의 'one dollar bill'을 잔돈으로 바꿔달라는 내용이 되어야 자연스럽다. 따라서 '깨다, 깨뜨리다'의 뜻을 가진 동사 'break'가 돈을 나타내는 명사와 함께 쓰이면, '잔돈으로 바꾸다'의 의미로 쓰인다는 것을 알아두면 정답에 쉽게 접근할 수 있다. 따라서 (c)가 정답이다.

어휘 break v. 잔돈으로 바꾸다   a quarter 25센트
accept v. 받다   exact a. 정확한
change n. 잔돈

8. Collocation ★★☆ 정답 (c)

해석
A: 실종된 불쌍한 등산객에 대한 최신 뉴스를 들었니?
B: 구조팀이 아직까지도 수색하고 있지만, 모두들 희망을 갖고 있어.

해설 동사 'conduct'와 함께 쓰여 '수사하다'라는 표현으로 자주 사용되는 연어를 묻는 문제이다. A는 '실종된 등산객'에 대하여 묻고 있으므로, '여전히 수사하고 있다'는 내용이 되어야 자연스럽다. 따라서 '수사하다'라는 뜻의 "conduct a search"가 정답이다.

어휘 conduct a search 수사하다   the latest 최신 뉴스

11. 이어동사 ★★☆ 정답 (a)

해석
A: 당신은 사장이 계실 때 말을 좀 조심하는 것이 좋겠어요.
B: 알아요, 그렇지 않으면 일자리를 잃겠죠.

해설 빈칸 뒤의 'up'과 함께 쓰이는 이어 동사를 묻는 문제이다. 대화의 내용을 보면 A가 B에게 충고하고 있는 상황이다. 문맥상 '일자리를 잃어 버리고 만다'라는 내용이 되어야 자연스럽기 때문에 '~로 끝난다'라는 뜻의 이어동사 "end up"이 적절하다.

어휘 end up 끝나다
be around 마침 있다, 와 있다

9. 이어동사 ★★★ 정답 (b)

해석
A: 뉴스 들었어? 오늘 은행에 강도가 침입했대.
B: 맙소사! 그래서 강도들을 잡았어?

해설 빈칸에 들어가기에 적절한 이어동사를 묻는 문제이다. B가 '강도들을 잡았냐'고 다시 묻고 있으므로, 문맥상 '은행에 강도가 침입했다'라는 내용이 되어야 자연스럽다. 따라서, '강도질 당하다'의 "held up"이 적절하다.

어휘 hold up 강도질 하다   branch out 사업을 확장하다
tear down 헐다, 해제하다   clean up 깨끗이 청소하다

12. 혼동하기 쉬운 어휘 ★★☆ 정답 (b)

해석
A: 이 두 책을 대출 하고 싶습니다.
B: 죄송하지만, 연체된 자료를 반납하시기 전까지는 아무것도 대출하실 수 없습니다.

해설 유사한 형태를 갖는 어휘들 중에서 의미상 가장 적절한 형용사를 묻는 문제이다. 대화는 도서관에서 이루어지고 있고, B가 '책을 대출 시켜줄 수 없다'고 하고 있다. 따라서 '연체된 자료를 반납하라'는 내용으로 문장을 완성해야 자연스럽다. 따라서 보기에 주어진 어휘 중에서 '연체된'이라는 뜻의 "overdue"가 정답으로 적절하다.

어휘 overloaded a. 짐이 많은   overdue a. 연체된
overpriced a. 너무 비싼   overthrown a. 전복된
check out 대출하다

13. 숙어 ★★★ 정답 (a)

해석
A: 신사 숙녀 여러분, 인구 조사 프로젝트에 예산을 초과시키지 않길 바랍니다.
B: 아니에요, 본전치기였어요. 그리고 저희는 좋은 결과들을 얻을 수 있었어요.

해설 빈칸 앞의 'broke'와 함께 쓰이는 숙어를 묻는 문제이다. '예산을 초과하지 말라'고 하는 A의 말에 대한 응답이므로, 문맥상 '본전치기였다'라는 내용이 되는 것이 자연스럽다. 따라서 '본전치기를 하다'라는 뜻의 숙어 "break even"이 정답이다.

어휘 break even 본전치기를 하다 over-budget 예산 초과
census n. 인구 조사

14. 숙어 ★★☆ 정답 (b)

해석
A: 아래층에서 들려오는 끔찍한 소음이 뭐지?
B: 어떤 사람이 불협화음으로 피아노 치는 소리 같아.

해설 빈칸 앞의 'out of'와 함께 쓰여 문맥상 적절한 의미를 만드는 숙어를 묻는 문제이다. A의 말 '아래층에서 들려오는 끔찍한 소음'에서 단서를 찾을 수 있다. 명사 'tune'은 '선율, 곡조'라는 뜻을 가지는데, 전치사구 'out of'와 함께 쓰이면 '불협화음으로'라는 의미를 만든다. 따라서 주어진 보기의 명사들 중에서 "tune"이 가장 적절하다.

어휘 out of tune 불협화음으로 awful a. 지독한

15. 관용표현 ★★☆ 정답 (a)

해석
A: 이제 네가 피자를 인터넷으로 주문할 수 있다는 것이 놀랍다.
B: 내가 무슨 말을 하겠어. 시대가 변했잖아 친구야.

해설 '시대가 변했다'라는 뜻의 관용표현을 묻는 문제이다. 인터넷으로 피자를 주문할 수 있다는 사실에 놀란 A에게 B는 '시대가 변했잖아'라고 대답해야 문맥상 자연스럽다. 자주 사용되는 관용적인 표현이므로 기억해 두자.

어휘 Times have changed. 시대가 변했어.

16. 명사 ★☆☆ 정답 (b)

해석
A: 다음주 월요일 시험의 난이도가 꽤 높으니까, 준비 철저히 하세요.
B: 네, Williams 선생님. 주말 내내 열심히 공부할게요.

해설 문맥상 빈칸에 들어가기에 적절한 명사를 묻는 문제이다. 빈칸 뒤의 'level'과 'test'라는 명사가 단서가 되어, 시험의 난이도를 말하고 있음을 알 수 있다. 따라서 '난이도'를 뜻하는 'difficulty level'이 문맥상 적절하다.

어휘 hardship n. 곤란, 고충 difficulty n. 어려움
obstacle n. 장애물 fairly adv. 꽤, 상당히

17. 관용표현 ★★☆ 정답 (c)

해석
A: 내일 클럽 모임에서 나와 같이 테니스 치지 않을래?
B: 물론이야, 네가 나를 관대하게 대한다고 약속만 하면.

해설 빈칸 뒤의 'easy on'과 함께 관용표현으로 자주 쓰이는 동사를 묻는 문제이다. 문맥상 '네가 나를 관대하게 대한다면'이라는 내용이 되어야 자연스럽다. 이러한 의미를 만드는 동사 'go'가 정답이다. 관용표현은 미리 알아두지 않으면 정답을 골라내기가 쉽지 않으므로 미리 기억해 두자.

어휘 go easy on someone ~를 관대하게 대하다

18. 숙어 ★★★ 정답 (c)

해석
A: 고등부 축구팀이 얼마나 경기를 못하는지에 대한 기사 좋았니?
B: 응, 하지만 그들은 정곡을 벗어났어. 선수들의 잘못이 아니라, 코치의 잘못이야.

해설 빈칸 뒤의 'the mark'와 함께 쓰이는 숙어를 묻는 문제이다. 대화의 내용을 보면 '축구팀 경기'에 대한 기사에 관한 것이다. 빈칸 뒤의 내용을 보면 '그들은 정곡을 벗어났다'라는 표현이 되어야 자연스럽다. 따라서 '정곡을 벗어나다'라는 의미를 만드는 숙어 "missed the mark"가 정답이다.

어휘 miss the mark 정곡을 벗어나다, 겨냥이 빗나가다
neglect v. 무시하다
overlook v. 못보고 지나치다

19. 부사 ★★☆ 정답 (b)

해석
A: 저 새로운 영화는 남 아프리카의 생활이 실제로 어떤지 정확히 묘사했어.
B: Hollywood가 때때로 옳은 일을 한다는 건 좋은 일이야.

해설 문맥상 빈칸에 들어가기에 적절한 부사를 묻는 문제이다. '새로운 영화는 남 아프리카의 생활을 정확히 묘사했다'는 의미가 되어야 가장 자연스럽다. 따라서 주어진 보기 중에서 '정확히'라는 뜻의 부사 "accurately"가 정답이다.

어휘
entirely adv. 전적으로, 완전히   accurately adv. 정확히
pertinently adv. 적절하게   strictly adv. 엄격하게
get things right 옳은 일을 하다
every once in a while 때때로, 이따금

20. 이어동사 ★★☆ 정답 (c)

해석
A: 내 차 키를 찾고 있는데 나오지 않아서 미치겠네!
B: 걱정하지마. 곧 발견 될거야.

해설 빈칸에 들어가기에 적절한 이어동사를 묻는 문제이다. '차 키가 없어졌다'는 A의 말에, B는 '곧 발견될 것'이라고 안심시키고 있는 상황이다. 따라서 '발견되다'라는 뜻의 이어동사 "turn up"이 정답이다.

어휘
come out 나오다, 발간되다   come over 오다, 엄습하다
turn up 발견되다   turn around 회전하다
go crazy 미치다

21. 혼동하기 쉬운 어휘 ★★☆ 정답 (b)

해석
A: 저 불쾌한 남자 빨리 파티에서 빠졌으면 좋겠어.
B: 맞아, 그는 오래 있어 봤자 미움만 살 거야.

해설 형태가 유사한 어휘 중에서 의미상 적절한 형용사를 묻는 문제이다. 문맥상 빈칸의 동사는 바로 뒤의 명사를 수식하고 있다. 따라서 '너무 오래 머물러 미움을 사다'라는 의미가 되는 'overstay one's welcome'에서 "overstayed"가 정답이 된다.

어휘
overstay one's welcome 너무 오래 머물러 미움을 사다
overplay v. 과장해서 하다   overpay v. 초과 지불하다
oversell v. 너무 많이 팔다
obnoxious a. 불쾌한, 비위 상하는

22. 형용사 ★★☆ 정답 (b)

해석
A: 네 생각에는 어린 Johnny가 이번 가을에 유치원에서 잘 지낼 것 같니?
B: 걱정마. 그는 똑똑한 아이니깐 잘 해 낼 거야.

해설 문맥상 빈칸에 들어가기에 적절한 형용사를 묻는 문제이다. 빈칸에 들어갈 형용사는 바로 뒤의 명사 'boy'를 수식하며, 문맥상 '그는 똑똑한 아이니까 잘 해낼 것이다'라는 내용이 되어야 하므로, "bright"이 정답이다.

어휘
vivid a. 생생한, 선명한   bright a. 영리한, 똑똑한
luminous a. 빛을 내는, 총명한
polished a. 품위 있는, 세련된

23. Collocation ★☆☆ 정답 (d)

해석
A: Tim에게 문제에 대해서 말했는데, 주의해서 듣는 것 같지 않았어.
B: 그가 요즘 많은 생각을 하고 있으니까, 그것 때문에 너무 기분 나빠하지 않는 게 좋아.

해설 빈칸 뒤의 명사 'attention'과 함께 쓰여 '~에 유의하다'라는 표현으로 자주 사용되는 연어를 묻는 문제이다. 따라서 보기에 주어진 동사들 중에서 이와 어울리는 동사 "pay"가 정답이다.

어휘
pay attention ~에 유의하다

24. 혼동하기 쉬운 어휘 ★★☆ 정답 (a)

해석
A: 우리 어머니가 새로운 신장을 얻는데 얼마나 걸릴까요?
B: 오래 걸리지 않길 바래야죠. 제가 그분 이름을 이식 수술 명단 맨 처음으로 올려놨어요.

해설 형태가 유사한 어휘 중에서 의미상 적절한 명사를 묻는 문제이다. A의 말에서 어머니의 신장 이식 수술에 관한 이야기임을 알 수 있다. 따라서 주어진 보기 중에서 이와 관련 있는 "transplant"가 정답이다.

어휘
transplant n. 이식 수술   kidney n. 신장
transparency n. 투명성, 투명도   transport n. 수송, 운송
transformation n. 변형, 변모

25. 혼동하기 쉬운 어휘 ★★☆ 정답 (d)

해석 A: 왜 실험실에 있는 모든 짐들을 꾸리고 있어요?
B: 자금 부족이 제 연구를 너무나 지연시켰고, 이젠 어떤 실험도 할 여유가 없어요.

해설 형태가 유사한 어휘 중에서 의미상 적절한 동사를 묻는 문제이다. '왜 실험실에 있는 짐을 꾸리고 있냐'고 묻는 A의 질문에, '자금 부족이 연구를 지연시켰다'라고 대답해야 문맥상 자연스럽다. 따라서 보기의 주어진 동사들 중에서 '지연시키다'라는 뜻의 동사 "impeded"가 정답이다.

어휘 impose v. 강요하다, 부과하다
impel v. 재촉하다
import v. 수입하다
impede v. 지연시키다, 방해하다
experiment n. 실험
pack up 꾸리다, 포장하다
laboratory n. 실험실

26. Collocation ★★☆ 정답 (c)

해석 만약 어떤 사람이 대화의 방향이 자신의 뜻대로 가지 않는다면, 그 혹은 그녀는 당신에게 그것을 그냥 두거나, 뒤로 물러나라고 하거나 아니면 이야기를 그만 하자고 할 것이다.

해설 빈칸 뒤의 'the subject'와 함께 자연스러운 의미를 만드는 연어를 묻는 문제이다. 동사 'drop'은 'stop'과 유사한 의미로 '그만두다, 중단하다'의 의미로 자주 쓰인다. 뒤에 이어지는 명사 'the subject'와 함께 '이야기를 그만 두다'의 의미를 만든다는 것을 기억해 두자.

어휘 head v. 나아가다, 향하다
back off 뒤로 물러서다
drop the subject 이야기를 말다, 이야기를 집어 치우다

27. 동사 ★★☆ 정답 (d)

해석 몇몇 중요한 문서들을 공식화하기 위해서는 공증인의 서명이 필요하다.

해설 빈칸에 들어가기에 적절한 동사를 묻는 문제이다. 문맥상 '문서들은 서명이 필요하다'라는 내용으로 문장을 완성해야 자연스럽다. 따라서 '필요로 하다'라는 뜻의 동사 "require"가 정답이다.

어휘 desire v. 원하다, 바라다
compel v. 억지로 시키다, 강요하다
entail v. 수반하다, 일으키다
require v. 필요로 하다
public notary 공증인

28. 동사 ★★☆ 정답 (b)

해석 백작이 결투를 신청 받았을 때, 그는 비록 진실로 참여하기 싫었지만 거부할 수 없었다.

해설 빈칸 뒤의 'to a duel'과 함께 쓰여, '결투를 도전 받다'라는 어구를 이루는 동사가 들어가는 것이 적절하다. 따라서 보기에 주어진 동사들 중에서 '도전 받다'라는 뜻의 "challenged"가 정답이다.

어휘 encourage v. 장려하다
challenge v. 도전하다
anticipate v. 기대하다, 예상하다
duel n. 결투, 투쟁
confront v. 맞서다, 직면하다
decline v. 거절하다

29. 동사 ★☆☆ 정답 (d)

해석 라디오 진행자가 청취자에게 앞으로 며칠간 한겨울의 폭풍이 다가올 것이라고 알렸다.

해설 빈칸에 들어가기에 적절한 동사를 묻는 문제이므로 문맥상 접근해야 한다. 동사 뒤의 내용을 보면 '폭풍이 다가 올 것을 청취자들에게 ~했다'라는 내용이다. 문맥상 '청취자들에게 알렸다'라는 내용이 되어야 자연스럽다. 따라서 보기의 주어진 동사들 중에서 '알렸다'의 "informed"가 정답이다.

어휘 infer v. 추론하다
inflame v. 흥분시키다
inflict v. 주다, 과하다
inform v. 알리다, 알려주다

30. 명사 ★★☆ 정답 (b)

해석 심장 모양은 사랑과 열정에 대한 보편적인 상징이다.

해설 문맥상 빈칸에 들어가기에 적절한 명사를 묻는 문제이다. 문장의 주어는 '심장 모양'이고 이것이 '사랑과 열정의 보편적'이라는 내용이다. 따라서 이에 적합한 명사를 찾으면 '상징'이라는 뜻의 명사 "symbol"이 된다.

어휘 testament n. 유서, 성서
symbol n. 상징
objective n. 목표, 목적
replica n. 복사, 복제
compassion n. 동정, 동정심

31. 동사 ★★☆   정답 (b)

해석 역사가들은 몇 백년 전의 사회가 어땠는지에 대한 정확한 개념을 얻기 위해 자주 고대 출전을 참고한다.

해설 빈칸에 들어가기에 적절한 동사를 묻는 문제이다. 문맥상 '역사가들은 고대 출전을 참고한다'라는 내용이 되어야 자연스럽다. 따라서 주어진 보기의 동사들 중에서 '참고하다'라는 뜻의 동사 "consult"가 가장 적절하다.

어휘
consult v. 참고하다   scrutinize v. 세밀히 조사하다
confer v. 수여하다   accurate a. 정확한

32. 동사 ★★☆   정답 (c)

해석 공사 인부는 오래된 대성당을 원래의 훌륭한 모습으로 복구하는데 바쁘다.

해설 문장의 의미에 따라 적절한 동사를 묻는 문제이다. 빈칸 뒤의 내용을 보면, '오래된 대성당을 원래의 훌륭한 모습으로'라는 내용으로 이어지므로, 빈칸에는 '재건하다, 복구하다'라는 뜻의 "restoring"이 들어가야 적절하다.

어휘
recall v. 상기하다   retire v. 퇴직하다
restore v. 재건하다, 복구하다   relate v. 관련시키다
cathedral n. 대성당   original a. 원래의, 최초의
splendor n. 훌륭함

33. 숙어 ★★☆   정답 (c)

해석 Jason의 아버지는 연줄을 이용해, 자격이 없는 Jason을 취직시켰다.

해설 빈칸 앞의 동사 'pull'과 함께 쓰이는 숙어를 묻는 문제이다. 빈칸 뒤에서 '그는 사실 자격이 없었다'라는 내용이 이어지고 있으므로 '그는 연줄을 이용해서 취직했다'라는 의미가 되어야 자연스럽다. 따라서 '연줄을 이용하다'라는 의미인 "pull strings"가 들어가야 한다.

어휘 pull strings 연줄을 이용하다, 뒤에서 조종하다

34. 부사 ★★☆   정답 (a)

해석 불편하게 해드려서 죄송합니다만, 저희 상점은 집에 급한 일이 생겨 일시적으로 문을 닫습니다.

해설 문장의 의미에 따라 적절한 부사를 묻는 문제이다. 빈칸 뒤에서 '집에 급한 일이 생겨서'라는 이유가 언급되었기 때문에 앞의 동사를 의미상 수식하기에 가장 적절한 부사는 "일시적으로"이다. 따라서 "temporarily"가 정답이다.

어휘
temporarily adv. 일시적으로
sporadically adv. 단속적으로
complacently adv. 흡족하게
perpetually adv. 영구히, 끊임 없이
inconvenience n. 불편함

35. 형용사 ★★☆   정답 (b)

해석 Roberts씨는 모든 것이 감성적 가치를 갖고 있다고 믿었기 때문에, 어떤 것도 버리는 것을 좋아하지 않았다.

해설 문장의 의미에 따라 적절한 형용사를 묻는 문제이다. 빈칸 뒤에서 '그는 어떤 것도 버리는 것을 좋아하지 않았다'고 하였으므로, 그 이유에 대하여 묘사하는 형용사가 들어가는 것이 적절하다. 따라서 보기에 주어진 형용사 중에서 의미상 가장 적절한 것은 '감성적인'이라는 뜻의 형용사 "sentimental"이다.

어휘
conditional a. 조건부의, 잠정적인
sentimental a. 감성적인, 정서적인
nutritional a. 영양의
sequential a. 잇달아 일어나는

36. 명사 ★★☆   정답 (b)

해석 에세이를 작성할 때에는 독자에게 당신의 논증을 세울 수 있게 서론에 많은 노력을 기울여라.

해설 문장의 의미에 따라 적절한 명사를 묻는 문제이다. 단서는 빈칸 뒤에 '독자에게 당신의 논증을 세우다'에 있다. 따라서 빈칸에는 '서론, 도입'이라는 의미의 명사 "introduction"이 들어가는 것이 문맥상 자연스럽다.

어휘
introspection n. 내성, 자기 반성
argument n. 논의, 말다툼
introduction n. 도입, 서론
conjunction n. 결합, 연결
contraction n. 수축, 축소

37. 동사 ★★☆ 정답 (d)

해석 구도가 좋은 사진은 순간을 완벽하게 포착한다.

해설 의미상 빈칸에 들어가기에 적절한 동사를 묻는 문제이다. 빈칸 뒤의 명사는 'the moment'(순간)이다. 또한 그 뒤에 이어지는 부사 'perfectly'와 함께 쓰여 문맥상 '구도가 좋은 사진은 순간을 완벽하게 포착한다'라는 내용이 되는 것이 가장 자연스럽다. 따라서 '포착하다'라는 뜻의 동사 "captures"가 정답이다.

어휘
retrain v. 재교육하다　　confine v. 한정하다, 가두다
detain v. 유치(감금) 하다　capture v. 포착하다, 기록하다
well-composed a. 구도가 좋은

38. 명사 ★★☆ 정답 (c)

해석 어떻게 공룡들이 멸종 되었는지에 대한 많은 이론들이 있지만, 증명된 것은 아무것도 없다.

해설 문장의 의미에 따라 빈칸에 들어가기에 적절한 명사를 묻는 문제이다. 문맥상 '공룡들이 어떻게 멸종되었는지에 대한 이론들'이 되어야 하므로, '이론들'이라는 뜻의 명사 "theories"가 정답이다.

어휘
philosophy n. 철학　　subject n. 주제, 문제
theory n. 이론　　　　feature n. 특징
extinct a. 멸종된

39. 동사 ★★☆ 정답 (a)

해석 공항에 도착하기 전에, 여행객들은 그들의 출발 날짜와 시간을 확인해야 한다.

해설 빈칸에 들어가기에 적절한 동사를 묻는 문제이다. 빈칸의 동사는 바로 뒤의 명사구(the date and time of their departure)를 목적어로 취하고 있으므로, 문맥상 '출발 날짜와 시간을 확인하다'라는 내용이 되어야 자연스럽다. 따라서 '확인하다'라는 뜻의 동사 "confirm"이 정답이다.

어휘
confirm v. 확인하다　　speculate v. 사색하다
authorize v. 권위를 부여하다　departure n. 출발

40. Collocation ★★☆ 정답 (d)

해석 에베레스트산의 등산가들은 일반적으로 자신들의 지구력 한계의 상황에 놓이게 된다.

해설 빈칸 뒤의 명사구와 함께 의미를 만드는 연어문제이다. 문장의 의미를 보면, '지구력의 한계의 상황'이라고 하였으므로 이와 어울리는 동사를 골라야 한다. 따라서 "pushed"가 정답이다.

어휘
be pushed to the limit 극한 상황에 놓이다
endurance n. 지구력, 인내

41. 동사 ★★☆ 정답 (c)

해석 Brad가 대학으로 떠났을 때, 그는 즉시 친구들을 사귀고 캠퍼스 배치도에 친숙해 지면서 새로운 환경에 빠르게 적응했다.

해설 빈칸에 들어가기에 적절한 동사를 묻는 문제이다. 문장의 내용을 보면 '그는 즉시 새로운 환경에 적응했다'라는 내용이 되어야 자연스럽다. 따라서 보기의 주어진 동사 중에서 '적응했다'라는 뜻의 동사 "adapted"가 정답이다.

어휘
succeed v. 성공하다　　　adapt to 적응하다
coordinate v. 대등하게 하다　go off 떠나다
immediately adv. 바로, 곧장　layout n. 배치
familiarize v. 친하게 하다, 익숙하게 하다

42. 형용사 ★☆☆ 정답 (c)

해석 재활용 할때, 유리와 플라스틱 병들은 분리된 용기에 따로 들어가야 한다.

해설 빈칸 뒤의 명사 'receptacles'를 적절하게 꾸며주는 형용사를 묻는 문제이다. 문장에서, '재활용 할때'라고 하였으므로 '분리된 용기에 들어가야 한다'라는 내용으로 문장을 완성해야 자연스럽다. 따라서 '분리된, 개별의'라는 뜻의 형용사 "separate"가 정답이다.

어휘
overloaded a. 짐이 많은　　overdue a. 연체된
private a. 개인의　　　　　discrete a. 개별의, 분리된
separate a. 분리된, 떨어진　receptacle n. 용기
exclusive a. 배타적인, 독점적인

43. Collocation ★★★ 정답 (a)

해석 그 의사는 한 때 하루 아침에 6명의 아이들을 분만시켰었다.

해설 문맥상 적절한 동사와 함께 자주 쓰이는 연어를 묻는 문제이다. 빈칸 뒤의 목적어 'babies'가 단서이다. 문맥상 '의사는 아이들을 분만시켰다'가 되어야 자연스럽기 때문에 이와 같은 의미로 쓰이는 동사 "delivered"가 정답이다.

어휘
deliver v. 분만시키다　　raise v. 올리다, 세우다
rear v. 기르다, 교육하다　provide v. 제공하다

44. 명사 ★★☆ 정답 (b)

해석 잠재 학생들은 면접 때 Art Institute로 자신의 작품의 포트폴리오를 가지고 와야 한다.

해설 빈칸에 들어가기에 적절한 명사를 묻는 문제이다. 빈칸 뒤의 'of their own work'가 정답의 단서이다. 문장의 의미로 볼 때 '면접 때 자신의 작품에 대한 포트폴리오를 가지고 와야 한다'라는 내용이 되어야 자연스럽다. 따라서 보기의 주어진 명사들 중에서 "portfolios"가 정답으로 적절하다.

어휘
portfolio n. 포트폴리오(대표 작품 선집)
assignment n. 과제　　instance n. 보기, 사례

45. 동사 ★★☆ 정답 (c)

해석 물의 양은 특정 기온 이상으로 열을 주면 증발하기 시작할 것이다.

해설 빈칸에 들어가기에 적절한 동사를 묻는 문제이다. 문제의 단서는 빈칸 뒤의 '특정 기온 이상으로 열을 주면'이 되어, 빈칸에는 '증발시키다'라는 뜻의 동사 "evaporate"가 적절하다.

어휘
coagulate v. 응고시키다, 굳히다
incorporate v. 통합시키다　evaporate v. 증발시키다
concentrate v. 집중하다
certain a. 일정한, 어느 정도의

46. 동사 ★★☆ 정답 (d)

해석 Joe는 높은 상공에서 땅을 내려다 보는 것을 좋아했기 때문에, 창가 자리가 이미 만석이라는 사실을 알고 기분이 상했다.

해설 빈칸에 들어가기에 적절한 동사를 묻는 문제이다. 문맥상 '창가 자리가 이미 만석이라는 것을 알고 기분이 상했다'라는 내용이 되어야 자연스럽다. 따라서 보기의 주어진 동사 중에서 '자리가 찼다'라는 뜻의 동사 "occupied"가 정답이다.

어휘
detail v. 열거하다　　restore v. 복구하다
divert v. ~로 전환하다　occupy v. 차지하다
upset a. 기분 상한, 불쾌한

47. 동사 ★★★ 정답 (d)

해석 영화의 로맨틱한 관현악 기법은 두 연인이 마침내 키스를 하는 순간을 완벽하게 강조한다.

해설 빈칸에 들어가기에 적절한 동사를 묻는 문제이다. 문맥상 '두 연인이 키스하는 순간을 완벽하게 강조한다'라는 내용이 되어야 자연스럽다. 따라서 보기의 주어진 동사 중에서 '강조하다'라는 뜻의 동사 "underscore"가 정답이다.

어휘
interpret v. 해석하다, 연출하다
overreach v. ~이상으로 퍼지다
outshine v. ~보다 더 빛나다
underscore v. 강조하다
orchestration n. 관현악 기법

48. 동사 ★★★ 정답 (b)

해석 Mary가 자신이 좋아하는 재킷을 다음날 아침에 찾았을 때, 그 재킷은 빗물로 완전히 젖어 있었다. 그녀가 뜻하지 않게 폭풍우가 내리는 동안 밖에 두었기 때문이다.

해설 빈칸에 들어갈 적절한 동사를 묻는 문제이다. 빈칸 뒤의 'rain water'가 단서가 되어, '빗물로 젖었다'라는 의미가 되어야 자연스럽다. 따라서 보기의 주어진 동사 중에서 "saturated"가 정답이다.

어휘
intrude v. 억지로 들이 닥치다　saturate v. 흠뻑 적시다
inflict v. 주다, 과하다　　accidentally adv. 우연히
preserve v. 보호하다, 보존하다
thoroughly adv. 완전히, 철저히

49. **명사** ★★☆　　　　　　　　**정답 (a)**

해석　Jack은 모든 삶의 사건 사고는 미리 결정 되어있고, 자신은 아무것도 할 수 없음을 믿었기에 운명론자였다.

해설　빈칸에 들어가기에 적절한 명사를 묻는 문제이다. 빈칸에 대한 설명은 뒤에 이어지는 'because'를 포함한 절에 설명이 되어 있다. '모든 것은 미리 결정 되어있고, 자신은 아무것도 할 수 없다는 것을 믿는 사람'이므로 이러한 내용을 포괄하는 "fatalist"가 정답이다.

어휘　fatalist n. 운명론자　　　satirist n. 풍자가
　　　extortionist n. 착취자　　dramatist n. 극작가
　　　predetermine v. 미리 결정하다, 운명 짓다

50. **Collocation** ★☆☆　　　　　**정답 (c)**

해석　학생들이 끊임없이 지각하자, 선생님은 가혹한 새로운 지각 정책을 실행했다.

해설　빈칸 뒤의 'policy'와 함께 쓰여 '정책을 시행하다'라는 표현으로 자주 사용되는 연어를 묻는 문제이다. 따라서 보기에 주어진 동사들 중에서 '이행하다, 시행하다'라는 뜻의 "implemented"가 정답이다.

어휘　inspire v. 격려하다, 고무하다　　influence v. 영향을 끼치다
　　　implement v. 이행하다, 실행하다　harsh a. 거친, 가혹한
　　　constantly adv. 끊임없이
　　　impair v. 손상시키다
　　　tardiness n. 지연
　　　implement policy 정책을 시행하다

Actual TEST 02 Vocabulary 정답 & 해설

Part I ~ II	1 (b)	2 (d)	3 (a)	4 (b)	5 (d)	6 (a)	7 (d)	8 (d)	9 (d)	10 (a)
	11 (a)	12 (b)	13 (c)	14 (b)	15 (a)	16 (d)	17 (d)	18 (d)	19 (b)	20 (b)
	21 (d)	22 (c)	23 (b)	24 (d)	25 (a)	26 (a)	27 (d)	28 (a)	29 (d)	30 (b)
	31 (c)	32 (c)	33 (d)	34 (d)	35 (a)	36 (d)	37 (d)	38 (d)	39 (b)	40 (d)
	41 (b)	42 (a)	43 (b)	44 (c)	45 (a)	46 (c)	47 (d)	48 (b)	49 (c)	50 (c)

1. 숙어 ★★★   정답 (b)

해석
A: Patricia는 영어 수업에서 잘 하고 있는 것처럼 보여.
B: 응 맞아. 비록 대부분의 단어가 그녀에게는 생소하지만, 그녀는 그것들을 암기하는 것 같아.

해설 빈칸 뒤의 'by heart'와 함께 쓰이는 숙어를 묻는 문제이다. 문맥상 '그녀는 그것들을 암기하는 것처럼 보인다'라는 의미가 되어야 자연스럽다. 따라서 '암기하다'라는 뜻의 숙어 'know by heart'가 들어가야 한다.

어휘 know by heart 암기하다   compute v. 계산(산정) 하다
do well 잘하다, 성공하다

2. 관용표현 ★★☆   정답 (d)

해석
A: 프로젝트에 대한 Jeff의 제안을 따르기로 결정했어요?
B: 아직 결정을 못했어요. 하지만 모든걸 고려해 봤을 때, 아무래도 저는 제 방식대로 해야 할 것 같아요.

해설 빈칸 앞의 'all things'와 함께 쓰여 '모든 것을 고려해 볼 때'라는 뜻을 이루는 관용표현을 묻는 문제이다. 보기에 주어진 동사들 중에서 이러한 의미를 만드는 동사는 "consider"이다. 관용적인 표현이므로 기억해두자.

어휘 all things considered 모든 것을 고려해 볼 때
ponder v. 숙고하다   respond v. 대답하다, 반응하다
discuss v. 논의 하다, 토의 하다   suggestion n. 암시, 제안
consider v. 숙고하다, 고려하다
make up one's mind 결심하다

3. 명사 ★★☆   정답 (a)

해석
A: 당신의 새 집은 어떻습니까?
B: 너무 좋아요. 자신의 집을 갖는 것에 대한 가장 좋은 점은 사생활을 얻을 수 있는 거예요.

해설 빈칸에 들어가기에 적절한 명사를 묻는 문제이다. 문맥상 '자신의 집을 갖는 것에 대한 가장 좋은 점'에 대하여 이야기 하고 있다. 따라서 이에 어울리는 명사를 보기에서 찾으면 "사생활"이라는 뜻의 명사 "privacy"가 적절하다.

어휘 privacy n. 사생활   isolation n. 격리, 고립
secrecy n. 비밀   desolation n. 황폐시킴, 쓸쓸함

4. 숙어 ★★★   정답 (b)

해석
A: John이 너에게 꼭 돈을 갚는다고 하고선 결코 그렇게 하지 않은 점 알고 있어.
B: 응 맞아. 그는 결코 약속을 지키지 않아.

해설 빈칸 앞의 'keep one's end of the'와 함께 쓰이는 숙어를 묻는 문제이다. 문맥상 '그는 결코 약속을 지키지 않는다'라는 의미가 되어야 자연스럽다. 따라서 '약속을 잘 지키다'라는 뜻의 숙어 "keep one's end of the bargain"에서 빈칸에 알맞은 단어는 "bargain"이 된다.

어휘 keep one's end of the bargain 약속을 충실히 이행하다
promise n. 약속

5. 형용사 ★★☆   정답 (d)

해석
A: Tommy는 컴퓨터 게임을 하면서 너무나 많은 시간을 낭비해요.
B: 저는 그가 좀 더 생산적인 일을 하는데 시간을 보냈으면 좋겠어요.

해설 빈칸에 들어가기에 적절한 형용사를 묻는 문제이다. Tommy가 컴퓨터 게임을 하면서 많은 시간을 낭비한다는 A의 말에 대한 B의 대답으로 그가 더 생산적인 일을 했으면 좋겠다고 답해야 자연스럽다. 주어진 보기 중에서 의미상 적절한 형용사를 골라야 한다. 따라서 "생산적인"이라는 뜻의 형용사 "productive"가 정답이다.

어휘 despicable a. 치사한, 비루한   materialistic a. 유물론적인
cultivating a. 양성하는   productive a. 생산적인
waste v. 낭비하다

6. 형용사 ★★☆   정답 (a)

해석
A: 내 눈에 Shannon은 건강이 꽤 나빠 보여.
B: 나도 동의해. 사고 후에 얻은 감염이 그녀를 매우 허약하게 만들었어.

해설 빈칸에 들어가기에 의미상 적절한 형용사를 묻는 문제이다. Shannon의 건강이 좋지 않아 보인다고 A가 말하고 있다. 따라서 사고 후 감염으로 인한 그녀의 건강 상태를 묘사하는 형용사가 들어가는 것이 적절하다. 따라서 '허약한, 연약한'이라는 뜻의 형용사 "frail"이 정답이다.

어휘 frail a. 연약한, 허약한   frivolous a. 천박한, 하찮은
flimsy a. 얇은, 빈약한   fervent a. 열렬한
infection n. 감염, 오염

7. 동사 ★★☆ 정답 (d)

해석
A: Hannah가 승진했다니 믿을 수 없어.
B: 면접을 하던 사람들 중 한 명이 말하길 위원회에서 그녀가 문제를 다루는 방식이 마음에 들었다고 했대.

해설 빈칸 뒤의 목적어 'a problem'과 함께 적절한 의미를 만드는 동사를 묻는 문제이다. 문맥상 '위원회는 그녀가 문제를 다루는 방식을 좋아했다'라는 내용이 되어야 자연스럽다. 따라서 보기의 주어진 동사 중에서 '다루다'라는 뜻의 동사 "tackle"이 정답이다.

어휘
hit v. 때리다, 맞히다
determine v. 결심하다
remark v. 주목하다, 말하다
tackle v. 다루다, 논쟁하다
promotion n. 승진

8. 이어동사 ★★☆ 정답 (d)

해석
A: 내 차가 지금 서비스 센터에 있어서 며칠간 차를 대여해야 될 것 같아.
B: 상품을 좀 둘러보고 다니면, 돈을 좀 절약할 수 있을 거야.

해설 빈칸에 들어가기에 적절한 이어동사를 묻는 문제이다. '차를 대여해야 할 것 같다'는 A의 말에 대한 적절한 B의 응답으로 빈칸을 완성해야 한다. 빈칸 뒤에서 '돈을 절약하다'라고 하였으므로, 이와 의미상 어울리는 이어동사를 골라야 한다. 따라서 '상품을 보고 다니다'라는 뜻의 이어동사 "shop around"가 적절하다.

어휘
sell out 팔아 치우다
trade up 비싼 물건을 매매하다
buy out 사들이다
shop around 상품을 보고 다니다

9. 명사 ★★☆ 정답 (d)

해석
A: 홈팀이 경기 후반전에서 봐주지 않고 사정없이 경기를 했어.
B: 맞아, 45분 만에 그들이 7점이나 득점했다니 믿을 수 없을 정도야.

해설 빈칸에 들어가기에 적절한 명사를 묻는 문제이다. 문맥상 '홈팀은 봐주지 않고 사정없이 경기를 했다'라는 의미가 되어야 자연스럽다. 따라서 이러한 뜻을 만들기 위해서 빈칸에 들어가기에 적절한 명사는 '자비, 인정'의 뜻을 갖는 "mercy"이다.

어휘
disgust n. 싫음, 혐오감
disguise n. 변장, 위장
hide n. 은신처
mercy n. 자비, 인정

10. 혼동하기 쉬운 어휘 ★★☆ 정답 (a)

해석
A: 제가 길을 잃은 것 같아요. 시장의 사무실로 가려고 하는데요.
B: 3층에 있습니다. 가는 방법은 여러 가지가 있는데, 가장 빠르게 가는 길을 알려드릴게요.

해설 형태가 유사한 어휘 중에서 의미상 적절한 명사를 묻는 문제이다. 빈칸 앞의 내용을 보면 '방법이 여러가지가 있다'라고 하였다. 따라서 이와 어울리는 명사를 보기에서 고르면 '지름길'이라는 뜻의 명사 "shortcut"이 정답이다.

어휘
shortcut n. 지름길
shortfall n. 부족
shorthand n. 속기
shortstop n. 유격수
mayor n. 시장
several a. 몇몇의

11. Collocation ★★☆ 정답 (a)

해석
A: 상사가 쓰레기를 버리는 일과 같은 내 임무가 아닌 것들을 시키고 있어.
B: 그는 좋은 사람이었는데, 우리 보다 먼저 승진된 이후로 완전히 권력과시를 해오고 있어.

해설 문맥상 적절한 연어를 묻는 문제이다. 빈칸 뒤에서 '승진된 이후로'라는 단서가 있으므로, 이와 의미상 어울리는 것을 골라야 한다. 따라서 '권력 과시'를 뜻하는 어휘인 "power trip"이 정답이다.

어휘
power trip 권력 과시
white knight 정치 개혁자
beaten path 늘 다녀 생긴 길
heavy load 무거운 짐
take out 들어 내다
promote v. 승진 시키다

12. 명사 ★☆☆ 정답 (b)

해석
A: 건강검진입니까 아니면 다른 문제가 있는 건가요?
B: 그녀는 계속해서 기침을 하고 콧물을 흘리고 있어요. 그것들은 감기 증상인데, 전 안전했으면 좋겠어요.

해설 빈칸에 들어가기에 의미상 적절한 명사를 묻는 문제이다. 빈칸 앞에서 '계속 기침하고 콧물을 흘린다'고 하였다. 따라서 그것들은 감기의 증상이므로, '증상'이라는 뜻의 "symptoms"가 정답이다.

어휘
outcome n. 결과
symptom n. 증상
side effect n. 부작용
reason n. 원인
checkup n. 건강 진단

13. 혼동하기 쉬운 어휘 ★☆☆   정답 (c)

해석 A: 은행에 대출금 다 상환했어요?
B: 아니요, 아직 못했어요. 하지만 그들은 친절하게도 벌금 부과 없이 상환하는 기간을 연장 시켜줬어요.

해설 형태가 유사한 어휘들 중에서 의미상 적절한 동사를 묻는 문제이다. A가 B에게 '은행에 대출금을 다 상환했냐'고 묻고 있다. 따라서 문맥상 '그들은 벌금 부과 없이 상환하는 기간을 연장 시켜줬다'라는 내용으로 문장을 완성해야 자연스럽다. 따라서 '연장하다'라는 뜻의 동사 "extend"가 정답이다.

어휘 expire v. 만기가 되다
extend v. 연장하다
pay off 전액을 지불하다, 청산하다
charge v. 부담시키다, 청구하다
expand v. 넓히다, 확장하다
extract v. 뽑다, 발췌하다
repay v. 갚다
penalty n. 벌금

14. 이어동사 ★☆☆   정답 (b)

해석 A: Benjamin은 휴식 시간에는 굉장히 활발했고, 안으로 들어오면 진정하지 못했어요.
B: 그를 수업에 집중시키기가 때때로 힘들어요.

해설 문맥상 빈칸에 들어가기에 적절한 이어동사를 묻는 문제이다. B는 그를 수업에 집중시키기가 어렵다고 하고, A는 그가 휴식 시간에는 매우 활발하다고 언급하고 있다. 따라서 '그가 안으로 들어오면 진정하지 못했다'라는 내용으로 문장을 완성해야 자연스럽다. 따라서 '안정하다, 진정하다'라는 뜻의 이어동사 "settle down"이 정답이다.

어휘 burn down 전소하다
lay down 내려 놓다
recess n. 휴식
settle down 안정하다, 진정하다
run down 감소하다

15. 형용사 ★★☆   정답 (a)

해석 A: Herbert는 연구 프로젝트 개요에 대한 제 의견에 기분이 상한 것처럼 보였어요.
B: 정말 그랬어요. 당신은 그저 도와주려고 했어요. 저는 당신이 몇 가지 정확한 점들을 지적했다고 생각했어요.

해설 빈칸 뒤의 명사 'points'를 의미상 적절하게 수식하는 형용사를 묻는 문제이다. A가 '제 의견에 기분이 상한 것처럼 보였다'라고 하였다. 이에 대하여 B는 '당신은 그저 도와주려고 한 것이다.'라고 하였으므로 이와 어울리는 형용사를 골라야 한다. 따라서 '정확한'이라는 뜻의 형용사 "valid"가 정답이다.

어휘 valid a. 정확한, 효과적인
erroneous a. 잘못된, 틀린
improper a. 부적당한
prompt a. 즉석의, 신속한

16. 혼동하기 쉬운 어휘 ★★☆   정답 (d)

해석 A: Raymond는 보험사와 논의한 결산에 대해서 말할 수 없다고 말했어요.
B: 그는 거래의 일부로서 양측 모두 합의한 내용에 대해서는 기밀로 처리하기로 동의 했다고 말했어요.

해설 형태가 유사한 어휘 중에서 문맥상 빈칸에 적절한 형용사를 묻는 문제이다. 문맥상 '합의 내용을 기밀로 처리하기로 동의했다'라는 내용이 되어야 자연스럽다. 따라서 '기밀의'라는 뜻의 형용사 "confidential"이 정답이다.

어휘 controversial a. 논의의 여지가 있는
consistent a. 일관된
conventional a. 전통적인, 틀에 박힌
confidential a. 기밀의
deal n. 거래
settlement n. 결산, 양도

17. 명사 ★☆☆   정답 (b)

해석 A: 끝나고 집에 태워다 줄까요?
B: 아니요, 고맙지만 괜찮아요. 도서관에 가야 하는데, 당신이 사는 곳과 반대방향이거든요.

해설 빈칸에 들어가기에 문맥상 적절한 명사를 묻는 문제이다. 문맥상 '그건 당신이 사는 곳과 반대 방향에 있다'라는 내용이 되어야 자연스럽다. 따라서 반대 방향의 'opposite direction'에서 "direction"이 정답이다.

어휘 location n. 위치
quadrant n. 4분원
opposite a. 반대편의, 정반대의
direction n. 방향
suburb n. 교외

18. 숙어 ★★★   정답 (d)

해석 A: 어제 Gregory와 크게 싸우지 않았다면 좋을 텐데.
B: 사실, 너 잘했어. 그 남자는 약자를 괴롭히는 사람이잖아. 가끔씩 너의 주장을 고집할 필요가 있어.

해설 빈칸 뒤의 'one's ground'와 함께 쓰여 '자기 주장을 고집하다'라는 의미를 이루는 숙어를 묻는 문제이다. 따라서 주어진 동사 중에서 이와 같은 의미를 만드는 동사 "stand"가 정답이다.

어휘 stand one's ground 자기주장을 고집하다
battle v. 싸우다
bully n. 약자를 괴롭히는 사람
argument n. 논의, 말다툼

19. 동사 ★★☆   정답 (b)

해석
A: 은행 안에 들어가서 돈을 찾아야 되니?
B: 아니, 입출금 카드 있으니까, ATM에서 현금 인출 할 수 있어.

해설 빈칸에 들어가기에 문맥상 적절한 동사를 묻는 문제이다. 빈칸 뒤의 'cash at the ATM'이 단서가 되어 '돈을 인출하다'라는 뜻의 동사가 들어가는 것이 의미상 자연스럽다. 따라서 보기의 주어진 동사 중에서 "withdraw"가 정답이다.

어휘
deposit v. 두다, 맡기다
withdraw v. 인출하다, 빼다
relocate v. 다시 배치하다
transfer v. 옮기다

20. 숙어 ★★★   정답 (b)

해석
A: 네 딸은 요청하는 모든걸 갖는 것 같아. 원하는 건 다 얻으려는 것 같아.
B: 그렇게 보일지 모르겠지만, 나의 외동딸이라서 그래.

해설 빈칸은 앞의 'wrap around a person's'와 함께 쓰여 숙어를 만드는 명사를 묻는 문제이다. 대화의 내용으로 보면 '그녀는 원하는 걸 다 얻으려는 것 같아'라는 의미가 되어야 자연스럽다. 따라서 이러한 뜻을 이루는 명사 "finger"가 정답이다.

어휘
be wrapped around one's finger 남에게 둘리다

21. 형용사 ★☆☆   정답 (d)

해석
A: Titan 사는 오늘 마침내 우리 이사회에게 매수 제의를 했어요.
B: 합병논의에서의 현저한 발전이 될 것 같은 소식이네요.

해설 빈칸 뒤의 'development'를 의미상 적절하게 수식하는 형용사를 묻는 문제이다. 문맥상 '합병논의에서 현저한 발전이 될 것 같다'라는 내용이 되어야 자연스럽다. 따라서 주어진 보기의 형용사 중에서 '현저한'이라는 뜻의 형용사 "striking"이 정답이다.

어휘
heartfelt a. 진심에서 우러나는
trailing a. 질질 끌리는
precise a. 정확한
striking a. 현저한, 두드러진
buyout n. 회사의 매수
bid n. 입찰가

22. 이어동사 ★★★   정답 (c)

해석
A: 내 새로운 아파트로 이삿짐 나르는걸 도와줘서 고마워.
B: 나도 즐거웠어. 많은 사람들이 함께 조력하면, 모두가 일을 더 빠르고 쉽게 할 수 있잖아.

해설 빈칸 뒤의 'in'과 함께 쓰여 자연스러운 의미를 만드는 이어동사를 묻는 문제이다. A가 '이삿짐 나르는 것을 도와줘서 고맙다'고 앞서 언급하였으므로, 의미상 이와 어울리는 동사가 와야 한다. 따라서 '협력하다, 조력하다'라는 의미의 "pitch in"이 정답이다.

어휘
pitch in 협력하다, 조력하다
deal v. 나누어 주다

23. 관용표현 ★★☆   정답 (b)

해석
A: 어제 밤의 폭풍이 너의 트럭 덮개를 크게 파손시켰어.
B: 그러게. 새것을 사야 할 것 같아.

해설 빈칸은 관용적인 표현을 만들기 위해 필요한 명사를 묻는 문제이다. 문맥상 '폭풍이 트럭 덮개에 큰 피해를 줬다'라는 의미가 되어야 자연스럽다. 따라서 '큰 피해를 주다'라는 관용표현 'take a toll on'이라는 문맥을 완성하는 것이 적절하다.

어휘
take a toll on 피해를 주다
canopy n. 덮개
hail storm 우박을 동반한 폭풍

24. 숙어 ★★☆   정답 (d)

해석
A: 다른 방에서 내가 들은 큰 소리가 뭐야?
B: 케이블 TV가 잠시 동안 꺼지더니 백색소음을 냈어.

해설 문맥상 빈칸에 들어가기에 적절한 숙어를 묻는 문제이다. '다른 방에서 난 큰 소리가 무엇이었냐'고 A가 묻고 있다. 이에 대하여 B는 '케이블 TV가 꺼져서 백색소음을 냈다'라고 대답해야 문맥상 자연스럽다. 따라서 빈칸에는 '백색 소음'이라는 뜻의 "white noise"가 적절하다.

어휘
sound wave 음파
loose change 잔돈
lost cause 가능성이 없는 목표
white noise 백색 소음

25. Collocation ★★☆   정답 (a)

해석
A: 어제 밤에 내 이메일 받았어?
B: 아니. 어제 폭풍우 때문에 몇 시간 동안 정전이여서, 인터넷 연결이 계속 안됐었거든.

해설 빈칸 앞의 'power'와 함께 쓰여 적절한 의미를 만드는 연어를 묻는 문제이다. B의 말을 보면 '어제 폭풍우 때문에 ~이 일어났고, 인터넷이 되지 않았다'고 하였다. 따라서 빈칸에는 '정전'이라는 의미를 만드는 "outage"가 정답이다.

어휘
outage n. 정전 surge n. 돌진, 쇄도
collapse n. 붕괴, 와해 breakage n. 파손

26. 형용사 ★☆☆   정답 (a)

해석 자연 보호론자들은 roadrunner가 신축 주택의 건설로 인해 자연 서식지가 파괴 됨으로써, 50년 안에 멸종될 것이라고 걱정한다.

해설 문장의 의미에 따라 빈칸에 적절한 형용사를 묻는 문제이다. 문맥상 'roadrunner가 멸종 될 것이다'라는 내용이 되어야 자연스럽다. 따라서 빈칸에는 '멸종된'이라는 뜻의 형용사 "extinct"가 적절하다.

어휘
extinct a. 멸종된 docile a. 온순한
prevalent a. 일반적으로 행해지는 destroy v. 파괴하다
intact a. 완전한, 손상되지 않은
conservationist n. 자연보호론자
roadrunner 뻐꾸기 과의 일종
habitat n. 서식지

27. 고급어휘 ★★★   정답 (d)

해석 신축 건물의 벽지를 바르는데 사용된 재정 수치 사이에 큰 불일치가 있는 것처럼 보인다.

해설 유사한 형태를 갖는 어휘들 중에서 의미상 가장 적절한 명사를 묻는 문제이다. 문맥상 '재정 수치들 사이에 큰 불일치가 있다'라는 내용이 되어야 자연스럽다. 따라서 주어진 보기의 명사 중에서 '불일치'라는 뜻의 명사 "discrepancy"가 정답이다.

어휘
disproportion n. 불균형 discrepancy n. 불일치, 모순
disequilibrium n. (경제의) 불균형, 불안전
decorate v. 페인트 칠하다, 장식하다
disdain n. 경멸
figure n. 수치

28. 명사 ★☆☆   정답 (a)

해석 법률상, 체포된 사람들은 경찰에게 말하기 전에 자신의 변호사를 볼 권리가 있다.

해설 문장의 의미에 따라 빈칸에 적절한 명사를 묻는 문제이다. 빈칸 앞에서 '법률상'이라고 하였다. 또한 문맥상 '자신의 변호사를 볼 권리가 있다'라는 내용으로 문장을 완성하는 것이 자연스럽다. 따라서 '권리'라는 뜻의 명사 "right"이 정답이다.

어휘
right n. 권리 means n. 수단
advantage n. 이점 intention n. 의도, 목적
arrest v. 체포하다

29. 형용사 ★★★   정답 (d)

해석 Stan은 의사가 자신에게 종양 수술을 해야 할지도 모른다고 말했을 때 겁에 질려버렸다.

해설 문장의 의미에 따라 빈칸에 적절한 형용사를 묻는 문제이다. 빈칸은 Stan의 상태를 설명하는 형용사가 들어가야 하는데, When을 포함한 절을 보면 '의사가 그에게 종양 수술을 해야 할지도 모른다고 말했다'라는 내용이다. 따라서 '겁먹은'이라는 뜻의 형용사 "petrified"가 적절하다.

어휘
irresolute a. 우유부단한 petrified a. 겁에 질린
considerate a. 이해심 있는, 사려 깊은
require v. 필요로 하다
flustered a. 당황한
tumor n. 종양

30. 숙어 ★★★   정답 (b)

해석 Jason은 처음에는 새로운 직장에서 고생을 많이 했지만, Joe가 새로운 사업에 대한 상세한 내용을 가르쳐 줬을 때 그는 더욱 일을 즐기게 된 것처럼 보였다.

해설 문장의 의미에 따라 빈칸에 적절한 숙어를 묻는 문제이다. 문맥상 'Joe가 Jason에게 새로운 직장에 대한 상세한 내용을 가르쳤다'라는 내용이 되어야 자연스럽다. 따라서 '상세한 내용'이라는 뜻의 "ins and outs"가 정답이다.

어휘
ups and downs 우여곡절 ins and outs 상세한 내용
days and nights 낮과 밤 highs and lows 샅샅이
struggle with 분투하다

31. 명사 ★★☆   정답 (c)

해석 용의자는 당국으로부터 중요한 증거를 숨겼기 때문에 사법 방해 혐의를 받았다.

해설 문장의 의미에 따라 빈칸에 적절한 명사를 묻는 문제이다. 빈칸 뒤에서 '당국으로부터 중요한 증거를 숨겼다'고 하였으므로 이와 어울리는 명사를 골라야 한다. 따라서 '방해'라는 뜻의 명사 "obstruction"이 정답으로 적절하다.

어휘
restraint n. 억제, 구속
obstruction n. 방해물
suspect n. 용의자
justice n. 공정, 공평
constraint n. 강제, 압박
delay n. 지연, 지체
be charged with ~로 기소되다
evidence n. 증거, 물증

32. 혼동하기 쉬운 어휘 ★★★   정답 (c)

해석 현직 주지사는 주법에 의해 3차 연임을 위한 재선을 요구할 수 없다.

해설 유사한 형태를 갖는 어휘들 중에서 의미상 가장 적절한 형용사를 묻는 문제이다. 빈칸의 어휘는 주지사를 꾸미는 형용사이어야 한다. 문장은 '그 주지사는 3차 연임을 위한 재선을 요구할 수 없다'는 내용이다. 따라서 보기의 주어진 형용사 중에서 '현직의'라는 뜻의 "incumbent"가 정답으로 적절하다.

어휘
indistinct a. 흐릿한
incumbent a. 현직의
reelection n. 재선
indefinite a. 일정치 않은, 분명하지 않은
inconsequential a. 하찮은
state law 주법

33. 동사 ★★☆   정답 (d)

해석 그 남자는 탄약 공장 폭발사고에서 가볍게 다쳤기에 운 좋게 생존할 수 있었다.

해설 문장의 의미에 따라 빈칸에 적절한 동사를 묻는 문제이다. 빈칸 앞에서 '그는 운좋게 살아남았다'고 하였다. 문맥상 '그는 탄약 공장 폭발사고에서 가볍게 다쳤다'라는 내용이 되어야 자연스럽다. 따라서 '부상당했다'라는 뜻의 "wounded"가 정답이다.

어휘
blemish v. 손상하다, 해치다
stagger v. 비틀거리다
explosion n. 폭발
damage v. 손해를 입히다
wound v. 부상하게 하다
ammunition n. 무기, 군수품

34. 명사 ★☆☆   정답 (d)

해석 아이들은 왜 과학적인 방법이 화학 실험에서 중요하게 쓰이는 지에 대해 이해하는데 어려움을 느꼈다.

해설 빈칸에 들어가기에 적절한 명사를 묻는 문제이다. 빈칸의 명사는 빈칸 앞의 형용사 'scientific'의 수식을 받으며, '화학 실험에서 중요하게 쓰인다'는 내용에서 사용되었다. 따라서 '방식, 방법'이라는 뜻의 명사 "method"가 정답으로 적절하다.

어휘
path n. 작은 길
reason n. 원인, 이유
chemistry n. 화학
route n. 길, 방법
method n. 방식, 방법
experiment n. 실험

35. Collocation ★★☆   정답 (a)

해석 George는 그의 친구가 사고 후에 낙담하고 있을 걸 알고, 그를 격려해 주기 위해 병문안을 가기로 결심했다.

해설 '방문하다'라는 표현으로 사용되는 연어를 묻는 문제이다. 빈칸 앞에 '사고 후의 낙담하고 있을 것을 알았다'고 하였다. 문맥상 '그를 격려해 주기 위해 병문안을 가기로 결정했다'라는 내용이 되어야 자연스럽다. 따라서 'pay a visit'이라는 연어를 이루는 "pay"가 정답이 된다.

어휘
pay a visit 방문하다
decide v. 결심하다, 결정하다
depressed a. 낙담한
cheer up 격려하다

36. 명사 ★★★   정답 (d)

해석 경리과는 내년부터 초과근무에 대한 보수를 인상시킬 것이다.

해설 빈칸에 들어가기에 적절한 명사를 고르는 문제이다. 빈칸 앞의 동사 'increase'와 함께 의미상 자연스러운 명사를 고르면, 문맥상 '초과근무에 대한 보수를 인상시킬 것이다'라는 내용이 되어야 자연스럽다. 따라서 '보수'라는 뜻의 명사 "remuneration"이 정답이다.

어휘
introspection n. 내성, 자기 반성
expenditure n. 지출, 소비
proceed n. 수입, 매상고
remuneration n. 보수, 급료
overtime n. 초과 근무
increase v. 증가시키다

37. 숙어 ★★★   정답 (d)

해석 그 열성적인 신입 사원은 입사 첫날부터 자신의 상사에게 인상을 심어주기 위해 어떤 것이든지 일할 준비와 각오가 되어 있었다.

해설 문장의 의미에 따라 빈칸에 적절한 숙어를 묻는 문제이다. 빈칸의 숙어는 'the eager new employee'에 대한 설명이므로, '당장이라도 ~하기를 원하는'이라는 뜻의 "ready and willing"이 가장 자연스럽다.

어휘
quick and easy 빠르고 쉬운   safe and sound 무사히
high and mighty 거만하게
ready and willing 당장이라도 ~하기를 원하는
impress v. 인상을 주다, 감동시키다

38. 이어동사 ★★☆   정답 (d)

해석 2시간 이상을 줄서서 기다린 Jerry는 너무나 지쳐워 관리인에게 불평하기로 결심했다.

해설 빈칸에 들어가기에 적절한 이어동사를 묻는 문제이다. 문맥상 'Jerry는 2시간 이상 줄을 서서 지쳐웠다'라는 내용이 되어야 이어지는 내용 '관리인에게 불평하기로 결심했다'와 자연스럽다. 따라서 '지겹다'라는 뜻의 이어동사 "fed up"이 정답이다.

어휘
hold back 망설이다   lead away 데려가다, 유인하다
cross out 줄을 그어 지우다   fed up 지겹다
complain v. 불평하다

39. 형용사 ★★☆   정답 (b)

해석 항공사의 정책상 수취인이 없는 모든 수하물은 비행기가 착륙한 후 1시간 이후에 창고로 옮겨진다.

해설 빈칸 뒤의 'luggage'를 적절하게 꾸며주는 형용사를 묻는 문제이다. 문맥상 '수취인이 없는 짐들은 비행기 착륙 후 1시간 이후에 창고로 옮겨진다'라는 내용이 되어야 자연스럽다. 따라서 보기의 주어진 형용사 중에서 '수취인이 없는'이라는 뜻의 형용사 "unclaimed"가 정답이다.

어휘
undefined a. 불확정의   unclaimed a. 수취인이 없는
underfunded a. 재원이 없는   undefeated a. 무패의
policy n. 정책   luggage n. 수하물
storage n. 창고

40. 관용표현 ★★★   정답 (d)

해석 재판관은 군 보안관이 사건이 발생했을 때 공적 자격으로서 행동하였기 때문에 탈옥한 죄수를 살인한 죄에 대해 무죄 판결을 내렸다.

해설 빈칸 뒤의 'capacity'와 함께 자연스러운 의미를 만드는 관용표현을 묻는 문제이다. 문맥상 빈칸 앞에서 '죄에 대해 무죄 판결을 내렸다'고 하였으므로 이와 어울리는 의미의 표현이 들어가야 한다. 따라서 정답은 "official"이다.

어휘
official capacity 공적 자격   temporary a. 임시의
contentious a. 다투기 좋아하는   escaped a. 탈주한
unapproved a. 미 승인된
rule v. 판결하다, 통치하다
sheriff n. 군 보안관

41. 혼동하기 쉬운 어휘 ★★☆   정답 (b)

해석 2주간의 방학 이후, 매니저는 원기를 회복한 것 같았고, 회사가 직면한 예산 문제를 다룰 준비가 되어있었다.

해설 형태가 유사한 어휘 중에서 의미상 적절한 형용사를 묻는 문제이다. 문맥상 '매니저는 휴가 후에 원기를 회복한 것 같았다'라는 내용으로 문장을 완성해야 자연스럽다. 따라서 '원기를 회복한'이라는 뜻의 형용사 "rejuvenated"가 정답이다.

어휘
reimbursed a. 변상된   rejuvenated a. 원기를 회복한
reinforced a. 보강된   regurgitated a. 역류된
tackle v. 다루다, 부딪치다   budget n. 예산
face v. 직면하다

42. Collocation ★★☆   정답 (a)

해석 노동조합은 경제 상황으로 인해 회사가 구조조정을 할 수 있다고 발표하자 이의를 제기하기로 결정했다.

해설 동사 'raise'와 함께 쓰여 '이의를 제기하다'라는 표현으로 자주 사용되는 연어를 묻는 문제이다. 따라서 '이의'에 해당하는 명사 "objection"이 정답이다.

어휘
raise objection 이의를 제기하다   announce v. 발표하다
expectation n. 기대, 예상

43. 이어동사 ★★★   정답 (b)

해석 식료품점의 점원은 한 고객이 가방 중에 하나를 가져가지 않은 것을 보고 그를 바로 쫓아가서 주차장에서 그를 찾았다.

해설 문장의 의미에 따라 빈칸에 적절한 이어동사를 묻는 문제이다. 빈칸 앞에서 '한 고객이 가방 중 하나를 가져가지 않은 것을 보았다'고 하였으므로, 문맥상 '그를 바로 쫓아가서 주차장에서 찾았다'라는 내용이 되어야 자연스럽다. 따라서 '뒤쫓아갔다'라는 뜻의 이어동사 "took off after"가 정답이다.

어휘
fill in for 대역하다   take off after 바로 쫓아가다
shy away from 피하다   give in to 굴복하다

44. 동사 ★★★   정답 (c)

해석 시 감독관은 자신이 본 건물에서 전기줄이 노출되고, 파이프에 물이 새며, 비위생적인 상태인 화장실에 대해서 부적격 판정을 내렸다.

해설 문장의 의미에 따라 빈칸에 적절한 동사를 묻는 문제이다. 문장의 내용에서 시 감독관이 건물의 비위생적인 상태를 보고 어떤 행동을 했는지 묘사하는 동사가 들어가는 것이 적절하다. 따라서 '부적격 판정을 내리다'라는 뜻의 동사 "condemn"이 정답이다.

어휘
deface v. 손상시키다   commend v. 칭찬하다
condemn v. 부적격 판정을 내리다, 책망하다
improve v. 개선하다   leaky a. 새는
exposed a. 노출된
unsanitary a. 비위생적인

45. 의미가 유사한 어휘 ★★☆   정답 (a)

해석 의사의 좌우명의 일부는 자신의 환자들을 공정하게 치료하고, 이미 병을 앓고 있는 어느 누구에게도 부가적인 손상을 주지 않는 것이다.

해설 유사한 의미를 갖는 어휘들의 다른 쓰임을 묻는 문제이다. 보기에 주어진 어휘들 모두 '손상'이라는 의미를 갖는다. 문맥상 '의사의 좌우명은 환자들 누구에게도 부가적인 손상을 주지 않는 것이다'가 되어야 자연스럽다. 이와 같은 문맥에서 '손상'을 표현할 때에는 "harm"이 자주 쓰이므로 (a)가 정답이다.

어휘
harm n. 손상, 손해   injury n. 상해, 손상
ailment n. 병, 불쾌   pain n. 아픔, 고통
motto n. 좌우명, 표어   treat v. 치료하다
fairly adv. 공정히, 꽤   additional a. 부가적인, 추가의
ill a. 병든, 건강이 나쁜

46. 명사 ★★☆   정답 (c)

해석 탈염공장에서 처리과정 이후에, 소금은 시장에서 팔아서 이윤이 날 수 있는 부산물이다.

해설 빈칸에 들어가기에 적절한 명사를 묻는 문제이다. 빈칸 앞에서 문맥상 '소금은 시장에 팔아서 이윤이 날 수 있는 부산물이다'라는 내용이 되어야 자연스럽다. 따라서 '이익, 이윤'이라는 뜻의 명사 "profit"이 정답이다.

어휘
loss n. 손해, 손실   deficit n. 부족
profit n. 이익, 이윤   subsidy n. 보조금, 지원금
treatment n. 취급, 대우   process n. 과정
desalination plant 탈염공장   byproduct n. 부산물

47. 동사 ★★☆   정답 (b)

해석 변호사는 증거 부족의 이유로 사건을 부결하라고, 재판관에게 청원하려고 노력했다.

해설 문장의 의미에 따라 빈칸에 적절한 동사를 묻는 문제이다. 문맥상 '변호사가 증거 부족의 이유로 부결시키라고 청원하려 했다'라는 내용이 되어야 자연스럽다. 따라서 '청원하다'라는 뜻의 동사 "petition"이 정답이다.

어휘
demand v. 요구하다, 요청하다   petition v. 청원하다
prosecute v. 기소하다   abolish v. 폐지하다
attorney n. 변호사   throw out 부결하다
evidence n. 증거

48. 형용사 ★★★   정답 (b)

해석 Nancy의 파티에 여러 번 가본 John은 분위기가 자신과 맞기 때문에 긴장을 풀 수 있다는 것을 알았다.

해설 문장의 의미에 따라 빈칸에 적절한 형용사를 묻는 문제이다. 빈칸의 앞에서 'Nancy의 파티에 여러번 가보았다'고 한 것이 정답을 고르는 단서이다. 따라서 이러한 내용과 어울리는 '알맞은, 성격에 맞는'의 뜻을 갖는 형용사 "congenial"이 정답이다.

어휘
unfamiliar a. 생소한, 익숙하지 못한   relax v. 긴장을 풀다
congenial a. 성격에 맞는, 알맞은   stifling a. 답답한
rarefied a. 고상한

49. Collocation ★★★   정답 (c)

해석 우리는 구내 매점으로 몰려가는 혼잡한 군중을 뚫고 지나가야 했다.

해설 빈칸 뒤의 'crowds'와 함께 쓰여 '혼잡한 군중'이라는 의미로 자주 사용되는 연어를 묻는 문제이다. 따라서 "milling"이 정답이다. 연어 문제는 의미에 따라 정답을 유추할 수 없으므로 나올때 마다 암기해 두자.

어휘
milling crowds 혼잡한 군중   haunting a. 잊혀지지 않는
crushing a. 압도적인   sprawling a. 기어가는 듯한
push one's way through 인파를 헤치고 나아가다
spectator n. 구경꾼
concession stands 구내 매점

50. 명사 ★☆☆   정답 (c)

해석 거만한 죄수는 희생자의 가족들을 처음 만났을 때 뉘우치는 빛이 전혀 없었고, 가석방이 허락되지 않았다.

해설 빈칸에 들어가기에 적절한 명사를 묻는 문제이다. 문맥상 '그는 희생자들의 가족을 처음 만났을 때 후회하는 모습을 보여주지 않았다'라는 내용이 되어야 자연스럽다. 따라서 '후회, 양심의 가책'이라는 뜻의 명사 "remorse"가 정답이다.

어휘
relief n. 안도, 안심   sensation n. 감각, 느낌
remorse n. 양심의 가책, 후회   fault n. 실수
arrogant a. 거만한   convict n. 죄수
parole n. 가석방

Actual TEST 03 Vocabulary 정답 & 해설

Part I ~ II	1 (d)	2 (a)	3 (c)	4 (c)	5 (b)	6 (c)	7 (b)	8 (c)	9 (b)	10 (d)
	11 (c)	12 (b)	13 (d)	14 (c)	15 (b)	16 (a)	17 (a)	18 (c)	19 (c)	20 (c)
	21 (a)	22 (c)	23 (d)	24 (c)	25 (b)	26 (a)	27 (c)	28 (a)	29 (b)	30 (c)
	31 (c)	32 (d)	33 (d)	34 (c)	35 (b)	36 (c)	37 (b)	38 (a)	39 (d)	40 (b)
	41 (a)	42 (b)	43 (d)	44 (a)	45 (b)	46 (a)	47 (d)	48 (d)	49 (a)	50 (b)

1. 형용사 ★☆☆   정답 (d)

해석
A: 부엌 싱크대 아래에 물이 많이 새요. 일이 좀 큰데 확실히 처리할 수 있으세요?
B: 네, 그럼요. 저는 굉장히 유능한 배관공이에요. 곧 바로 고쳐드리죠.

해설 빈칸 뒤의 명사 'plumber'를 적절하게 꾸며주는 형용사를 묻는 문제이다. '싱크대 아래에 물이 새고 있는 문제를 확실히 처리할 수 있냐'고 묻는 A의 질문에, B는 '바로 고친다'고 대답하고 있다. 따라서 보기의 주어진 형용사 중에서 빈칸에 적절한 것은 "capable(유능한)"이다.

어휘
probable a. 있음 직한   leak n. 새는 물, 누출
affordable a. 알맞은, 줄 수 있는   in no time 곧, 바로
capable a. 유능한, 실력 있는
likeable a. 호감 가는, 마음에 드는

2. Collocation ★★☆   정답 (a)

해석
A: 당신이 가장 처음 했던 일이 무엇이었나요?
B: 신문 배달이었어요. 매일 아침 제 자전거에 Times신문의 사본들을 싣고 배달했었어요.

해설 빈칸 앞의 명사 'paper'와 함께 쓰이는 연어 문제이다. 보기에 주어진 어휘들 모두 '과정, 길'이라는 의미를 갖는다. 그러나 문맥상 적절한 의미는 '신문 배달'이며, 이때는 "route"가 쓰이므로 정답은 (a)가 된다.

어휘
paper route 신문 배달   path n. 작은 길
routine n. 판에 박힌 일   course n. 과정
deliver v. 배달하다

3. Collocation ★★☆   정답 (c)

해석
A: 어제 밤의 백악관 기자 회견을 놓쳤어요. 어땠어요?
B: 아주 재미 있었어요. 리포터 몇 사람이 의료정책과 외교정책에 대한 아주 괜찮은 안건들을 제기했거든요.

해설 빈칸 뒤의 'questions'와 함께 쓰여, 문맥상 적절한 의미를 만드는 동사를 묻는 문제이다. '문제를 삼다'라는 의미로 'raise a question'의 연어가 자주 쓰인다. 따라서 정답은 "raised"이다.

어휘
raise a question 문제 삼다
press conference 기자 회견
fascinating a. 매혹적인, 아주 재미 있는

4. 숙어 ★☆☆   정답 (c)

해석
A: Paul, 네가 모금활동 위원회의 장을 맡을 거야?
B: 기꺼이 해야지. 나한테 돈을 좀 더 모을 수 있는 정말 좋은 아이디어들이 몇 개 있거든.

해설 빈칸 뒤의 'charge of'와 함께 쓰여 '~을 맡다'라는 뜻의 어구를 만드는 숙어를 묻는 문제이다. 보기의 주어진 동사 중에서 골라야 하는데, 일반적인 동사의 의미로 접근하여도 가장 자연스러운 것은 "take"이다. 숙어이므로 암기해 두자.

어휘
take charge of ~을 맡다, 담당하다
fund-raising a. 모금 활동의, 자금 조달의

5. Collocation ★★☆   정답 (b)

해석
A: 새로운 지점 매니저 어때?
B: 그녀는 성격이 좋은데다가 자신이 해야 할 일에 대해서 정확히 알고 있어. 그래서 난 그녀의 지시를 받는데 있어서 아무런 문제가 없을 것 같아.

해설 'take'와 같이 쓰이는 명사를 묻는 문제이다. 'take orders'는 보통 성직에 취임하는 뜻으로 쓰인다. 그러나 'take orders from'처럼 'order'가 주문을 의미할 때에는 '주문을 받다', 지시나 명령을 의미할 때에는 '지시를 받다'는 뜻으로 쓰인다. 동사와 명사로 따로 쓰일 때와 의미가 달라지므로 숙어로 기억해 두자.

어휘
take order from ~의 지시를 받다
regional manager 지점 매니저

6. 이어동사 ★★☆   정답 (c)

해석
A: 이번 주말에 있는 자동차 쇼에 너의 Mustang을 전시 할거니?
B: 응 아마도. 새로 겉칠한걸 자랑할 수 있는 기회잖아.

해설 빈칸 뒤에 'off'와 함께 적절한 의미는 만드는 이어동사를 묻는 문제이다. 동사 뒤에 수반하는 목적어 'the new paint job'과 함께 쓰이고, A가 '자동차 쇼에서 전시할 것이냐'고 묻고 있다. 따라서 '자랑하다, 과시하다'의 의미를 만드는 "show off"가 적절하다.

어휘
show off 자랑하다, 과시하다

54

7. Collocation ★★☆ 　　　정답 (b)

해석
A: 커피숍에서 생활비를 벌 정도의 충분한 돈을 버니?
B: 응 대충. 수입을 보충하기 위해 일자리를 하나 더 해야 될 것 같아.

해설
'earn'과 함께 쓰이는 연어를 묻는 문제이다. 'earn a living'은 '돈을 벌다, 생계를 꾸려가다'는 뜻으로 자주 쓰이는 표현이다. 'earn'이란 단어 대신에 'make'를 써서 'make a living'으로 표현해도 같은 의미가 된다. 참고로 '힘겹게 생계를 꾸려나간다'고 할 때에는 'scrape a living'이란 표현도 자주 쓰인다.

어휘
earn a living 생활비를 벌다　　income n. 수입
supplement v. 보충하다, 메우다

8. 이어동사 ★★☆ 　　　정답 (c)

해석
A: 숲에서 2주간 실종되었던 사람들이 생존했다니 믿기지 않아.
B: 맞아. 그 사람들이 겪었어야 했던 악전 고투가 상상이 가니?

해설
빈칸에 적절한 이어동사를 묻는 문제이다. 'go through'는 보통 '처음부터 끝까지 살펴보다'는 의미로 자주 쓰인다. 그러나 '힘든 경험을 하다'는 의미로도 쓰일 수 있기 때문에 문맥상 적절하다. 이 외에 'go through + food'는 '다 먹어 치우다'는 의미로 쓰인다는 것도 알아두자.

어휘
survive v. 살아남다　　imagine v. 상상하다
struggle n. 노력, 몸부림　　go through 겪다, 경험하다

9. 이어동사 ★★☆ 　　　정답 (b)

해석
A: 세면을 위한 이 쿠폰이 필요하니? 세 개를 한 개 값에 주는 거야.
B: 당연하지! 놓치기 싫은 거래인걸.

해설
빈칸 뒤의 'up'과 함께 문맥상 자연스러운 이어동사를 이루는 동사를 묻는 문제이다. A가 쿠폰에 대해서 이야기 하고 있고, 이에 대하여 B가 '~할 수 없는 거래'라고 답하고 있다. 따라서 '놓치다'라는 뜻의 이어 동사 "pass up"이 정답이다.

어휘
pass up (기회를) 놓치다　　deal n. 거래

10. 숙어 ★★★ 　　　정답 (d)

해석
A: 이 세탁기를 너무 사고 싶지만, 가격을 감당 할 수 없네요.
B: 걱정 마세요. 서로 타협해서 합의점을 찾으면 되죠.

해설
빈칸은 숙어를 묻는 문제이다. '세탁기를 사고 싶지만 가격이 비싸다'고 하는 A의 말에, B가 '서로 타협할 수 있을 것이다'라고 대답하고 있다. 따라서 '합의점을 찾다'라는 의미의 숙어 'find middle ground'가 적절하다.

어휘
find middle ground 합의점을 찾다
compromise v. 타협하다
afford v. 주다, 여유가 있다

11. 동사 ★★☆ 　　　정답 (c)

해석
A: 너의 남동생 군대에 있지 않았어?
B: 맞아. 지난 9월에 현역을 마쳤어.

해설
빈칸에 들어가기에 적절한 동사를 묻는 문제이다. '남동생이 군대에 있지 않았냐'고 A가 묻고 있다. 따라서 이에 그는 지난 9월에 현역을 마쳤다고 대답하는 것이 자연스럽다. 따라서 "retired"가 정답이다.

어휘
renounce v. 포기하다, 그만두다　　respond v. 대답하다
retire v. 퇴직하다　　refer v. 참고하다, 언급하다

12. 부사 ★★★ 　　　정답 (b)

해석
A: 나 자동차 산업의 역사에 대해서 에세이를 써야 해. 어디서 정보를 찾을 수 있을지 알고 있니?
B: 네가 필요한 모든 정보는 손쉽게 공공 도서관에서 찾을 수 있어.

해설
문맥상 빈칸에 들어가기에 적절한 부사를 묻는 문제이다. 에세이에 대한 정보를 어디서 찾아야 하는지 묻는 A의 질문에, 도서관에서 모든 정보를 쉽게 얻을 수 있다고 대답하는 것이 자연스럽다. 따라서 '손쉽게, 즉시'라는 뜻의 "readily"가 정답이다.

어휘
scarcely adv. 거의~않다　　readily adv. 손쉽게, 즉시
soundly adv. 확실하게　　randomly adv. 무작위로
automotive industry 자동차 산업
available a. 입수할 수 있는, 이용 가능 한

13. 명사 ★★☆　　　　　정답 (d)

해석
A: 당신이 면접에서 성공하고 싶다면, 긍정적인 태도를 가져야 해요.
B: 맞는 말씀이세요. 자신을 믿는다면, 불가능은 없다고 생각해요.

해설 문장의 의미에 따라 빈칸에 적절한 명사를 묻는 문제이다. 빈칸 앞에서 '면접에서 성공하고 싶다면'이라고 하였으므로, 문맥상 '긍정적인 태도를 가져야 한다'는 내용이 되어야 자연스럽다. 따라서 '태도'를 뜻하는 명사 "attitude"가 정답이다.

어휘
position n. 위치, 자세　　charge n. 책임, 비난
trait n. 특성, 특징　　attitude n. 태도, 자세
do well 잘하다, 성공하다　　positive a. 긍정적인

14. 명사 ★★☆　　　　　정답 (c)

해석
A: 너희 팀이 이번 프로젝트에 다 합쳐서 쓴 돈이 얼마니?
B: 우리가 구매한 모든 목록들을 적어 놓은 총액은 지출 보고서에 있어.

해설 빈칸 뒤의 'report'와 함께 자주 쓰이는 명사를 묻는 문제이다. A가 '프로젝트에 쓴 돈이 얼마냐'고 물었다. 따라서 이와 어울리는 명사는 '지출 보고서'가 자연스럽다. 따라서 '지출'이라는 뜻의 명사 "expense"가 정답이다.

어휘
endowment n. 기증, 기부　　expiration n. 만료, 만기
expense n. 지출　　endurance n. 인내
figure n. 수치　　purchase n. 구매

15. 명사 ★★☆　　　　　정답 (b)

해석
A: 왜 지하철 타는 것을 싫어하니?
B: 난 개인적인 공간이 많이 필요해. 사람들이 너무 가까이 붙어 있으면 불안해지거든.

해설 빈칸에 들어가기에 적절한 명사를 묻는 문제이다. 빈칸 뒤에서 문맥상 '사람들이 너무 가까이에 있으면 불안해 지기 때문에 개인적인 공간이 필요하다'라는 내용이 되어야 자연스럽다. 따라서 '공간'을 뜻하는 명사 "space"가 정답이다.

어휘
zone n. 지대, 구역　　space n. 공간, 장소
plot n. 음모, 계획　　region n. 범위, 영역

16. 혼동하기 쉬운 어휘 ★★☆　　　　　정답 (a)

해석
A: 정치적인 견해가 정 반대인 부모님과 같이 사는 건 어때?
B: 그냥 괜찮아. 그들이 상충되는 생각을 갖고 있어도, 서로 너무 사랑하니까.

해설 형태가 유사한 어휘 중에서 의미상 적절한 형용사를 묻는 문제이다. 문맥상 '그들은 서로 상충되는 생각을 갖고 있어도 서로를 너무 사랑한다'라는 내용이 되어야 자연스럽다. 따라서, '상충되는'이라는 뜻의 형용사 "conflicting"이 정답이다.

어휘
conflicting a. 상충되는, 모순되는　　condoning a. 용서하는
contracting a. 수축성이 있는　　connecting a. 잇는
opposite a. 반대의　　view n. 견해, 관점
political a. 정치적인

17. 관용표현 ★★★　　　　　정답 (a)

해석
A: 약을 빨리 지어 주셔서 감사합니다!
B: 오셔서 고맙습니다. 거래에 감사드려요.

해설 거래 고객에게 감사의 표현으로 자주 쓰이는 관용표현에 대하여 묻는 문제이다. '약을 빨리 지어줘서 고맙다'는 A의 말에 B는 고맙다는 말을 전해야 자연스럽다. 따라서 'your business is appreciated'라는 표현으로 대화를 완성해야 한다. 따라서 정답은 (a)이다.

어휘
Your business is appreciated 거래에 감사드립니다.
apportioned a. 배분된　　appointed a. 정해진
applied a. 적용된　　prescription n. 처방

18. 명사 ★★★　　　　　정답 (c)

해석
A: 제가 Ben을 사무실의 팀장으로 승진시키는 것이 좋을 것 같나요?
B: 그를 선택한 건 탁월한 선택이라고 생각해요. 한 팀을 감독 지휘하는 건 확실히 그의 능력 안에 있어요.

해설 빈칸에 들어가기에 적절한 명사를 묻는 문제이다. 'Ben을 승진시키는 것이 좋겠냐'는 A의 물음에, B는 '탁월한 선택'이라고 대답한다. 따라서 '그는 팀을 지휘할만한 확실한 능력이 있다'는 내용이 되어야 자연스럽기 때문에 '능력'이라는 뜻의 명사 "capability"가 정답이다.

어휘
accountability n. 책임　　culpability n. 유죄
capability n. 능력　　probability n. 있음직함
promote v. 승진시키다　　definitely adv. 명확히, 확실히

19. 관용표현 ★★☆   정답 (c)

해석 A: 나랑 수영장가서 찰싹거리며 수영하지 않을래?
B: 나도 가고 싶지만 방금 점심을 먹었어. 배가 부른 체 그런 운동을 하면 안돼.

해설 빈칸 앞의 'on a full'과 함께 관용표현으로 자주 쓰이는 명사를 묻는 문제이다. 빈칸 앞에서 '방금 점심을 먹었다'고 하였으므로 문맥상 '배가 불러서'가 되어야 자연스럽다. 따라서 주어진 명사 중에서 "stomach"이 정답이다.

어휘 on a full stomach 배가 불러서   lap v. 찰싹 거리다

20. 이어동사 ★★★   정답 (c)

해석 A: 정말 피곤해. 오늘 일찍 잠자리에 들어야 할 것 같아.
B: 그래. 잘 자고 내일 아침에 보자.

해설 빈칸에 들어가기에 적절한 이어동사를 묻는 문제이다. B가 '잘 자라'고 하였으므로, A는 '피곤하여, 일찍 잠자리에 들어야 할 것 같다'라는 내용이 되어야 자연스럽다. 따라서 '잠자리에 들다'라는 뜻의 이어동사 "turn in"이 정답이다.

어휘 head up ~향해 가다   crawl out 나타나다
turn in 잠자리에 들다   run down 정지하다

21. 이어동사 ★★☆   정답 (a)

해석 A: 어제 점심때 만나서 안부 주고 받아서 너무 좋았어. 오랫동안 못 봤었는데.
B: 나도 마찬가지야. 언젠가 또 그렇게 만나자.

해설 빈칸 뒤의 'up with someone'과 함께 써서 '안부를 주고 받다'라는 의미로 자주 쓰이는 이어동사를 묻는 문제이다. 따라서 정답은 "catching"이다.

어휘 catch up with 안부를 주고 받다   for ages 오랫동안

22. 이어동사 ★★☆   정답 (c)

해석 A: 내 에세이의 길이를 어떻게 늘릴 수 있을까?
B: 너의 논지를 끌어 내면서 시작할 수 있지. 그것이 아주 면밀하게 쓰였는지 확인해봐.

해설 빈칸 뒤의 'out'과 함께 적절한 의미를 만드는 이어동사를 묻는 문제이다. 'draw out'은 '길게 늘이다'는 의미이다. 대화에서 A는 '에세이를 어떻게 길게 늘여 쓸 수 있는지' 묻고 있으므로, 논거나 주장을 길게 늘여 쓰면서 시작할 수 있다고 대답해야 문맥상 자연스럽다. 따라서 "drawing"이 정답이다.

어휘 draw out 끌어 내다   argument n. 논의, 말다툼
thorough a. 철저한, 면밀한

23. 형용사 ★★☆   정답 (d)

해석 A: Jackson씨가 자신의 새로운 직업인 축구 코치 자리에 익숙해진 것 같아.
B: 응. 그는 대단해. 몇 년간 코치를 해왔던 사람처럼.

해설 문맥상 빈칸에 들어가기에 적절한 형용사를 묻는 문제이다. 빈칸이 있는 문장은 'Jackson씨는 축구 코치 자리에 익숙해진 것 같다'라는 내용이 되어야 자연스럽다. 따라서 주어진 보기 중에서 이에 어울리는 의미를 갖는 "accustomed"가 정답이다.

어휘 pronounced a. 명백한, 뚜렷한   conspired a. 공모된
inundated a. 범람된, 침수된   coach v. 지도하다, 가르치다
accustomed to ~에 익숙해진

24. 숙어 ★★★   정답 (c)

해석 A: 결국 보일러 수리 받았니?
B: 응, 하지만 정비사가 나를 감쪽같이 속이려고 했어. 같은 부분에 대해서 2번이나 요금을 청구했거든.

해설 빈칸 뒤의 'a fast one'과 함께 자주 쓰이는 숙어를 묻는 문제이다. '경비 보일러 수리를 받았냐'고 묻는 A의 말에, B는 '그가 같은 부분에 대해서 2번이나 요금을 받았다'고 대답하고 있다. 따라서 '그는 감쪽같이 속이려고 했다'라는 내용으로 문장을 완성해야 자연스럽기 때문에 "pull"이 정답이다.

어휘 pull a fast one 감쪽같이 속다   charge v. 청구하다

25. 명사 ★☆☆   정답 (b)

해석   A: 교수님, 저의 논문이 어떤가요?
B: 꽤 잘했어. 몇몇 부분을 수정해야 할 것 같고, 그러고 나서 최종원고를 나에게 제출하도록 해.

해설   대화의 내용에 따라 빈칸에 들어가기에 적절한 명사를 묻는 문제이다. A가 B에게 '논문이 어떠냐'고 묻고 있다. 따라서 교수는 학생에게 몇몇 부분을 수정하고 나서, 최종 원고를 다시 제출 하라고 말해야 문맥상 자연스럽다. 따라서 "draft"가 정답이다.

어휘   draft n. 초안   minor a. 중요치 않은, 작은
turn in 제출하다

26. 동사 ★★★   정답 (a)

해석   남북 전쟁 동안 미연방은 자국 시민들끼리 전투 태세를 갖춘 국가로 분리 되었다.

해설   문장의 의미를 완성하기에 적절한 동사를 묻는 문제이다. 문맥상 '미국은 자국민들이 분리된 국가가 되어 버렸다'라는 내용이 되어야 자연스럽다. 따라서 "divided"가 정답이다.

어휘   divide v. 분리하다, 나누다   invade v. 침략하다
desert v. 버리다   invite v. 초대하다
embattled a. 전투 태세를 갖춘

27. 명사 ★★☆   정답 (c)

해석   줄이 없는 진공 청소기는 배터리가 완전히 충전 되었을 때 가장 잘 작동된다.

해설   문장의 의미를 완성하기에 적절한 명사를 묻는 문제이다. 문장의 내용을 보면 '진공 청소기가 가장 잘 작동되는 상황'을 묘사하고 있다. 따라서 빈칸 앞의 형용사 'full'과 쓰여서 '완전히 충전된'이라는 뜻이 되어야 하므로 "power"가 정답이다.

어휘   cordless a. 줄이 없는   vacuum cleaner 진공 청소기

28. Collocation ★★☆   정답 (a)

해석   개인적인 사유로 회사 컴퓨터를 사용하는 것은 행동규범을 직접적으로 위반하는 것이다.

해설   빈칸 앞의 'in'과 빈칸 뒤의 'violation'과 함께 쓰여 '직접적으로 위반하는 것'이라는 의미를 만드는 연어를 묻는 문제이다. 따라서 '직접의'라는 뜻의 "direct"가 정답이다.

어휘   direct a. 직접의, 직통의   round a. 둥근
fixed a. 고정된   proud a. 긍지를 가진
violation n. 위반   the code of conduct 행동 규범

29. 동사 ★★★   정답 (b)

해석   지난 목요일의 신문에서 국가 경제가 우리 고장에 미치는 영향에 대한 기사를 특집으로 삼았다.

해설   빈칸에 들어가기에 적절한 동사를 묻는 문제이다. 문맥상 '기사를 특집으로 삼았다'라는 내용으로 문장을 완성해야 자연스럽다. 따라서 주어진 보기의 동사들 중에서 "featured"가 정답이다.

어휘   deport v. 추방하다   feature v. 특집으로 하다
reach v. 도달하다, 도착하다   practice v. 연습하다, 실행하다

30. 이어동사 ★★☆   정답 (c)

해석   몇몇 유명인사들은 자선 단체에 참여하며 사회에 환원한다.

해설   문장의 의미에 따라 적절한 이어동사를 묻는 문제이다. 빈칸 뒤의 내용에서 '자선 단체에 참여하며'라고 하였으므로 '환원하다'라는 의미가 어울린다. 따라서 이러한 의미를 만드는 "give back"이 적절하다.

어휘   give back 반환하다, 돌려주다   charitable a. 자선의
participate v. 참여하다, 참가하다

31. 이어동사 ★★☆   정답 (c)

해석 Mary가 개인 소유의 꽃집을 갖는 계획을 실행하기 위해서 첫 번째로 은행에서 담보 대출을 받아야 했다.

해설 문장의 의미에 따라 적절한 이어동사를 묻는 문제이다. 문맥상 '그녀의 계획을 실행하기 위해, 그녀는 첫 번째로 은행에서 담보 대출을 받아야 했다'라는 내용이 되어야 자연스럽다. 따라서 '실행하다'라는 뜻의 이어동사 "carry out"이 정답이다.

어휘
soften up 누그러지다   pull over 머리부터 뒤집어 쓰다
carry out 실행하다   trade in 장사하다
secure a loan 담보로 대출 받다

32. Collocation ★★☆   정답 (d)

해석 대통령이 새로운 세금 감면 계획을 발표하자, 그의 지지율과 인기가 높이 치솟았다.

해설 빈칸 뒤의 명사 'rating'과 함께 쓰이는 연어를 묻는 문제이다. 빈칸 앞에서 '새로운 세금 감면 계획을 발표하였다'고 하였으므로, 이와 어울리는 명사를 골라야 한다. 따라서 '지지율'이라는 의미를 만드는 "approval"이 정답이다.

어휘
approval rating 지지율   suspension n. 미결정
development n. 발달, 성장   benefit n. 이익
announce v. 발표하다   popularity n. 인기
soar v. 높이 치솟다

33. 동사 ★★☆   정답 (d)

해석 일터에서의 분열시키는 행동을 없애기 위해, 매니저는 불복종에 대한 더욱 가혹해진 새로운 조치들을 시행했다.

해설 빈칸에 들어가기에 적절한 동사를 묻는 문제이다. 문맥상 '일터에서 분열시키는 행동을 낙담시키기 위해 매니저는 불복종에 대한 더 가혹해진 새로운 조치들을 실행했다'라는 내용이 되어야 한다. 따라서 '낙담시키다'라는 뜻의 동사 "discourage"가 정답이다.

어휘
display v. 전시하다   dispense v. 분배하다
discount v. 할인하다   discourage v. 낙담 시키다
in order to ~하기 위하여   disruptive a. 분열 시키는
implement v. 시행하다   harsh a. 가혹한, 거친
consequence n. 결과   disobedience n. 불복종

34. 동사 ★☆☆   정답 (c)

해석 새 학년을 미리 계획하는 노력으로서 몇몇 학생들은 여름에 함께 모여, 자신들이 방학 기간 중에 읽어야 할 책들에 대해서 이야기 나누었다.

해설 빈칸에 들어가기에 적절한 동사를 묻는 문제이다. 문맥상 '몇몇 학생들은 새 학년을 미리 계획하는 노력으로 여름에 모여서 이야기를 나누었다'라는 내용이 되어야 자연스럽다. 따라서 '계획하다'라는 뜻의 동사 "plan"이 정답이다.

어휘
design v. 설계하다   gain v. 얻다
get together 모이다   be supposed to ~하기로 되어 있다

35. 명사 ★★☆   정답 (b)

해석 회의 안건의 마지막 항목은 목록에 올라가지 않은 새로운 사업을 위해 쓰여졌다.

해설 빈칸 앞의 명사 'meeting's'와 함께 쓰여 자연스러운 명사를 묻는 문제이다. 문장의 의미에 따라 '안건'이라는 뜻의 "agenda"가 정답으로 적절하다.

어휘
attendance n. 출석   agenda n. 안건
alimony n. 이혼 수당   attire n. 의복, 복장
on the list 명부에 실려서

36. 관용표현 ★★★   정답 (c)

해석 비록 고객관련 부서의 직원 인원수가 부족할지라도, 더디지만 확실하게 모든 고객들의 불만들이 제기될 것이다.

해설 빈칸 앞의 'slowly but'과 함께 붙어서 '더디지만 확실하게'라는 의미로 자주 사용되는 관용표현을 묻는 문제이다. 따라서 정답은 "surely(확실하게)"이다.

어휘
slowly but surely 더디지만 확실하게
possibly adv. 아마   softly adv. 부드럽게, 살며시
vitally adv. 치명적으로   complaint n. 불평, 불만
understaffed a. 인원 부족의

37. 명사 ★★☆ 정답 (b)

해석 경범죄인 무단횡단은 대개 적은 금전상의 벌금으로 죄값을 치르게 한다.

해설 빈칸에 들어가기에 적절한 명사를 묻는 문제이다. 빈칸 뒤의 'a small monetary fine'이 단서가 되어, '무단횡단은 벌금으로 죄값을 치른다'라는 내용이 되어야 자연스럽다. 따라서 '벌금'이라는 뜻의 명사, "penalty"가 정답이다.

어휘
bargain n. 거래, 싼 물건
warning n. 경고
misdemeanor n. 경범죄
carry v. 수반하다
fine n. 벌금
penalty n. 벌금
period n. 기간, 시대
jaywalking n. 무단 횡단
monetary a. 금전상의

38. 동사 ★★★ 정답 (a)

해석 Gary가 가게에서 필요한 자동차 부품들을 찾지 못하자, 그는 지역내 쓰레기장을 뒤져 오래된 부품을 찾아냈다.

해설 빈칸에 들어가기에 적절한 동사를 묻는 문제이다. 'salvage'는 보통 재난에 처한 선박이나, 물에 빠진 사람을 '구조하다'는 뜻으로 쓰인다. 그러나 'salvage+물건'의 형태로 쓰일 때에는 '어렵사리 찾아내다'는 뜻으로 쓰인다. 따라서 정답은 "salvage"이다.

어휘
salvage v. (폐품을) 이용하다
ground v. 착륙하다
junk yard 쓰레기장
plow v. 갈다, 경작하다
herald v. 보도하다

39. 관용표현 ★★★ 정답 (d)

해석 전체 내용에서 일부 내용만 인용되었을 때, 그 비평 글이 그 혹은 그녀가 처음에 의도한 것 보다 더 무례하게 보일 수 있다.

해설 빈칸 앞의 'take out of'와 함께 쓰이는 명사로 관용표현을 묻는 문제이다. 'take out of context'는 보통 '어떤 문맥이나 상황을 오해하다, 잘못 이해하다'는 뜻으로 쓰인다. 따라서 '어떤 사실에 대해 잘못 알고 논평을 할 때에는 원래 의도보다 훨씬 공격적이기 쉽게 된다'라는 내용으로 문장을 완성해야 자연스럽다.

어휘
taken out of context 전체 내용에서 일부만 인용된
boundary n. 경계선, 한도
offensive a. 무례한, 공격적인
intend v. 의도하다, 고의로하다
comment n. 비평

40. 이어동사 ★★☆ 정답 (b)

해석 이 운동들은 한 사이즈나 두 사이즈 정도로 살을 빼려는 사람들을 위해 고안되었다.

해설 빈칸 뒤의 'down'과 함께 자주 사용되는 이어동사를 묻는 문제이다. 문맥상 '이 운동은 살을 빼려는 사람들을 위해서 고안되었다'라는 내용이 되어야 자연스럽다. 따라서 '군살을 빼다'라는 뜻의 이어동사 "slim down"이 정답이다.

어휘
slim down 살을 빼다
bear v. 지탱하다
comb v. 빗질하다
be designed for ~를 위해 고안되다

41. 형용사 ★★☆ 정답 (a)

해석 많은 국유의 뉴스 출처들은 균형잡인 견해를 주장하지만, 대부분이 그들의 정치적 경향을 완전히 가리는데 실패한다.

해설 빈칸에 들어가기에 적절한 형용사를 묻는 문제이다. 빈칸 뒤에서 '정치적 경향'이라는 부분이 단서이다. 이와 반대되는 의미의 형용사가 들어가는 것이 자연스럽다. 따라서 '균형 잡힌'이라는 뜻의 형용사 "balanced"가 정답이다.

어휘
balanced a. 균형 잡힌
stationed a. 배치된
perspective n. 견해
completely adv. 완전히
leaning n. 경향, 편애
contained a. 자제 하는, 조심스러운
distorted a. 왜곡된
obscure a. 분명치 않은

42. 동사 ★★☆ 정답 (b)

해석 야생 동물과 직접적인 눈 싸움은 그 동물을 자극시켜서 당신을 공격하게 만들 수 있다.

해설 빈칸에 들어가기에 적절한 동사를 묻는 문제이다. 빈칸 앞에서 '직접적인 눈 싸움'이라고 하였으므로, 이와 어울리는 동사를 골라야 한다. 따라서 '자극시키다'라는 뜻의 동사 "provoke"가 들어가는 것이 자연스럽다.

어휘
distract v. 혼란시키다
provoke v. 자극시키다, 약 올리다
control v. 지배하다, 억제하다
attack v. 공격하다, 침범하다
produce v. 생산하다

43. 동사 ★★☆ 　　　　정답 (d)

해석 이 박스 안의 내용물이 부서지기 쉬우므로, 극도로 신경 써서 다뤄주시기 바랍니다.

해설 빈칸에 들어가기에 적절한 동사를 묻는 문제이다. 박스에 들어 있는 물건이 부서지기 쉬운(fragile)것이기 때문에, 신경 써서 다뤄달라는 내용이다. 따라서 '다루다'라는 뜻의 동사 "handle"이 정답이다.

어휘
force v. 강요하다
handle v. 다루다, 처리하다
fragile a. 부서지기 쉬운
craft v. 정교하게 만들다
content n. 내용물
extreme a. 극심한, 극도의

44. 동사 ★★★ 　　　　정답 (a)

해석 죄수들은 탈옥할 계획을 조직적으로 세웠지만, 실행에 옮기기에는 너무 불안했다.

해설 빈칸에 들어가기에 적절한 동사를 묻는 문제이다. 빈칸 뒤의 'plan'이 단서가 되어, '죄수들은 탈출하려는 계획을 조직적으로 세웠지만 실행에 옮기기에는 너무 불안했다'라는 내용으로 문장을 완성해야 한다. 따라서 '조직적으로 세우다'라는 뜻의 동사 "formulate"가 정답이다.

어휘
formulate v. 조직적으로 세우다
report v. 보고하다
put into action 실행에 옮기다
compare v. 비교하다
suspend v. 매달다, 중지하다

45. 관용표현 ★★☆ 　　　　정답 (b)

해석 다가 오는 겨울을 대비해 많은 북부지역 거주자들은 심한 눈보라로 인해 가게에 차로 갈 수 없게 될 상황을 대비해 식료품점에서 대량으로 상품들을 구매할 것이다.

해설 문장의 의미에 따라 자연스러운 관용표현을 묻는 문제이다. 문맥상 '심한 눈보라에 대비해 거주자들은 식료품점에서 대량으로 상품들을 구매할 것이다'라는 내용이 되어야 자연스럽다. 따라서 '대량으로'라는 의미의 관용표현인 "in bulk"가 정답이다.

어휘
in bulk 대량으로
preparation n. 준비
grocery n. 식품점
common a. 공통의, 보통의
resident n. 거주자
blizzard n. 심한 눈보라

46. 부사 ★★★ 　　　　정답 (a)

해석 농부 Fred의 이상하리만큼 큰 호박이 거대한 크기로 인해 농산물 가축 품평회에서 최고 명예상을 받았다.

해설 빈칸 뒤의 'large squash'를 적절하게 꾸며주는 부사를 묻는 문제이다. 그 큰 호박이 농산물 가축 품평회에서 거대한 크기로 상을 받았다는 내용이므로, 'large squash'를 적절하게 꾸며 줄 수 있는 부사는 '예외적인, 이상한'이라는 뜻의 "abnormally"이다.

어휘
abnormally adv. 예외적인, 이상한
practically adv. 실제로, 사실상
transparently adv. 투명하게
blue ribbon 최고명예(상)
fair n. 품평회
susceptibly adv. 민감하게
squash n. 호박

47. Collocation ★★☆ 　　　　정답 (d)

해석 당신이 특정 약물을 복용하고 있을 때에는, 절대로 중장비를 작동해서는 안 된다.

해설 빈칸 뒤의 'heavy machinery'와 함께 쓰여 자연스러운 언어를 묻는 문제이다. '장비를 작동하다'는 뜻으로 동사 "operate"가 자주 쓰인다는 것을 알아두자.

어휘
deflate v. 수축시키다
generate v. 일으키다, 발생시키다
operate v. 일하다, 움직이다
collate v. 대조하다
medication n. 약물

48. 명사 ★★★ 　　　　정답 (d)

해석 연못에 조약돌을 던지면, 잔 물결이 동심원의 모양을 만든다.

해설 빈칸에 들어가기에 적절한 명사를 묻는 문제이다. 보기의 주어진 명사 중에서 연못에 이는 잔 물결에는 "ripple"이 가장 자연스럽다. 따라서 정답은 (d)이다.

어휘
spray n. 물보라
pebble n. 조약돌, 자갈
concentric circle 동심원
ripple n. 잔 물결
pond n. 연못

49. 혼동하기 쉬운 어휘 ★★☆   정답 (a)

해석 테니스 선수의 오래된 어깨 부상이 그를 경기 내내 불리하게 만들었다.

해설 형태가 유사한 어휘 중에서 의미상 적절한 명사를 묻는 문제이다. 문맥상 '테니스 선수의 부상은 경기 내내 그를 불리하게 만들었다'라는 내용이 되어야 자연스럽다. 따라서 '불리'라는 뜻의 명사 "disadvantage"가 정답이다.

어휘 disadvantage n. 불리, 손해   injury n. 상해, 손상
dislocation n. 탈구, 혼란   distraction n. 주의산만, 혼란
distrust n. 불신, 의혹
tournament n. 선수권 대회

50. 동사 ★★★   정답 (b)

해석 캠페인 기간 동안, 후보자는 큰 사건들에 대해서 절대 주춤해 하지 않고 그녀의 신념에 대해서 정직하게 터 놓는 것을 선택했다.

해설 빈칸에 들어가기에 적절한 동사를 묻는 문제이다. 빈칸의 앞뒤 내용을 보면 '큰 사건들에 대해서'라고 하였으므로 문맥상 '주춤해 하지 않았다'는 의미가 되어야 자연스럽다. 따라서 '주춤했다'라는 뜻의 동사 "flinched"가 정답이다.

어휘 flinch v. 주춤하다, 위축하다   drain v. 배수하다
candidate n. 후보자   elect v. 선거하다
belief n. 믿음, 신뢰

Actual TEST 04 Vocabulary 정답 & 해설

Part I ~ II	1 (d)	2 (c)	3 (b)	4 (c)	5 (c)	6 (c)	7 (b)	8 (b)	9 (d)	10 (c)
	11 (c)	12 (a)	13 (d)	14 (b)	15 (a)	16 (a)	17 (d)	18 (d)	19 (b)	20 (d)
	21 (c)	22 (c)	23 (a)	24 (d)	25 (d)	26 (c)	27 (b)	28 (d)	29 (c)	30 (b)
	31 (d)	32 (c)	33 (b)	34 (b)	35 (b)	36 (d)	37 (b)	38 (b)	39 (c)	40 (d)
	41 (a)	42 (d)	43 (b)	44 (d)	45 (b)	46 (d)	47 (b)	48 (a)	49 (b)	50 (d)

1. 관용표현 ★★☆ 정답 (d)

해석
A: 피곤해 보인다. 잠을 잘 못 자니?
B: 새 침대를 막 샀는데, 아직도 적응하고 있어. 많이 뒤척이는 것 같아.

해설 빈칸 앞의 'toss and'와 함께 쓰이는 관용표현을 묻는 문제이다. A가 '잠을 잘 못 잤냐'고 묻고 있으므로 이에 어울리는 표현으로 '뒤척이다'라는 의미가 들어가는 것이 적절하다. 따라서 정답은 "turn"이다.

어휘 toss and turn 뒤척이다   get used to ~에 익숙해지다

2. 이어동사 ★★☆ 정답 (c)

해석
A: 오늘 저녁에 파티 가?
B: 아니. 오늘 마당에서 하루 종일 일했더니 너무 지쳤어.

해설 빈칸에 들어가기에 적절한 이어동사를 묻는 문제이다. '오늘 저녁 파티에 가냐'는 A의 질문에, B의 대답은 '하루 종일 일했다'고 하였다. 따라서 '기진 맥진한'이라는 의미의 이어동사 "worn out"이 자연스럽다.

어휘 deck out 치장하다   huddle up 급히 해치우다
worn out 기진 맥진한   take over 인계 받다

3. 동사 ★☆☆ 정답 (b)

해석
A: 이 아파트는 좋은 동네에 위치해 있네. 한 달에 얼마나 내야 되니?
B: 룸메이트가 몇 명이 되는가에 따라 달라.

해설 문맥상 빈칸에 적절한 동사를 묻는 문제이다. '아파트 임대료가 얼마냐'고 A가 묻고 있다. 따라서 이에 어울리는 B의 대답은 룸메이트의 수에 따라 다르다는 내용이 되어야 자연스럽다. 따라서 정답은 (b)이다.

어휘 occur v. 일어나다, 생기다   depend v. 달려있다, 나름이다
matter v. 중요하다   seem v. ~처럼 보이다
neighborhood n. 근처, 이웃

4. 유사한 의미의 어휘 ★☆☆ 정답 (c)

해석
A: 학교가 축구장에 X-ray 기계를 갖다 놓았다니 기쁘다.
B: 운동선수 트레이너가 얼마나 부상이 심한지를 결정하는데 훨씬 더 빨라 질 거야.

해설 유사한 의미를 갖는 어휘들의 다른 쓰임을 묻는 문제이다. 보기에 주어진 어휘들 모두 '손상'이라는 의미를 갖지만 쓰임은 다르다. 문제에서와 같이 '신체적 상해'를 언급할 때는 "injury"가 쓰인다.

어휘 illness n. 병   damage n. 손상, 손해
injury n. 상해, 손상   wound n. 상처, 부상
add v. 더하다, 추가하다   determine v. 결심하다

5. 관용표현 ★★☆ 정답 (c)

해석
A: 의사 선생님과 전화 통화 할 수 있었어요?
B: 아니요. 나중에 다시 전화 드려야 해요. 간호사가 끊기지 않고 대기시켜줬지만 끊어버렸어요.

해설 빈칸 앞의 'put on'과 함께 쓰여 '대기하다, 기다리다'라는 뜻을 만드는 관용표현을 묻는 문제이다. 함께 쓰여서 하나의 의미가 되는 것이므로 기억해두자. 따라서 정답은 "hold"이다.

어휘 put on hold 대기하다, 기다리다
disconnected a. 연결이 끊긴
get through 전화연결 하다

6. 동사 ★★☆ 정답 (c)

해석
A: 네 고양이가 우스운 소리를 내고 있어. 화난 거니?
B: 아니, 기분 좋아서 그르렁 거리는 거야.

해설 문맥상 빈칸에 들어가기에 적절한 동사를 묻는 문제이다. A의 말에서 '네 고양이가 우스운 소리를 낸다'고 하였다. 따라서 보기의 주어진 동사들 중에서 이러한 뜻을 갖는 "purring"이 정답이다.

어휘 praise v. 칭찬하다   pound v. 두드리다
purr v. 그르렁거리다   pet v. 애완하다, 귀여워하다

7. 관용표현 ★☆☆ 정답 (b)

해석
A: Tara가 아직 널 보러 오니? 아님 새 직장 때문에 바쁘니?
B: 자주 만나지는 못하지만, 아직 연락은 하고 지내.

해설 빈칸 뒤의 'in touch'와 함께 쓰이는 관용표현을 묻는 문제이다. B의 대답에서 '자주 만나지는 못한다'고 하였으므로, '연락하고 지내다'라는 말이 이어지는 것이 자연스럽다. 따라서 정답은 "keep"이다.

어휘
keep in touch ~와 연락하다
come over 오다, 들르다

8. 형용사 ★★☆ 정답 (b)

해석
A: 보험사가 폭풍으로 손상된 너의 집에 대한 청구를 처리했니?
B: 응. 근데 대행인이 너무 무례했어! 난 아직 모든 점에 화가나.

해설 문맥상 빈칸에 들어가기에 적절한 형용사를 묻는 문제이다. '보험사가 손상된 집에 대해서 처리해줬냐'는 A의 질문에, B는 '대행인이 너무 무례했다'고 대답하고 있다. 따라서 B는 모든 것에 격분하고 있는 상황이므로, "infuriated"가 정답이다.

어휘
thrilled a. 감동 받은   infuriated a. 격분한
bewildered a. 어리둥절한   inspired a. 영감을 받은
settle v. 해결하다, 처리하다   claim n. 요구, 청구

9. 명사 ★★☆ 정답 (d)

해석
A: Julie는 지난 몇 주간 다르게 행동하는 것 같아.
B: 그녀는 아무일 없다고 했는데, 난 그녀가 남자친구와 문제가 있는 것 같은 느낌이 들어.

해설 문맥상 빈칸에 들어가기에 적절한 명사를 묻는 문제이다. 'Julie가 지난 몇 주간 다르게 행동하는 것 같다'고 말하는 A에게, B는 '그녀가 남자친구와 문제가 있는걸 느낀다'고 대답하는 것이 자연스럽다. 따라서 '느낌, 감각'이라는 의미의 명사 "sense"가 적절하다.

어휘
suggestion n. 암시, 제안   clue n. 실마리
issue n. 논점, 결과   sense n. 감각, 느낌

10. 숙어 ★★★ 정답 (c)

해석
A: Mark가 그렇게 경솔하다니 믿을 수가 없어.
B: 그것을 문제 삼고 싶어. 그가 너한테 무슨 짓을 한 거야?

해설 빈칸 뒤의 'issue with'와 함께 쓰이는 동사를 찾는 숙어 문제이다. 'take issue over sth / take issue about sth'은 문제를 삼다는 뜻으로 주로 쓰이고 'take issue with'는 '이의를 삼다, 논쟁하다'는 뜻으로 자주 쓰인다.

어휘
take issue with ~와 논쟁하다, 문제 삼다
inconsiderate a. 남을 배려할 줄 모르는, 경솔한

11. 동사 ★★☆ 정답 (c)

해석
A: 인터넷으로 주문한 모자를 반품했니?
B: 응, 그들이 잘못된 사이즈와 색상을 보내서, 난 주문을 취소했고, 그들은 금액을 내 계좌에 입금해 줬어.

해설 문맥상 빈칸에 들어가기에 적절한 동사를 묻는 문제이다. '인터넷으로 주문한 모자가 잘 못와서 주문을 취소했다'고 하였다. 빈칸 뒤의 명사 'account'와 함께 쓰여서 자연스러운 의미를 만드는 동사 'credit'이 정답이다. 'credit to one's account'는 '~의 계좌로 입금하다'는 뜻으로 쓰인다.

어휘
charge v. 청구하다   cancel v. 취소하다
credit v. 대변에 기입하다   order v. 주문하다

12. 동사 ★☆☆ 정답 (a)

해석
A: 집에까지 비행기 잘 타고 갔니?
B: 정신없이 바빴어. 우리는 너무 늦어서 시카고 공항을 급히 통과해야만 했어.

해설 빈칸에 알맞은 동사를 묻는 문제이다. 'hectic'은 정신없이 바쁜 상태를 의미하는 형용사이다. 따라서 그들이 늦어서 급히 통과해야 하는 상황이었음을 알 수 있다. 즉, '공항에 늦어서 급히 통과해야 했다'는 의미가 되어야 자연스럽기 때문에 '급히 통과하다'라는 뜻의 "rush through"가 정답이다.

어휘
rush through 급히 통과하다   linger v. 남아있다, 지체되다
loiter v. 빈둥거리다   hectic a. 소모적인

13. 동사 ★☆☆   정답 (d)

해석
A: 정치인들이 의료비에 대해서 논쟁하는 걸 봤어요. 근데 전 그것에 대해 어떻게 생각하는지 잘 모르겠어요.
B: 무슨 의미인지 알 것 같아요. 너무나 복잡해서 그 변화가 나에게 도움이 될지 모르겠어요.

해설 빈칸에 들어가기에 적절한 동사를 묻는 문제이다. 두 사람은 의료비에 대하여 논쟁하는 정치인들에 대하여 말하고 있다. 따라서 빈칸에는 '논쟁하다'라는 뜻의 동사 "debate"가 적절하다. 'contend'는 'with'와 함께 쓰여서 '~와 다투다'는 의미로 자주 쓰이므로 알아두자.

어휘
contend v. 싸우다, 논쟁하다   incite v. 자극하다, 고무하다
consider v. 숙고하다, 고려하다   debate v. 논쟁하다
complicated a. 복잡한, 뒤얽힌

14. 형용사 ★★☆   정답 (b)

해석
A: 축하해! 대학에서 네가 봉사를 많이 했고, 그들이 그걸 인정해 줘서 기쁘다.
B: 네가 나에게 졸업식 때 명예학위를 받는다고 말했을 때 얼마나 놀랐는지 몰라.

해설 빈칸 뒤의 명사 'degree'와 함께 쓰여 '명예학위'라는 뜻을 이루는 형용사를 묻는 문제이다. 따라서 '명예상의'라는 뜻의 형용사 "honorary"가 정답이다.

어휘
master's 석사 (학위)   honorary a. 명예상의
gratuitous a. 무료의   voluntary a. 자발적인, 임의의
help out 돕다   recognize v. 인정하다
commencement n. 졸업식, 학위수여식

15. 유사한 의미의 어휘 ★☆☆   정답 (a)

해석
A: 올해의 인원 축소는 가차없었지만, 덕분에 회사에게 이익을 가져다 줬어.
B: 경리부의 말에 따르면, 7년 만에 첫 예산흑자를 냈다.

해설 유사한 의미를 갖는 어휘들의 다른 쓰임을 묻는 문제이다. 보기에 주어진 어휘들 모두 '나머지'라는 의미를 갖는다. 문제에서 언급되고 있는 예산에 대한 나머지, 즉 '흑자'를 뜻할 때에는 "surplus"가 적절하다.

어휘
surplus n. 나머지, 잉여   residue n. 잔여
remainder n. 나머지   leftover n. 나머지, 찌꺼기
cutback n. 축소, 삭감   tough a. 모진, 가차 없는
pay off 이익을 가져오다, 성과를 거두다

16. 관용표현 ★★☆   정답 (a)

해석
A: 아직 나와 같이 영화를 보러 갈 계획이니?
B: 응, 하지만 일 하러 들어가야 할지도 몰라서 변동될 수도 있어.

해설 영화를 보러갈 계획이냐고 묻는 A의 질문에 대한 적절한 응답을 묻는 문제이다. 문맥상 '일하러 들어가야 할 지 몰라서 변동될 수 있다'라고 문장을 완성해야 자연스럽기 때문에 '~에 따라 영향받는, 달려있는'이라는 뜻의 "subject to"가 정답이다.

어휘
subject to ~에 영향을 받는, ~에 달려있는
object n. 목표, 물건
suspect n. 용의자
reject n. 거절

17. 형용사 ★★★   정답 (d)

해석
A: Campus대학 축구팀이 경기를 이긴게 믿기지 않아.
B: 그 팀이 너무 과소평가 받았지. 그래도, 최고의 팀을 이길 줄 몰랐어.

해설 빈칸에 들어가기에 적절한 형용사를 묻는 문제이다. 'Campus대학 축구팀이 경기를 이긴 것을 믿을 수 없다'는 A의 말에 B는 '그 팀이 너무 과소평가 받았다'고 답변해야 문맥상 자연스럽다. 따라서 '과소평가 받은'이라는 뜻의 "underrated"가 정답이다.

어휘
outnumbered a. 수적으로 많은   insufficient a. 불충분한
overwhelmed a. 압도된   underrated a. 과소 평가한

18. 이어동사 ★★☆   정답 (d)

해석
A: 그는 여행을 하지 않을 거라고 나에게 말했어. 근데 왜 마음을 바꾼 걸까?
B: 나도 이해를 못하겠어. 그의 결정에서 뭔가 이해가 안가.

해설 빈칸에 들어가기에 적절한 이어동사를 묻는 문제이다. '그가 여행을 가지 않는다고 하더니 왜 마음을 바꾸었는지'에 대해 묻는 A의 질문에, B의 대답으로 '그의 결정에서 뭔가 이해가 안 간다'고 대답하는 것이 문맥상 자연스럽다. 'add up'은 말의 앞뒤가 맞다는 뜻으로 주로 부정문에 쓰인다. 따라서 (d)가 정답이다.

어휘
meet up 우연히 만나다, 따라잡다   settle up 해결하다
make up 수선하다, 벌충하다   add up 이해가 가다

19. 관용표현 ★★☆ 정답 (b)

해석
A: 어제 전화를 못 받아서 죄송합니다. 무슨 일이신가요?
B: Fischer계획에 대한 최신소식을 알 수 있을까 해서요.

해설 주어진 문제는 빈칸 앞의 'give'와 함께 쓰여 '최신 소식을 알리다'라는 뜻이 되는 관용표현을 묻는 문제이다. A가 어제 전화를 받지 못했다면서 무슨일이냐고 묻자 B는 Fischer project를 언급하며 무엇을 요청하는 상황이다. 따라서 정답은 "update"가 된다.

어휘
give update 최신소식을 알리다   adjustment n. 조정, 조절
increase n. 증가
improvement n. 개선, 향상

20. Collocation ★★☆ 정답 (d)

해석
A: 시 당국은 도시를 더욱 푸르게 만들기 위해 새로운 에너지 보존 대책을 계획하고 있어요.
B: 도시를 개선시킬 굉장히 좋은 방법 같아 보이네요.

해설 빈칸 앞의 'energy'와 함께 써서 '에너지 보존'이라는 뜻으로 쓰이는 연어를 묻는 문제이다. 따라서 '보존'이라는 뜻의 "conservation"이 정답이다.

어휘
energy conservation 에너지 보존
measure n. 조치, 대책   shortage n. 부족
enforcement n. 시행, 집행
detainment n. 저지, 구치
improve v. 개선시키다

21. 이어동사 ★★☆ 정답 (c)

해석
A: 오늘 아침에 지각하셨어요?
B: 네, 30분 정도요. 고속도로에서 충돌사고가 있었고, 수 마일에 걸쳐 교통이 정체되었거든요.

해설 빈칸에 들어가기에 적절한 이어동사를 묻는 문제이다. '오늘 아침에 지각했냐'고 묻는 A의 질문에 대한 B의 대답으로 문맥상 '고속 도로에서 충돌사고가 있어서 교통이 정체되었다'라는 내용이 되어야 자연스럽다. 따라서 '정체하다'라는 뜻의 이어동사 "backed up"이 정답이다.

어휘
stock up 사재기 하다   store up 비축하다
back up 정체시키다, 막히게 하다   move up 승진 시키다
wreck n. 충돌   freeway n. 고속 도로

22. 형용사 ★★☆ 정답 (c)

해석
A: 임시 보고서를 다 읽으셨어요?
B: 다 읽었어요, 생각보다 오래 걸리네요. 저자가 너무 조심성 없었고, 철자와 구두점 실수가 많아서 굉장히 짜증났어요.

해설 빈칸에 들어가기에 적절한 형용사를 묻는 문제이다. B의 말에 따르면 '철자와 구두점 실수가 많아서 굉장히 혼란스러웠다'고 하고 있다. 따라서 저자에 대한 표현으로 '조심성 없는'이라는 뜻의 형용사가 문맥상 자연스럽기 때문에 주어진 보기 중에서 "careless"가 정답이다.

어휘
gifted a. 타고난   courteous a. 예의 바른
careless a. 조심성 없는, 부주의한   meticulous a. 꼼꼼한
preliminary a. 임시의, 예비의   punctuation n. 구두법
throw off 혼란시키다

23. 숙어 ★★☆ 정답 (a)

해석
A: 요금 때문에 제 신용카드가 말소된 게 확실한가요?
B: 네, 맞습니다. 거래가 완전히 무효가 되었습니다.

해설 빈칸 앞의 'null and'와 함께 쓰이는 숙어를 묻는 문제이다. 문맥상 A가 '신용카드가 말소되었냐'고 물었으므로 '무효인'이라는 의미가 되는 'null and void'가 적절하다.

어휘
null and void 무효인   wipe off 파괴하다, 말살하다
transaction n. 거래, 업무

24. Collocation ★★★ 정답 (d)

해석
A: Kate가 네가 취직할 수 있게 도와줬다고 들었어.
B: 응, 언젠가 그 은혜를 갚고 도와주고 싶어.

해설 빈칸 뒤의 'the favor'와 함께 쓰이는 연어를 묻는 문제이다. '은혜를 갚다'라는 뜻으로 'return the favor'가 자주 쓰인다. 하나의 표현으로 기억해 두자.

어휘
return the favor 은혜를 갚다

25. 이어동사 ★★☆ 정답 (d)

해석 A: Jenny와 Dan이 아직도 사귀고 있는 걸 알았니?
B: 왜 Jenny가 그와 헤어지지 않는지 이해를 못하겠어. 난 그 남자가 마음에 든 적이 없는데.

해설 빈칸에 들어가기에 적절한 이어동사를 묻는 문제이다. 'Jenny와 Dan이 아직도 사귀고 있는 사실을 아는지' 묻는 A의 질문에 B는 '그 남자를 싫어한다'고 말했으므로, '그녀가 왜 그와 헤어지지 않는지 이해를 못하겠다'고 대답해야 문맥상 자연스럽다. 따라서 '헤어지다'라는 뜻의 이어동사 "breaking up with"이 정답이다.

어휘 hang on to 붙잡고 늘어지다   get on with 사이좋게 지내다
fix up with 설비하다   break up with 헤어지다

26. Collocation ★★★ 정답 (c)

해석 내가 늦었기 때문에, Claire는 줄에서 나의 자리를 남겨 두었다.

해설 빈칸 뒤의 'a spot for'와 함께 쓰이는 연어를 묻는 문제이다. '자리를 남겨두다'라는 뜻으로 'save a spot for'라는 표현이 자주 쓰인다. 따라서 정답은 "saved"이다.

어휘 save a spot for 자리를 맡아두다

27. 관용표현 ★★★ 정답 (b)

해석 상사가 프로젝트 기간 동안에는 직원들을 비판하지만, 프로젝트가 끝나면 그는 항상 그들에게 적당한 대우를 해준다.

해설 빈칸 앞에 'give them'과 함께 쓰이는 문맥상 적절한 관용표현을 묻는 문제이다. '프로젝트가 끝나면 그는 항상 그들에게 적당한 대우를 해준다'라는 내용이 되어야 자연스럽다. 따라서 '적당한 대우를 해주다'라는 의미의 관용표현 'give them their due'가 정답이다.

어휘 give a person one's due 정당한 대우를 해주다, 공평하게 다루다
criticize v. 비판하다

28. Collocation ★★☆ 정답 (d)

해석 Mary와 Steve는 쇼핑몰에서 우연히 마주쳤다.

해설 빈칸 앞의 'have a chance'와 함께 사용하여 '우연히 마주치다'라는 뜻을 이루는 연어에 대한 문제이다. 따라서 '마주치다, 만나다'라는 뜻의 동사 "encounter"가 적절하다.

어휘 envelope n. 봉투   enterprise n. 기업, 회사
enchantment n. 매혹, 매력   encounter n. 마주침

29. 명사 ★★★ 정답 (c)

해석 학교는 못된 짓을 하는 학생들을 징계할 수 있는 권한을 기숙사 관리자에게 준다.

해설 빈칸에 들어가기에 적절한 명사를 묻는 문제이다. 문맥상 '학교는 못된 짓을 하는 학생들을 징계할 수 있는 권한을 관리자에게 준다'라는 내용이 되어야 자연스럽다. 따라서 보기의 주어진 명사 중에서 '권한'이라는 뜻의 명사 "authority"가 정답이다.

어휘 recognition n. 알아봄, 인식   performance n. 실행, 성과
authority n. 권한   engagement n. 약속, 계약
discipline v. 징계하다, 훈련하다
misbehave v. 못된 짓을 하다

30. Collocation ★★★ 정답 (b)

해석 Kerry's Furniture Market에는 완전히 새롭게 꾸민 전시실을 포함한 놀라운 변화가 준비되어 있다.

해설 빈칸 앞의 'be in'과 함께 쓰여 문맥상 적절한 숙어를 묻는 문제이다. 'be in store'는 '준비되어 있다'라는 뜻으로 자주 쓰이는 표현이다.

어휘 in store 준비하여, 비축하여   renovate v. 새롭게 하다
showroom n. 전시실

31. 형용사 ★★☆   정답 (d)

해석 비서가 눈의 피로를 진단 받은 후, 그녀는 사무실의 나쁜 조명에 대해 타당한 우려를 갖게 된 것 같다.

해설 빈칸 뒤의 명사 'concern'을 적절하게 수식하는 형용사를 묻는 문제이다. 문맥상 '비서가 눈의 피로를 진단 받고, 사무실의 나쁜 조명에 대한 정당한 우려를 갖게 되었다'라는 내용이 되어야 자연스럽다. 따라서 주어진 보기의 형용사 중에서 '타당한, 당연한'이라는 뜻의 형용사 "legitimate"가 적절하다.

어휘
- sanguine a. 명랑한, 낙천적인
- audacious a. 대담한
- inconsistent a. 일치하지 않는
- lighting n. 조명
- legitimate a. 타당한, 당연한
- diagnose v. 진단하다
- eye strain 눈의 피로

32. 명사 ★★☆   정답 (c)

해석 대부분의 법원 소송절차와는 달리, 대배심에서 맹세한 증언은 공개 기록의 일부가 되지 않는다.

해설 문장의 의미에 따라 빈칸에 적절한 명사를 묻는 문제이다. 문맥상 '대배심에서 맹세한 증언은 공개 기록의 일부가 되지 않는다'라는 내용이 되어야 자연스럽다. 따라서 '증언'이라는 뜻의 명사 "testimony"가 정답이다.

어휘
- concussion n. 진동, 격동
- approval n. 승인, 인가
- testimony n. 증언
- validation n. 확인
- swear v. 맹세하다
- proceedings n. 소송 절차
- public record 공개 기록

33. 명사 ★★☆   정답 (b)

해석 문헌 전문가는 유언장의 진위 여부를 증명할 수 없었다.

해설 문장의 의미에 따라 빈칸에 적절한 명사를 묻는 문제이다. 문맥상 '문헌 전문가는 유언장의 진위 여부를 증명할 수 없었다'라는 내용이 되어야 자연스럽다. 따라서 보기의 주어진 명사 중에서 '진위 여부'에 해당하는 어휘 "authenticity"가 정답이다.

어휘
- instability n. 불안정
- authenticity n. 진위 여부, 확실성
- compatibility n. 호환성, 양립 가능성
- vulnerability n. 취약성
- specialist n. 전문가
- verify v. 증명(입증) 하다
- will n. 유언장, 의지

34. 동사 ★☆☆   정답 (b)

해석 근처의 은행 지사가 문을 닫자, 그녀는 마을 건너편에 위치한 곳으로 이동했다.

해설 빈칸에 들어가기에 적절한 동사를 묻는 문제이다. 빈칸 뒤의 'to the location'이 있으므로, '이동하다, ~로 옮기다'라는 뜻의 동사가 필요하다는 것을 알 수 있다. 따라서 정답은 '이동하다, 옮기다'라는 뜻의 동사, "transferred"이다.

어휘
- convey v. 전달하다, 나르다
- transfer v. 이동하다, 옮기다
- fire v. 해고하다
- disable v. 무능 (무력)하게 하다

35. 혼동하기 쉬운 어휘 ★★☆   정답 (b)

해석 2주간의 재판 끝에, 그 남자는 자신의 동료들로 구성된 배심원에 의해 유죄 선고를 받았다.

해설 형태가 유사한 어휘 중에서 의미상 적절한 형용사를 묻는 문제이다. 문맥상 '그 남자는 자신의 동료들로 구성된 배심원에 의해 유죄선고를 받았다'라는 내용이 되어야 자연스럽다. 따라서 적절한 동사는 "convicted"이다.

어휘
- convince v. 확신시키다
- convict v. 유죄를 선고하다
- condemn v. 비난하다, 유죄판결을 내리다
- coerce v. 강제하다
- trial n. 공판, 재판
- jury n. 배심원
- peer n. 동료

36. 혼동하기 쉬운 어휘 ★★★   정답 (d)

해석 전례 주보는 그 지역의 교회들의 연락처와 예배시간을 포함한 교회 정보를 포함한다.

해설 형태가 유사한 어휘 중에서 의미상 적절한 어휘를 고르는 문제이다. '교회들의 연락처와 예배시간을 포함한 교회정보를 포함하고 있다'는 내용이므로, 전례주보를 말하고 있음을 유추할 수 있다. 따라서 정답은 '전례의, 예백식의' 뜻을 가진 "liturgical"이다.

어휘
- literary a. 문어의, 문학의
- literacy n. 읽고 쓸 줄 앎, 지식
- litigious a. 소송상의
- liturgical a. 전례의, 예배식의
- include v. 포함하다

37. 형용사 ★☆☆ 정답 (b)

해석 지능의 두 가지 척도는 어휘의 숙지와 다양한 주제를 읽는 능력이다.

해설 문장의 의미에 따라 빈칸에 적절한 형용사를 묻는 문제이다. 빈칸 앞에서 '어휘의 숙지'라고 하였으므로, 문맥상 '다양한 주제를 읽는 능력'이 되어야 자연스럽다. 따라서 "well read"가 정답이다.

어휘
well meant 선의의   well read 정통한
well built 튼튼한   well adjusted 잘 적응된
measure n. 척도, 측정   intelligence n. 지능, 이해력
a variety of 다양한

38. 동사 ★★★ 정답 (b)

해석 그는 10대 때 화장실 청소와 같은 천한 일을 하면서 이 회사에서 몇 년을 일했고, 마침내 전무이사로 승진했다.

해설 빈칸 뒤의 'jobs'를 적절하게 수식하는 형용사를 묻는 문제이다. 그 일은 '화장실 청소와 같은 일'이라고 하였으므로, '천한'이라는 뜻의 형용사 "menial"이 적절하다.

어휘
distinguished a. 두드러진, 현저한
scrub v. 문지르다, 세척하다
menial a. 천한, 시시한   substantial a. 상당한, 많은
cushy a. 편한, 즐거운   promote v. 승진하다
executive director 전무 이사

39. 관용표현 ★★★ 정답 (c)

해석 시간이 오래 걸리는 소설가는 몇 달간의 노력을 했음에도 불구하고, 출판업자가 그의 최종원고에 많은 변화를 제시한 것에 대해서 믿을 수가 없었다.

해설 빈칸에 들어가기에 적절한 명사를 묻는 문제이다. 빈칸 앞의 'final'과 함께 '최종 원고'가 되어야 문맥상 자연스럽다. 따라서 보기의 명사 중에서 '원고'라는 의미를 갖는 "manuscript"가 정답이다.

어휘
documentation n. 문서, 증거자료
suggest v. 제안(제시)하다   manuscript n. 원고
script n. 손으로 쓰기, 대본
concept n. 개념, 구상

40. 부사 ★★☆ 정답 (d)

해석 목장주는 화학적으로 길러진 곡물이 가축 떼에게 위험할 것이라고 걱정했지만, 연구원들은 의견이 달랐다.

해설 빈칸 뒤의 'treated grain'을 의미상 적절하게 수식할 수 있는 부사를 묻는 문제이다. 목장주가 가축 떼에게 위험할 것이라고 걱정했다는 내용에서, 그 곡물은 화학적으로 길러졌다는 것을 유추할 수 있다. 따라서 정답은 "chemically"이다.

어휘
individually adv. 개별적으로   grain n. 곡물
theoretically adv. 이론적으로   rancher n. 농장주, 목장주
genetically adv. 유전학적으로
chemically adv. 화학적으로
fear v. 걱정하다

41. 관용표현 ★★☆ 정답 (a)

해석 실직자는 그가 새 직장을 갖기 바로 전에 그의 집을 잃기 직전이었다.

해설 빈칸 앞의 'on the'와 빈칸 뒤의 'of~ing'와 함께 자주 쓰이는 관용표현을 묻는 문제이다. 문맥상 '그 실직자는 새 직장을 얻기 전까지 그의 집을 잃기 직전이었다'라는 내용이 되어야 자연스럽다. 따라서 '~하기 직전에'라는 뜻을 가진 관용 표현 "on the verge of"가 정답으로 적절하다.

어휘
on the verge of ~하기 직전에   ledge n. 선반
tip n. 끝, 꼭대기   border n. 가장자리, 경계

42. 형용사 ★★☆ 정답 (d)

해석 광고에서 포함된 자격 요건들 중 하나는 노동자가 믿을 만한 운송수단을 갖고 있는 것이다.

해설 빈칸에 들어가기에 적절한 형용사를 묻는 문제이다. 빈칸 앞의 내용을 보면, '광고에서 포함된 자격 요건들 중 하나는 노동자가 운송수단을 갖고 있는 것'이라고 언급하고 있다. 빈칸 자리는 이 운송수단을 적절하게 꾸며줄 '형용사' 자리이다. 문맥상 '믿을 만한 운송수단'이 되어야 자연스럽다. 따라서 '믿을 만한'이라는 뜻의 형용사 "dependable"이 정답이다.

어휘
removable a. 이동할 수 있는   liable a. 책임 져야 할
applicable a. 적용할 수 있는
dependable a. 믿을 만한, 의존할 수 있는
requirement n. 필요조건, 요구

43. 형용사 ★★☆ 정답 (b)

해석 그는 지난 주에 5개의 다른 직업을 대신함으로써 자신이 얼마나 다재 다능한지를 증명했다.

해설 빈칸에 들어가기에 적절한 형용사를 묻는 문제이다. 그는 5개의 직업을 대신 할 수 있다는 점에서 '다재 다능하다'는 것을 유추할 수 있다. 따라서 '다재다능한'이라는 뜻의 형용사 "versatile"이 정답이다.

어휘
incoherent a. 논리가 일관되지 않은
versatile a. 다재 다능한
indispensible a. 필요한
demonstrate v. 증명하다, 설명하다
fill in 대리를 하다, 메우다
subjective a. 주관의

44. 관용표현 ★★★ 정답 (d)

해석 청중들은 코미디언이 의사를 찾아가는 것에 대한 농담을 하자 폭소했다.

해설 빈칸 뒤의 'into laughter'와 함께 쓰여 '폭소를 터트리다'라는 뜻이 되는 관용표현을 묻는 문제이다. 따라서 "burst"가 정답이다.

어휘
burst into laughter 폭소를 터트리다
tumble v. 넘어지다, 떨어지다
trip v. 걸려 넘어지다

45. 관용표현 ★★☆ 정답 (b)

해석 그 환자는 호기심에서 자신의 부러진 다리의 엑스레이를 보겠다고 요청했다.

해설 빈칸 앞의 'out of'와 함께 쓰여 '호기심에서'라는 뜻이 되는 관용표현을 묻는 문제이다. 따라서 "curiosity"가 정답이 된다.

어휘
out of curiosity 호기심에서
curiosity n. 호기심
insanity n. 광기
complexity n. 복잡성
vanity n. 허영심, 공허

46. 형용사 ★★★ 정답 (d)

해석 보험 영업 직원은 위탁을 받고 일을 했기 때문에, 명단에 있는 잠재 고객들에게 집요하게 연락했다.

해설 빈칸에 들어가기에 적절한 형용사를 묻는 문제이다. 문맥상 '그는 위탁을 받고 일했기 때문에 잠재 고객들에게 집요하게 연락했다.'라는 내용이 되어야 자연스럽다. 따라서 '집요한'이라는 뜻의 형용사 "relentless"가 정답이다.

어휘
ostensible a. 표면상의
jaded a. 진저리가 난
potential a. 잠재적인
intolerant a. 참을 수 없는
relentless a. 집요한, 잔인한
on commission 위탁을 받고

47. 명사 ★★☆ 정답 (b)

해석 새 차종의 견본은 새로운 인테리어 디자인과 업데이트된 안전 기능을 포함한다.

해설 빈칸에 들어가기에 적절한 명사를 묻는 문제이다. 빈칸 뒤에 '새 차종의 인테리어 디자인과 업데이트된 안전 기능을 포함한다'는 내용이므로, 빈칸은 문맥상 '새 차종의 견본'이 되어야 한다. 따라서 '견본'을 뜻하는 명사 "prototype"이 정답이다.

어휘
specimen n. 견본, 표본
speculation n. 사색, 추측
replacement n. 복직, 교체, 교환
safety feature 안전 기능
prototype n. 견본, 전형

48. 형용사 ★★★ 정답 (a)

해석 여행객은 휘발유 가격이 너무 높은 걸 보고 의심이 생겼다.

해설 빈칸에 들어가기에 적절한 형용사를 묻는 문제이다. 문맥상 '여행객은 휘발유 가격이 너무 높은 걸 보고 의심이 생겼다'라는 내용으로 문장을 완성해야 자연스럽다. 따라서 '의심이 많은'이라는 뜻의 형용사 "incredulous"가 정답이다.

어휘
incredulous a. 의심 많은
exhilarated a. 흥분한
lighthearted a. 근심 걱정 없는
indebted a. 부채가 있는

49. 명사 ★★☆ 정답 (b)

해석 신용카드 고객은 마감일 이후에 결제를 했기 때문에 거액의 벌금을 부과받았다.

해설 빈칸에 들어가기에 적절한 명사를 묻는 문제이다. 문맥상 '고객은 마감일 이후에 결제를 했기 때문에 벌금을 부과받았다'라는 의미가 되어야 자연스럽다. 따라서 벌금이라는 뜻의 "penalty"가 정답으로 적절하다.

어휘 compensation n. 보상 penalty n. 벌금
supplement n. 추가, 보충 premium n. 할증금, 보험료
assess v. 부과하다, 평가하다 deadline n. 마감일

50. 관용표현 ★★★ 정답 (d)

해석 결혼식 리허설 만찬에 신부의 아버지가 없는 것이 눈에 띄었다.

해설 빈칸 앞의 be동사 'was'와 빈칸 뒤의 'by one's absence'와 함께 쓰여 '~가 없는 것이 눈에 띈다'라는 뜻을 이루는 관용표현을 묻는 문제이다. 따라서 보기에 주어진 형용사 중에서 가장 적절한 것은 "conspicuous"이다.

어휘 be conspicuous by one's absence ~가 없는 것이 눈에 띄다
notorious a. 악명 높은
atrocious a. 극악한, 잔인한
conspicuous a. 눈에 띄는, 이목을 끄는
superfluous a. 여분의

THE TOP in TEPS

대한민국 TEPS 대표강사 Joseph Kim의

950
문법 Grammar
청해 Listening
어휘 Vocabulary
독해 Reading

850
문법 Grammar
청해 Listening
어휘 Vocabulary
독해 Reading

650
문법 Grammar
청해 Listening
어휘 Vocabulary
독해 Reading

실전편
The TOP in TEPS
TEPS 고득점을 위한 최종 모의고사
최신 TEPS 경향을 완벽 반영한 영역별 8회분 모의고사
Joseph Kim이 공개하는 각 영역별 고득점 노하우 제공

기본편
The TOP in TEPS
TEPS 고득점을 위한 심화 학습서
영역별 심화 학습으로 실전 감각 키우기
TEPS 출제 원리에 근거한 다양한 문제 풀이

입문편
The TOP in TEPS
TEPS 초보자를 위한 기초 준비서
상세한 유형 분석 – 연습 문제 – 실전 문제의 단계별 학습
TEPS 출제 원리에 근거한 다양한 문제 풀이

Designed by english LanguagePLUS